现代大型会议的
"台前"和"幕后"

关晓华　陈　顺　著

沈阳出版发行集团

沈阳出版社

图书在版编目（CIP）数据

现代大型会议的"台前"和"幕后" / 关晓华，陈顺著 . -- 沈阳：沈阳出版社，2018.8
ISBN 978-7-5441-9689-5

Ⅰ. ①现… Ⅱ. ①关… ②陈… Ⅲ. ①展览会－管理 Ⅳ. ① G245

中国版本图书馆 CIP 数据核字 (2018) 第 173764 号

出版发行：沈阳出版发行集团|沈阳出版社
　　　　　（地址：沈阳市沈河区南翰林路 10 号　邮编：110011）
网　　　址：http://www.sycbs.com
印　　　刷：定州启航印刷有限公司
幅面尺寸：170mm×240mm
印　　　张：17.5
字　　　数：390 千字
出版时间：2018 年 8 月第 1 版
印刷时间：2018 年 8 月第 1 次印刷
责任编辑：李珊珊
封面设计：优盛文化
版式设计：优盛文化
责任校对：丁　昊
责任监印：杨　旭

书　　　号：ISBN 978-7-5441-9689-5
定　　　价：67.00 元

联系电话：024-24112447
E － mail：sy24112447@163.com

本书若有印装质量问题，影响阅读，请与出版社联系调换。

　　在时钟走过的每一秒，全世界都会有数以千万计的人或围着大大小小、形状各异的桌子，或聚集在广场上，交流着各种信息，商讨和决定着政治、经济、军事、外交、科技、教育、文化、体育等各方面的问题。尽管聚会的性质各不相同，参加者的身份和目的也不尽一致，但至少有一点是共同的：这种聚会商议方式为人们架起了交往和沟通的平台，为解决与会者面临的共同问题创造了条件。我们称这种方式为"会议"。而随着中国国力的不断增强和国人素质的不断提升，不论是国际会议还是国内会议都在迅速走向科学化和规范化，因此其对我们相关行业人员的要求便越来越多，也越来越高。如何培养一批适应当代社会环境的优秀人才成为摆在我们面前的一道难题。在这样一个大的历史背景下，本书《现代大型会议的"台前"和"幕后"》应运而生。

　　本书在大量前辈学者相关研究的基础上，结合了笔者多年来对相关行业、事业的亲身实践与切身体会，在诸如会议学理论研究、会议整体管理规划、邀请接待、后勤管理等多个方面进行了论述，并针对具体问题提出了许多切实可行的办事方法。希望这些内容可以帮助到翻阅本书的读者朋友们。

　　另因本书撰写历时漫长，或有些许不足之处，望读者朋友们不吝赐教，大家共同进步。

Contents
目　录

绪　论

第一节　会议学相关概念综述

一、会议学的基本概念——会议

"会议"一词最早出现在什么年代，尚待考证。但是，作为一种交往和沟通方式，会议活动在人类社会野蛮时代的氏族社会就已出现，可谓源远流长。恩格斯在《家庭、私有制和国家的起源》一书中指出，早在荷马时代，古希腊人和古代德意志人就建立了氏族首长议事会和人民大会制度。当时的氏族在举行人民大会时，男男女女都站在周围，有秩序地参加讨论，这种会议形式被称为"围立"。《尚书·盘庚》中也有证明我国在商代已出现类似人民大会和氏族首长议事会制度的记载。时至今日，世界上每时每刻都在进行着各种名目繁多的会议。国际组织、政府机关、跨国公司，乃至车间班组、家族内部，无不需要运用会议交流思想、弥合分歧、协调关系、达成共识、实施管理、联络感情……总之，会议已经深深植根于社会活动的各个领域，成为现代社会须臾不可或缺的交往和沟通方式。

随着会议的功能及其领域不断拓展，"会议"一词使用的频率越来越高。由于缺乏科学的定义，"会议"的概念也经常被滥用。将展览会、演唱会、体育运动会等活动方式纳入会议范畴的情况，无论是理论界还是在会议管理的实践中都相当普遍。这模糊了会议的界限，不仅不利于对会议活动开展理论研究，而且也不利于对会议活动进行科学的管理。

从学科研究的角度来看，会议活动不仅是会议学的研究对象，也是构成会议学体系的基本概念；就会议管理的实践而言，毫无疑问，会议活动就是会议管理的主要客体。因此，赋予会议活动一个科学的定义，对于明确会议学的研究对象，促进会议学的研究，对会议活动进行科学管理，都具有关键性的意义。

（一）会议的特征和定义

给会议活动下一个完整的定义，并不是一件容易的事情。现代会议活动种类繁多，功能不断拓展，方式日新月异，与人类社会的其他交往方式相互融合，以致较难界定它的概念。不过，只要我们仔细考察各种会议活动所表现的共同特征，就可以克服这一难题，准确把握会议的内涵与外延。

古今中外的任何一种会议活动，都具有以下一些共同的特征：

1.会议是一种围绕特定目的和议题开展的活动

无论是远古氏族部落，还是当今国际社会，任何会议的举行，无一不是为了满足人们交往和沟通的客观需要，解决人类活动面临的共同矛盾和问题。因此，会议自它产生的第一天起，就具有鲜明而又强烈的目的性。从古至今，任何会议活动都必须事先制定非常明确的目的，解决为什么开会的问题。没有目的的会议事实上是不可能存在的。

会议的目的不是抽象的，它通过会议的议题及其相关的议程和会议结果来统领会议的全过程，既体现组织者的愿望，也反映全体会议成员的共同期盼，因而是会议活动最基本的驱动力。会议目的和议题正确合理与否，决定着会议的发展方向和可能发挥的实际作用，制约着会议的规则和进程。目的正确，议题合理，会议往往能够圆满举办成功，并能有效地推动实际工作；目的错误，议题脱离实际，或者与大多数会议成员的愿望相违背，会议就可能无功而返，即使开成会议，形成决议，也可能对实际工作产生不利的影响，甚至起破坏作用。

2.会议是一种具有组织形态的活动

会议是一种有目的的活动，但会议的目的不可能自发实现。即便是正确、合理的目的，也必须依靠有效的组织和管理而实现。从这个意义上说，会议是一种特定的组织形态。会议活动的组织形态表现在有明确的会议组织者、有会议的领导和管理服务体系、有会议规则和会务工作程序等若干方面。会议活动只有具备一定的组织形态，才能确保会议的各项组织管理工作科学、有效，才能将报告、演讲、辩论、审议、讨论、谈判、表决等会议活动纳入正常有序的轨道，才能使会议成员开展有效的沟通和交流，才能最终达成共识、形成决议，实现会议的目的。

3.会议是一种以口头交流为主要方式的活动

会议既然是一种社会交往活动，其间就必然会有各种形式的交流。报告、演讲、辩论、审议、讨论、谈判等口头交流方式，是会议成员传递信息、交流思想、阐明立场、表达意志的主要手段，也是会议活动的基本方式。"会议"乃"会"而"议"之，"会"而不"议"则非"会议"。从汉字的角度分析，"议"是一个形声字，从"言"，"义"声，其本义是"以口头的方式商议、讨论"。因此，区别一次社会活动是会议还是非会议，关键就是看其交流的方式是否以口头交流为主。一次社会活动如果没有围绕特定议题的口头交流，或者不是以口头交流方式为主，就不属于会议活动的范畴。当然，会议活动也可以辅之以书面和声像交流的方式。在一些特殊情况下，会议还可以采用QQ、电子邮件和微信的方式进行交流，但并不能改变口头交流作为会议活动的基本方式和基本特征这一事实。

4.会议是一种群体性的社会交往活动

人们在同自然界和社会交往的过程中，经常会产生一些个人的能力无法企及的目标或愿望，遇到一些必须解决但个人能力又难以解决的矛盾和无法战胜的困难。于是，人们通过集体讨论、商议、交流，相互启迪智慧，共同制订办法，协调相互关系，融洽彼此感情，依靠集体的力量来解决矛盾、战胜困难、达到目的。会议正是为了满足人们的这种社会需要而产生的，并且随着这种社会需要的发展而发展。因此，群体性是会议活动与生俱来的基本特征。

但是，群体性毕竟是一个模糊的概念。那么，应当怎样把握群体性的标准呢？目前，多数学者都主张3个与会者是群体性的标准，有些行政管理机构也将3人作为会议统计的口径。然而笔者以为，对群体性的标准的掌握不能一刀切，应当根据会议的类型和性质有所区别。在纵向性会议（即主持人与其他与会者之间存在领导与被领导或管理与被管理关系的会议）中，与会者必须至少3人。换句话说，上下级之间的两人谈话不能视作会议。而横向性会议（即主持人与其他与会者之间或与会各方地位平等、不存在领导与被领导或管理与被管理关系的会议）就不能以3人作为群体性的标准。在今天，无论是政府、企业还是非政府组织，举行领导人之间的单独会见或会谈已成为交往和沟通的重要方式，屡见不鲜。这种单独会见或会谈可能只有两个成员（翻译和记录员不属于会议成员），但有明确的目的，事先商定议题，经过双方的安排，或有文字记录，符合会议的基本特征，应当视作会议。概言之，由特定的组织指派代表所举行的2人之间的单独会见或会谈，只要具有明确的目的、既定的议题和组织程序，当属会议活动。

经过以上对会议特征的考察，我们采用属加种差方法对会议的定义做如下表述：

会议是一种围绕特定目的和议题开展的，具有一定组织形态的，以口头交流为主要方式的群体性社会交往活动。

（二）广义会议和狭义会议

从严格意义上来说，上述定义属于狭义会议的定义。社会的不断进步和发展，促进了社会交往领域和交往需求的不断扩大。与之相适应，会议活动的功能与形式也在日益拓展，与其他社会交往方式的交汇融合越来越紧密，新的会议活动样式层出不穷。比如，在举办一些展览、节庆、表彰、宴请、表演、比赛乃至宗教活动时，人们常常把会议的要素融入其中，创设出或典雅庄重或绚丽多彩或简约质朴的开幕式、闭幕式、欢迎宴会、颁奖仪式、庆祝典礼等活动。这些活动没有特定的议题，也不要求与会者围绕议题进行专门的报告、讨论、审议、质询、表决，不符合上述狭义会议定义中的议题性和以口头交流为主的特征，因此不属于狭义会议的范畴。但由于这类活动样式源自于狭义会议，也具有目的性、组织性、口头性和群体性这些会议的主要特征，而且又往往是会议活动的重要组成部分，因此我们将其列入广义会议的范畴。概括起来说，凡是围绕特定目的开展的、具有一定组织形态的、使用口头交流方式的群体性活动，都属于广义会议的范畴。

在会议管理的实践中，判断一次活动是狭义会议还是广义会议，首先看其有无特定的议题。目的明确并且具有特定议题，同时符合组织性、口头性和群体性特征的活动，就属于狭义会议范畴，如报告会、研讨会、工作例会等；有目的而无特定议题的活动，只要符合组织性、口头性和群体性的特征，就属于广义会议范畴，如开幕式、闭幕式、颁奖仪式、开业仪式等。其次看其是否以口头交流为主要方式。以口头交流为主要方式的活动只要符合目的性、议题性、组织性和群体性的特征，就属于狭义的会议，而以展览、演示、宴请、观摩、表演、签约、颁奖为主要方式的活动，只要其中安排围绕特定议题的致辞、讲话，就属于广义会议的范畴。

当然，广义会议与狭义会议这两个概念并不构成外延相互排斥的矛盾关系或反对关系，二者之间是包含与被包含关系，即广义会议包含狭义会议，狭义会议属于广义会议的一部分。

将会议定义为广义会议和狭义会议，不仅可以从理论上进一步明确会议学的研究对象及其范围，而且可以更加清楚地认识和把握不同类型会议的具体性质、特点和功能以及组织管理的规律，使会议管理更具有针对性和科学性，从而切实提高会议管理的效率。

（三）会议与相关概念的关系

1."会议"与"会展"的关系

有人认为，会展是会议、展览和节事的合称，因此会展是属概念（上位概念），会议是种概念（下位概念），意即会展的概念包含会议的概念。这一观点的错误之处在于认为会展就是会议、展览和节事的简单相加。会展是指以追求经济效益为主要目的，以市场运作方式提供社会化服务，以会议、展览和节事为主要形式的集体性的信息和物质交流活动。从会展的这一定义可以看出会展具有以下特征：

首先，会展是一种经济性的活动。在我国，会展作为一种新兴产业和经济增长点，是20世纪80年代以后的事情。说得更明确一点，会展这一名词从它出现的第一天起，表达的就是一个崭新的经济概念。它与普通的会议、展览、节事的不同之处在于，后者是实现管理控制或宣传教育目的的手段。很多会议、展览、节事的主办者或者承办者，并不以赢利为目标，活动过程也不产生任何直接的经济效益，甚至要消耗一定的费用。

比如，一个单位为实施内部管理和对外沟通，利用本单位的场馆举行会议，其间既无任何直接的服务性收入，也不产生任何间接的赢利。这样的会议，只是一种管理和教育手段，显然不属于会展的范畴。

其次，会展是一种借助于社会化和产业化服务的活动。会展活动必须通过会展企业以主办者、承办者和服务商的身份创建社会化和产业化服务平台，将与会者、参展者和观众连接在一起进行交流、互动，从而达到沟通信息、宣传形象、招商引资、推广品牌、交流技术、洽谈合作等目的。而普通的会议活动则由一个单位自己组织，由内部成员参加，无须借助于社会化和产业化服务。

从会展的这两大基本特征可以看出，会议虽然是会展的形式之一，但不是所有的会议都属于会展范畴，而会展仅包括一部分借助于社会化和产业化服务并产生一定经济效益（这种经济效益可以属于主办方，也可以属于承办方或赞助方）的会议。由此，我们可以得出这样的结论：会展和会议不是同一个概念系统中的上位概念与下位概念，不存在相互包含关系，而是两个具有交叉关系的独立概念。

2."会议"与"会"的关系

"会"和"会议"这两个概念既有联系，又有区别，相互不能混淆。"会"在汉字中是一个会意字，从"合"，从"多"。"合"表示会合、聚集的意思；"多"表示众多的意思。因此，"会"的本义就是多人会合、聚集。凡是有特定目的的各种聚合、集会，都可以称为"会"。但是"会"的成分非常庞杂，除了会议外，还有舞会、宴会、庙会、展览会、展销会、运动会、演唱会等。这些"会"尽管也有既定的目的，也经过精心的策划和组织，但并没有特定的议题，除开幕式、闭幕式外，也不安排口头交流，既不符合狭义会议的定义，也不具备广义会议的特征，因而不能纳入会议的范畴。

由于现代交往方式具有互渗性，上述舞会、宴会、庙会、展览会、展销会、运动会、演唱会等的"会"往往穿插一些开幕式、闭幕式、颁奖仪式这类广义上的会议，有时也会举办一些专题论坛、圆桌会议这类狭义会议，但并不改变它们的非会议性质。

由上可见，"会"是上位概念，"会议"以及其他的舞会、宴会、庙会、展览会、展销会、运动会、演唱会则是下位概念。平时人们常说的"开会"一词，专指举行会议活动。有些专著和教材常常把单纯的舞会、展览会、运动会等也归入会议活动范畴，这是将"会"和"会议"两个概念混为一谈，缺乏说服力。

二、会议学的研究对象、研究范围和学科体系

（一）会议学的研究对象和研究范围

会议学是一门以会议活动及其规律为研究对象的学科。这里所说的会议活动，并不是个别的会议现象，而是作为一种特定社会交往方式所产生的各种规律性现象的总和，

是会议过程中的主体与客体、信息与物质、内容与形式、目的与手段、环境与功能、历史与现实的辩证统一。

会议学研究对象的具体范围包括以下几个方面：

1.会议源流研究

会议源流研究即研究会议活动的起源和历史发展变革的一般规律。会议活动的起源、发展与人类社会文明的演进息息相关。毫无疑问，会议这种交往方式的出现是人类早期的社会生活和生产方式以及政治、宗教和文化等因素相互碰撞的结果，需要研究的是，社会生活和生产方式以及政治、宗教和文化等因素是如何、何时导致会议活动产生的，是如何推动会议这种交往方式的发展变革的，会议的历史发展变革又具有哪些规律。这种研究非常有价值，不仅可以廓清会议学作为一门独立学科的研究对象，吸收古代会议制度中有价值的成分，使今天的会议能够更好地发挥推动社会文明进步的作用，而且也可以促进相关学科的研究，如古代政治制度、古代宗教制度、古代礼仪制度等。会议源流研究的具体内容既包括中国会议史的研究，也包括外国会议史的研究。而中国会议史的研究，又具体包括中国古代会议史、中国近代会议史和中国现当代会议史的研究。

2.会议要素研究

从系统论角度看待会议，我们不难发现，会议活动说到底是一个由会议主体、信息、物质、形式、时间、空间等基本要素组成的运动系统。这些基本要素是会议策划、组织、管理的根本对象，任何一次会议活动，无一不是这些基本要素在会议管理系统的支持和推动下，相互联系、相互渗透、相互作用的过程。会议的策划、组织和管理都应当从这些基本要素出发，围绕这些基本要素展开，最终落实到这些基本要素上，推动会议基本要素的整合和优化。

会议基本要素研究的目的和内容主要有两个方面：一是界定会议基本要素的范围，弄清会议基本要素究竟包括哪些方面，从而加深对会议现象和本质的认识；二是揭示会议各项基本要素的性质、内涵、作用以及相互关系，为会议的策划、组织和管理提供依据。

3.会议功能研究

会议活动萌发于人类的早期社会，伴随着社会的发展而发展，并日益成为人类社会生产贸易活动和精神文化活动必不可少的载体与手段，越来越显示出巨大的社会功能。当今社会各种论坛如雨后春笋般出现，在国际对话、科技合作和人文交流方面扮演越来越重要的角色，就是最有力的证明。会议的功能是多样化的，也是随着社会的发展以及人们对会议认识的日益深化而不断拓展的，因此会议功能的研究应当结合相关学科的研究方法，从多个维度展开。比如，从政治学的角度研究会议的政治功能，从经济学的角度研究会议的经济功能，从信息学的角度研究会议的信息功能，从文化学的角度研究会议的文化功能，从领导学的角度研究会议的领导管理功能等。

开展会议功能的研究，一方面可以深化人们对会议的认知，加强人们对会议的重视，使会议活动更好地促进社会的发展；另一方面也可以大大丰富会议学研究的视角，催生会议政治学、会议经济学、会议文化学、会议信息学、会议领导学等边缘科学。

4. 会议管理研究

会议管理也有狭义和广义之分。狭义的会议管理是指针对会议组织过程的管理。会议活动涉及的面相当广泛，需要协调的关系非常多。为了确保会议活动的协调、有序、高效，就必须建立强有力的领导管理组织机构和相应的规则、机制，对会议的资源进行合理的配置，对会议的组织和实施过程进行有效的管理。狭义会议管理研究的具体内容涉及会议的组织形态、会议的规则、会议的资源配置与优化、会议的宣传与公关、会议的接待与现场服务、会议的信息管理等多个方面。狭义会议管理研究可以使组织者对会议进行决策、规划、组织和控制，具有科学性和高效性。

广义的会议管理包括政府和行业协会对会议产业的管理以及营利性会议企业和非营利性会议组织的内部管理。政府和行业协会对会议产业的管理属于宏观会议管理范畴，其任务主要是制定会议产业政策、发展规划和会议审批制度，规范会议行业的行为，协调业内关系等。开展宏观会议管理的研究，可以为会议活动和会议产业的发展创造良好的外部环境。营利性会议企业和非营利性会议组织的内部管理属于组织（企业）管理的范畴，涉及内部的决策管理、会议项目管理、人力资源管理、财务管理、会议营销管理等方面。开展这些方面的研究，有助于提升会议组织或会议企业的发展潜力和市场竞争力。

5. 会议实务研究

会议实务也就是平常所说的会务。会议管理活动最终必须通过具体的会议实务来实现。会议实务研究的目的是解决会务工作怎么做的问题，内容包括会务工作的各项具体程序、方法、技能。

（二）会议学的学科体系

经过多年的发展，会议学已经初步形成了比较完整的学科体系。会议学的学科体系大致由以下几个部分组成：

1. 理论会议学

理论会议学又称普通会议学、会议学概论、会议学通论、会议学原理、会议学导论等。它是对会议学各分支学科的理论概括，是会议学理论体系中具有抽象性和普遍指导意义的基础理论。它的成熟程度决定着会议学各分支学科的发展，反过来，各分支学科的发展又会促进理论会议学的成熟。因此，理论会议学在整个会议学科的理论体系中起着主导作用。

2.部门会议学

部门会议学是会议学体系中针对性较强的分支学科。它将会议学的基本理论运用于某一特定的社会领域，探索特定社会领域中会议活动的特殊规律，因而具有较强的适用性。这类分支学科包括政治会议学（主要研究各种政治行为中的会议活动及其规律）、议会会议学（主要研究各种议会制框架内会议活动规律）、行政会议学（主要研究行政管理行为中的会议活动规律）、企业会议学（主要研究企业在内部管理、外部营销和联络过程中的会议活动规律）、文化会议学（主要研究与文化密切相关的各种会议活动规律，如学术会议、庆典仪式、开闭幕式等）、国际会议学（主要研究国际性会议活动及其规律）等。随着会议学的深入发展，这类分支学科会越来越多，每一分支学科的研究对象也将越来越具体。

3.历史会议学

历史会议学即会议史学，其任务是研究会议活动的起源、发展及其规律，为今天的会议活动提供历史借鉴。

4.技术会议学

技术会议学的任务是研究会议实务的方法、程序、技能，具有较强的工具性和应用性。会议活动涉及众多的领域，具有综合性的特点，这就决定了技术会议学的研究往往需要借鉴其他相关学科的理论和方法，或者吸收其他相关学科的内容，如管理学、策划学、信息学、接待学、写作学、公关学、调查学等。由于会议实务的具体手段、方式具有多样性和再创性，因此技术会议学具有无限广阔的发展前景。

5.会议学边缘学科

会议学边缘学科是会议学与其他学科相交叉而产生的新兴学科，如会议秘书学、会议心理学、会议礼仪学、会议公关学、会议经济学、会议展示学等。这类学科的发展，极大地拓展了会议学的研究领域。

三、会议学的学科特点、与相关学科的关系和研究方法

（一）会议学的学科特点

1.综合性

会议学是一门高度综合的学科。所谓综合性，是指会议学既不属于其他学科的一个分支学科，也不是与其他学科毫无关联的封闭学科，而是一门与众多学科交叉复合、有机融汇而形成的综合性学科。会议学的综合性是由会议活动的综合性特征决定的。会议活动从策划到实施，是一项系统工程，涉及多个领域。研究会议活动，就必须吸收、借鉴管理学、领导学、决策学、策划学、信息学、经济学、协调学、公共关系学、市场学、设计学、写作学、档案学等学科的研究成果。

2.应用性

会议学属于一门应用学科。会议学一旦脱离了应用性，便失去了它的全部价值。这就要求会议学的理论抽象和概括，必须以生动的会议活动实践以及由此产生的会议活动经验为基础。同时，会议学的理论原则必须在会议活动的实践中接受检验、加以修正和完善。

（二）会议学与相关学科的关系

1.会议学与展览学的关系

"展览"一词顾名思义，就是"将物品陈列、展出，供人们参观"。如果要给"展览"下定义的话，那就是"将物品陈列、展出，供人们参观的活动"。展览学就是一门研究各种展示参观活动及其规律的学科。可见，展览学与会议学在学科对象上有着明显的区别。但是，由于展览活动也具有目的性、集体性和交流性等特征，在组织方式上的许多方面也与会议活动相通，加之现代会议形式不断创新，会议和展览相互渗透、相互融合，会中有展、展中有会已经成为现代会议发展的一大趋势，因此笔者认为，会议学和展览学既相互独立，又相互交叉、相互借鉴，是关系最为密切的姐妹学科。

2.会议学与会展学的关系

前面我们已经对会议与会展这两个概念的关系做了厘清和区分，指出会议与会展不是同一个概念系统中的上位概念与下位概念，不存在相互包含关系，而是两个具有交叉关系的独立概念。同理，我们不能把会议学简单地视为会展学的一个分支。由于研究对象的差异，会议学和会展学应当是两门不同的学科。当然不可否认，会议学和会展学有许多研究内容具有交叉性和复合性，在研究过程中应当相互借鉴，但不能因此而混淆二者的学科界限。

（三）会议学的研究方法

会议学的研究方法具有多层次、多样化的特点，下面介绍几种常用的方法：

1.事实积累法

科学事实，是科学抽象的依据和前提。会议学的应用性特点，决定了会议学的研究应当特别重视会议活动基本事实材料的占有。只有充分占有会议活动的事实材料，才能在此基础上进行整理、加工，揭示出会议活动的本质规律。事实积累法既可以是文献法（即从大量的历史文献和传记中收集材料，经过鉴别和整理，再加以研究），也可以是现状调查法（即对当前的各个种类的会议活动的现状进行调查，从中收集有价值的第一手材料）。

2.案例研究法

会议学中的案例并不等于会议实务中的具体事例，必须具有客观性、代表性、针对性和经验性四个基本特征。案例研究往往能以小见大，以个别指导一般。一个典型的案例也往往能从不同的角度总结其经验教训，进而上升到理论层面。

3.抽象—具体法

抽象—具体法即对具体可感的会议活动现象进行归纳演绎和深入的分析，揭示这些现象背后的本质，达到抽象的规定性，在此基础上建立会议学的基本概念。然后再运用综合的方法，把会议活动各方面的本质规定在思维中联结起来，形成一个完整的体系，使从具体的会议活动中抽象出来的每一个概念、判断、原理在这个体系中占有一定的位置，并且具体地、完整地再现出来。从抽象到具体的方法是建立会议学理论体系的重要方法。

4.纵横比较法

纵横比较法就是运用比较研究的方法来研究会议活动。所谓纵向比较，就是比较不同时期会议活动的异同，从而找出会议发展的基本线索，揭示会议发展的规律，做到古为今用。所谓横向比较，就是研究不同国家、不同社会制度和不同文化背景下的会议活动的异同，以正确借鉴不同国家会议管理的先进经验。

5.借鉴移植法

会议学的综合性特性，决定了会议学的研究必然要吸收和移植相关学科的成果，借鉴相关学科的研究方法，以便多角度、全方位地透视会议活动的现象，更加广泛而深刻地揭示会议活动的规律，同时促进会议学的分支学科和边缘学科的发展，丰富会议学科的理论体系。

四、会议系统的基本要素

从系统论的角度考察，我们不难看出，会议活动实际上是一个若干要素相互关联、相互作用的动态系统。会议系统一般是由组织者、成员、信息、方式、时间、地点六个基本要素组成的，会议的策划和组织也主要是围绕这六个要素展开的。

（一）会议组织者

会议是一种有目的的、高度组织化的社会活动，需要有人发起并出面组织和协调。我们把发起、策划、主办、承办、协办会议活动的机构或个人统称组织者。

会议的组织者可以是机构，也可以是个人。机构发起并组织会议必须具备合法的资格，个人发起并组织会议应当符合法律和法规。会议的组织者并不都是单一的机构或个人。在一些规模较大的会议活动中，组织者具有强大的阵容，相互之间也有不同的分工。一般而言，组织者由主办者、协办者、承办者组成。

（二）会议成员

会议成员是指有资格参加会议的对象，是会议活动的主体。会议是否达成共识、形成决议，最终取决于会议成员的立场与态度，因此会议成员是决定会议成功与否的重要因素。会议成员也是会议主办者管理和服务的对象，许多具体的会务工作就是围绕与会者展开的。会议成员的数量是衡量会议规模的主要指标，与会者数量越多，会议的规模就越大。会议的举办规模影响会议的效果、效率和成本，组织者必须加以重视。

会议成员的资格一般可分成正式、列席、特邀和旁听四种。资格不同，其在会议中的地位、权利和义务也不同。

（三）会议信息

从信息学意义上考察会议活动，可以将会议活动看作特定时间和特定地点的信息交流活动。会议中的报告、演讲讨论、对话、展示，其目的都在于传播信息、获取信息。会议信息是会议内容的主要成分，体现了会议活动的目的和结果，贯穿会议的全过程。会议信息要素主要有三类：第一类是引导会议方向的会议目的、任务、议题、主题；第二类是通过与会者的发言所阐述的立场、观点、知识、政策、经验等，或者通过与会者的展示、演示所发布的技术、产品、形象等；第三类是记载会议过程和成果的简报、记录、纪要、决定、决议、公报、声明、协议、备忘录等。

（四）会议方式

会议方式是指举行会议的方法和形式，是为实现会议目标、完成会议任务、提高会议效率服务的。任何会议的举行都要依赖一定的方式。会议的目标、任务和性质不同，会议的方式也不相同。研究会议方式，使之与会议的目标、任务、性质相适应，是开好会议的重要保证。会议方式要素主要由以下几个方面构成：

1.沟通方式

会议是人们相互沟通的特定形式，但具体到每一次会议，沟通的方式各种各样。比如，按信息沟通的反馈情况来分，可以分为单向沟通、双向沟通和多向沟通。单向沟通是指主持会议的一方或发言者向与会者发送信息，而不要求与会者反馈信息，如报告会、传达情况会、工作布置会、不接受提问的信息发布会等；双向沟通是指会议主持方或发言者不仅发布信息，还要求或允许与会者对发布的信息提出问题，发表看法，相互问答、磋商、对话，如调查听证会、咨询论证会、答辩会、质询会、双边联席会、双边谈判、记者招待会等；多向沟通是指与会各方都可以在会议上发送信息和反馈信息，与会者之间共同讨论、审议、协商和表决，如座谈会、恳谈会、讨论审议会、表决审批会等。

2.发言形式

发言是会议区别于展览、宴请等其他社会活动交往的重要特征。凡是会议总有一定的发言形式，如口头发言和书面发言、自由发言和指定发言等。采用何种发言形式，取决于会议的性质和目标。

3.座位格局

座位格局即会场内与会者座位安排的形状与结构。座位格局有专设主席台的上下相对式、不设主席台的围坐式、与会者分成若干组围坐的分散式等。座位格局的实质，是传递会议的性质，反映与会者的相互关系（如上下级关系、平等协商关系），对创设会议的特定气氛（如严肃庄重的、轻松和谐的）和引导与会者心理有一定的作用。

　　4. 物质与技术手段

　　会议的物质与技术手段是指举办会议活动、传播会议信息所必须具备的场馆、仪器、设施、用品、动力、技术等。物质与技术手段是会议活动赖以进行的基本保障，会议的各项要素最终都要通过物质与技术手段才能相互结合、相互作用。比如，会议的信息必须通过有效的物质载体和技术支持才能在与会者之间传递、接收和反馈，与会者也只有在具备必要的设施、用品的场馆中才能举行会议。高科技对于会议的支持作用日益重要，多媒体、计算机、网络等在会议领域的广泛运用，使会议的方式与手段层出不穷，大大提高了会议的效率。

（五）会议时间

　　会议是一种短时间的聚会活动，安排好会议时间对于开好会议意义重大。会议的时间要素包括以下三个方面：

　　1. 会议的起讫时间，即会议开始和结束的两个时间节点，涉及会议举行的时机问题。举行任何会议都要考虑何时举行时机最佳。

　　2. 会议的时间量，即会议从开始到结束所需的时间，又称"会期"，涉及会议的效率和成本等因素。确定会议的时间量，要从会议的实际需要出发。

　　3. 会议的周期，即同一性质和同一系列的前后两次会议之间固定的时间跨度。

（六）会议地点

　　作为一种集体性的社会交往活动，会议总是在一定的空间范围内存在的。所谓会议的地点就是指会议存在的空间。会议地点要素包括以下两个方面：

　　1. 会议举办地，即会议现场所在的地理空间。会议举办地的策划要综合考虑会议的性质、主题、主办权、社会影响以及举办地的政治条件、经济实力、接待能力、气候环境等诸多因素。

　　2. 会议场馆，即会议召开的具体地点，包括会场、住地及其配套设施。会议场馆是确保会议顺利召开的重要条件，场馆的设定要综合考虑会场的形状、大小、光线、设施、交通等因素。

五、会议的功能

　　会议与人类社会的物质和精神活动息息相关，在伴随社会发展的同时，也发挥着推动社会文明进步的功能。会议的功能可以从基本功能和拓展功能两个层面加以分析。

（一）会议的基本功能——沟通信息

　　人们举行会议、参与讨论、聆听演讲，目的和动机可能各不相同，但是有一点是共同的，也是最基本的，就是传递或者获取有价值的信息。因此会议的基本功能就在于沟通信息，其他功能都由此派生。

人类社会的信息沟通具有多种形式，而通过会议的形式沟通信息具有以下优势：

1.信息沟通的集中性

会议是一种群体性的沟通活动。各种知识、各种观点、各种方案、各种人物汇集在一起，使会议活动成为一种高密度的信息平台。与会者既可以通过会议的平台发布信息，又可以从会议中获取自己所需要的信息。会议中各种信息的相互碰撞、相互融合，也会产生许多新的思想火花，形成新的理论，达成新的共识。

2.信息沟通的有效性

在会议以外的其他沟通形式中，信息常常需要借助书面文字等特定的载体和渠道进行交换，且环节繁多。而会议的信息沟通具有当面、直接、实时的特点，与会者可以面对面地进行对话、磋商、洽谈、交流，这不仅消除了信息沟通的时差，而且还因为减少了大量的中介环节，降低了传递过程中的干扰，使得信息的沟通更为方便、快捷、有效。

（二）会议的拓展功能

1.发扬民主

会议与民主是密切相关的。就二者的关系而言，会议是形式，民主是内容。通过会议活动来发扬民主，这是会议的一项重要作用。会议与民主的这种关系，可以追溯到早期的原始社会。那时生产力水平低下，人们必须相互协调、共同行动才能生存，于是产生了原始的会议民主。原始的会议通常采取席地而坐或者围立的形式，根据多数人意志选举氏族或部落的首领，制订共同遵守的规范，决定公共管理的事务，协调集体的行动。

现代会议活动是随着现代民主制度的产生而产生，发展而发展的。资产阶级的民主观导致产生三权分立的国家制度，并形成了在这一制度架构下的议事机构——国会。国会的基本活动方式就是举行各种各样的会议活动。

会议民主的实现主要基于以下三个方面：第一，会议活动起着上下沟通的作用，便于管理者直接了解下情和民意，使其做出的决策更加符合实际和民众的愿望，同时也使民众能够了解决策信息，保障了民众的知情权。第二，会议活动为现代民主制度中的集体领导、集体决策原则的实现提供了保障机制。集体领导、集体决策是现代民主社会的重要特征。现代社会的各种"董事会""委员会""理事会""执委会""代表大会"等组织机构普遍实行集体领导原则，通过会议的形式集体讨论，投票表决，根据少数服从多数的民主原则做出决定，从而避免了个人滥用权力，确保集体领导和集体决策的民主原则得以实现。第三，会议可以发挥民主监督的作用。对权力进行民主监督，这是现代民主的重要原则。

2. 科学管理

任何一种组织都需要科学的管理。管理的核心是决策，决策贯穿于管理的全过程。从某种意义上说，管理就是决策。现代决策越来越依赖于集体的智慧，这里所指的集体智慧，不光是领导集体的智慧，更重要的是群众和专家的智慧。即便是在实行行政首长负责制的组织中，行政首长的决策也越来越多地由各种"智囊机构"和"智囊人员"先行谋划、酝酿、论证，有的还要征求群众意见，最后才由行政首长做出决断。现代决策活动的形式很多，其中最主要的便是会议的形式。在决策准备阶段，调查会、汇报会、研讨会、咨询会、论证会、听证会等会议，可以帮助决策者收集情况、发现问题、分析原因、确定目标、征询意见、形成方案；在决策制定阶段，辩论、审议、表决等会议形式，使决策更加民主；在决策实施反馈阶段，各种协调会、检查会、总结、表彰会可以起到组织、指挥、协调、检查、总结、表彰、反馈的作用。

3. 宣传教育

会议的信息沟通基本功能，为发挥会议宣传教育的作用提供了可能。主办者投入一定的，甚至是大量的经费举办会议，其目的往往在于传播真理，普及知识，弘扬道德，树立正气。一场内容生动精彩的报告会、演讲会，往往会使与会者受到教育，明辨是非，振奋其精神，启迪其智慧。对于一个组织来说，当遇到重大危机时，及时举行新闻发布会、记者招待会、情况通报会，可以让公众及时了解真相，可以解释立场、化解误会，从而正确引导社会舆论，维护组织的形象。

4. 联络感情

会议的交往具有极强的互动性。这种互动不仅表现在思想上，同时还表现在增进与会者之间的感情上。事实上，人们举行各种形式的会议，除了体现民主、实施管理、进行宣传之外，有时，主办者还可以将联络感情作为会议的主要目的，如通过举行联谊会、茶话会、团拜会、招待会等形式的会议，对内增强组织的凝聚力，对外联络公众的感情，从而创造良好的发展环境。

5. 树立形象

一次重大会议的成功举办，是主办者综合实力的体现。国际上一些重大会议，之所以会有很多国家或城市竞相争取主办权，除了能给主办者带来经济利益外，更主要的是能充分展示主办者的实力，提高主办国或主办城市的国际形象，有的还能提高主办国或主办城市在国际事务中的话语权和影响力。

从与会者的角度来说，参会不仅可以获得推动自身发展所必需的信息、技术、产品，开阔视野，更重要的是能够利用会议这一信息平台充分展示自身形象，宣传自己的品牌，扩大自身的影响力。在达沃斯世界经济论坛、博鳌亚洲论坛等世界知名论坛上，越来越多的国家、国际组织、企业和专家积极参与其中，就是最好的证明。

六、会议的分类

（一）按会议的法律性质划分

1. 法定性会议

法定性会议即法律（广义上的法律，包括宪法、法律、法规、行政规章以及其他规范性文件）明文规定必须举行的会议以及法定组织为履行法定职责而举行的会议。前者如各级人民代表大会、企业的董事会议和股东大会、职工代表大会等，后者如各种法定组织的领导人办公会议等。

2. 非法定性会议

非法定性会议即法定性会议以外的、依照法律程序审批通过的或不为法律所禁止的会议。各种组织举办的学术研讨会、新闻发布会、交流恳谈会、经贸洽谈会等，属于非法定性会议。

（二）按与会者的相互关系划分

1. 纵向关系会议

纵向关系会议是指会议主持人（即主办方）同与会者之间具有上下级关系或行政上的管理与被管理关系的会议。例如，上级机关召集下级机关开会，布置工作、传达情况、总结表彰等，就属于纵向关系会议。在实行首长负责制的组织中，首长召开的办公会议、行政例会，也属于这一类会议。行政管理机关虽然与其管辖的组织不存在上下级领导关系，但在法定职权范围内具有行政管理上的相对关系，有关组织必须服从其管理。行政管理机关在职权范围内召集所管辖的有关组织开会，也属于纵向关系会议。

2. 横向关系会议

横向关系会议是指与会者之间（包括会议主持人同与会者之间）不是上下级关系或行政上的管理与被管理关系，而是相互平等或互不隶属的关系的会议。具体可分为三种情况：第一种，与会者在会内和会外的地位、身份完全平等；第二种，与会者在会议之外的地位和身份不同，但在会议框架内却身份相同、发言权和表决权平等；第三种，会议主办者同与会者之间身份不等，但会议的目的是平等沟通和协商。

（三）按会议是否以营利为目的划分

1. 营利性会议

营利性会议是指主办者通过合法举办会议而达到营利目的的会议。营利性会议具有以下特征：主办者是具有举办会议经营资质的营利性组织；通过市场运作吸纳与会者；以收取会务费或注册费以及提供有偿服务作为主要的营利手段。

2. 非营利性会议

非营利性会议是相对于营利性会议而言的。对于会议主办者来说，不以营利为目的会议都属于非营利性会议。由于非营利性会议也可以走市场化的道路，委托营利性的组织具体承办，因此对于承办者来说，承办非营利性会议也可以获得营利。

（四）按与会者所属地域范围划分

1.国际性会议

国际性会议是指与会者来自两个及两个以上国家或地区的会议。这里所指的地区是指国际上的地区而非国内的地区。

2.全国性会议

全国性会议即与会者来自全国各地或各条战线的会议。

3.区域性会议

区域性会议即与会者来自一个国家的同一区域的会议。这里的"区域"，既可以是行政区域，也可以是自然区域或经济合作区域。

4.单位性会议

单位性会议即特定组织内部召开的会议。

（五）按会议的周期划分

1.定期性会议

定期性会议即会期或会议周期固定的会议，如联合国大会于每年9月第二周的星期二开幕，博鳌亚洲论坛每年举行一次年会。各种组织领导人的办公会议、公司的年度或季度销售会议、法定的代表性会议、组织内部的年终茶话会、团拜会等，一般都有固定的会期或会议周期。

2.非定期性会议

非定期性会议即根据政治需要或工作安排不定期召开的会议，如世界人权大会和世界妇女大会就是不定期举行的。专题工作会议、座谈会、研讨会都可以不定期举行。非定期性会议在特殊情况下也可召开临时性会议或紧急会议。

（六）按会议的保密程度划分

1.保密性会议

保密性会议是指会议内容涉及国家秘密或商业秘密，必须采取保密措施的会议。保密会议要求将与会人员和传达范围控制在一定的范围之内，并且确保会议基本信息（如时间、地点、参加人员、会议内容）不泄露。

2.内部性会议

内部性会议即会议内容虽不涉及国家秘密或商业，但属于组织内部事项，不宜公开报道，根据需要在组织内部进行传达的会议。

3.半公开性会议

有些会议允许公众或记者旁听部分内容，或允许公开报道其中一部分信息，但对涉及机密或敏感的问题，则采取保密或不公开的措施，这种会议属于半公开性会议。

4.公开性会议

公开性会议即允许公众旁听，允许记者自由采访并公开发表最后文件的会议。

（七）按会议的职权和功能划分

1.法定代表性会议

法定代表性会议是指会议成员按法定程序产生并代表一定选区的会议。法定代表性会议具有以下特征：与会者具有法定代表资格和法定的权利义务，议事有明确的法定规则，会议的结果具有法定效力。我国各级人民代表大会、职工代表大会等组织所举行的会议，就属于法定代表性会议。

2.领导办公会议

领导办公会议即由各级各类的机关、单位的领导班子内部召开的，由全体成员出席的，以研究日常工作为主的会议，如办公会议、常务会议、行政例会等。

3.专题工作会议

专题工作会议即围绕某项重要工作进行专题研究讨论，统一思想，明确目标、任务和政策的会议，如教育工作会议、营销工作会议等。

4.审批鉴定会议

审批鉴定会议即对一些重大的请示事项或申请项目举行的专门的审批会议，或者对一些科技成果召开的专门的鉴定会，如审批会、项目鉴定会等。

5.咨询论证会议

咨询论证会议即在重大决策之前，邀请有关专家对决策目标和方案进行咨询、论证的会议，如投资咨询会、建设项目论证会等。

6.研讨对话会议

研讨对话会议即围绕特定主题展开研讨、切磋、对话、交流的会议。这类会议的主题广泛，可以是学术研究的课题，如"孔子教育思想学术研讨会"，也可以是各方共同关注的政治、外交、商贸方面的问题，如"中非论坛""博鳌亚洲论坛"等。

7.学习培训性会议

学习培训性会议即为学习知识、培训业务而举行的会议，如专业知识讲座、业务专题报告会等。

8.传达布置会议

传达布置会议即传达有关精神、通报有关情况、布置有关工作的会议，如文件传达会、工作布置会等。

9.总结交流性会议

总结交流性会议即在工作过程中或任务完成后，对工作中的情况、问题和经验进行总结交流的会议，如工作总结大会、经验交流大会等。

10.宣传教育会议

宣传教育会议即通过各种报告、讲演的形式发挥宣传教育功能的会议，如形势报告会、事迹报告会等。

11.沟通协调会议

沟通协调会议即以沟通信息、调解矛盾、协调工作为目的的会议，如协调会议、联席会议等。

12.调查听证会议

调查听证会议即目的在于了解情况、听取意见、获得证据的会议，如调查会、听证会等。

13.庆祝表彰会议

庆祝表彰会议即为庆祝重要节日和重要的工作成果、表彰做出突出贡献的人员的会议，如庆祝教师节大会、优秀工作者表彰大会等。这类会议也可以和总结交流性会议合并举行。

14.纪念追思会议

纪念追思会议即为纪念重大历史事件、重要历史人物或者追悼、追思已故人士的会议，如纪念会、追悼会、追思会等。

15.谈判商洽会议

谈判商洽会议即旨在达成合作事项、签订合同协议的会议，如各种会见、会谈、订货会、洽谈会等。

16.信息发布会议

信息发布会议即为发布信息而举行的会议，如新闻发布会、记者招待会等。

17.交友联谊会议

交友联谊会议即为联络感情、广交朋友而举行的会议，如茶话会、恳谈会、团拜会等。

18.典礼和仪式

典礼和仪式是指郑重举行的、程式化较强的会议，如各种开幕式和闭幕式、签字式、开工仪式、竣工仪式、剪彩仪式、开学典礼等。

（八）按会议的地点划分

1.实地会议

实地会议即设有集中会场（包括设主会场和分会场）的会议。实地会议可以将与会者集中在一个或若干个会场，进行面对面的直接沟通。

2.无会场化会议

在计算机技术和通信技术高度发达的今天，与会者通过通信终端，在网络覆盖的任何一个地方，随时可以参加会议。我们把这类会议统称为无会场化会议。

上述会议类型是根据一定的标准从不同角度划分的。在实际运用中，各种会议类型可以相互结合，产生种类繁多的会议。例如，全国性会议同代表性会议、座谈性会议、纪念性会议相结合，便形成了一个具体的会议种类，即为纪念某人或某事而举行的、由全国各地派代表参加的座谈会。由于会议技术手段的不断更新和人们对会议功能认识的不断拓展，会议的具体种类将会越来越丰富多样。

第二节　精析如何有效利用"会议"

一、你需要开会吗？

案例导引：开会达人

周一上午9点，部门例会。

周一下午3点，上海客户公司，项目例会。

周二上午10点，北京总公司，项目通气会。

周三下午3点，上海分公司，与供应商进行会议。

周四上午11点，上海分公司，项目小组项目进展会。

周五上午10点，南京，客户大会。

看到这张下周日程安排表，我真是欲哭无泪。雨果说："我不是在喝咖啡，就是在去喝咖啡的路上。"大文豪这话充满了潇洒，而对于我来说，则是"我不是在开会中，就是在去开会的路上"。除了已经规划好的会议，我还得随时面对突如其来的会议，会议召集、会议准备都让我头疼不已，现在我已经可以自诩为"开会达人"了。

其实我想明白了，身在企业就免不了要开会。从讲究例行性的周会、月会、例会、年会，到讲究功能性的业务会议、营销会议、提案会议、战略会议、动脑会议、决策会议、检讨会议、部门会议或跨部会议，从讲究现场主义的站着开的朝会，到一边吃一边开会的早餐会、便当会、茶会，我们不知不觉进入了无时不会、无地不会、无所不会、无人不会、无事不会的时代，想不成为"开会达人"估计也是件很难的事。

在使用WebEx后，我这个开会达人终于摆脱了会议的烦恼，只需要普通电脑、普通的浏览器，我就能上网参加会议。即使我身在外地，也不必回到会议室才能够参加会议。不过，目前我的会议中使用WebEx的频率还不多，但随着公司逐步推广WebEx，我今后参加会议将不再这么疲于奔命了。

问题：

1. 你认为开会的目的是什么？

2. 会议开得成功的秘诀在哪里？

（一）明确会议的目的

召开会议可以有许多不同的原因，会议主办者必须预先明确会议的目的，才能使会议取得成功。目的尚未明确，就无法确定需要举行哪种会议。因此，首先需要确定会议的目的及所需的时间，然后邀请与会者。

从一开始就要明确会议目的。如果不开会也能解决问题，就取消会议。

（二）考虑开会的主题

会议的主题主要有下列几种：

1. 透露信息或提供意见；

2. 发布指示；

3. 提出申诉和仲裁；

4. 做出决定或贯彻决定；

5. 激发创意；

6. 提出建议进行讨论，并做出最终决定。

要明确所要召开的会议的主题属于其中的哪一种，并确保全体与会者明了。

（三）考虑开会的细节

如果已确定一个会议的主题，就可以开始考虑其他细节。想一下这个会议要开多久，哪几个问题需要讨论以及必须分配给每个问题的时间是多少。注意留点时间用于分派任务，也留点时间给予会间休息及会议总结。一定要安排好会议，以确保恰当的、有必要的、权威性的与会者能够出席。如果他们不能来，那就重新安排一个更合适的时间。对于例行会议，应每隔一段时间检查一下这些会议是否仍符合一个实用目的而不是在浪费时间。

1. 自我提问

（1）每个人都明确开会的目的吗？

（2）是否需要每个人都出席整个会议？

（3）是否有比开会更好的方法？

（4）是否有其他人，他通常不出席你的会议，但可能会在这一次会议上提出有益的意见？

（5）使用各种视觉辅助手段是否有利于会议？

2.评估个人的目的

无论是主持会议还是出席会议，都应事先考虑会议规定的目标以及个人目标。另一个需要考虑的问题是能否减少花费在会议上的时间。如果与会者不需要参加整个会议并已决定只出席其中的一部分，则应预先通知会议主席。

3.保密事宜

如果会上要讲保密事宜，应在会议的开始阶段就让全体与会者知道。所有的保密事项需要得到恰当的处理，并且在会外也应获得足够的重视。如果会议内兼有机密和非机密的事项，则应预先确保全体与会者了解每个项目相应的情况。

4.强调目标

如果你主持会议，在会议开始时就要概述这个会议的目的和目标，这样能使全体与会者在整个会议期间都能牢记不忘。提醒与会者何时必须做出何种决议以及需要传递何种信息，如果他们偏离这一点，提醒他们注意分配给每个问题的讨论时间。如果你仅是会议的参与者，要确保你已为详尽讨论与你特别有关的事项做好了充分准备。

（四）对会议的反感

会议，会议，会议，整天都是会议，烦死了。几乎每一个在创业公司里待过的员工都有类似的感觉。是的，大多数时候，创业公司的生活就像一场没有止境的马拉松会议。也许，许多人对此大惑不解，员工手头有那么多的事情要做，他们却要整天束缚在一些冗长的会议上，他们何时才能完成手头的实际工作呢？实际上，在创业公司里，许多会议是低效率的，它们浪费了我们宝贵的时间。但是，我们又不得不承认，有些会议对推动公司不断向前发展确实是非常关键的，特别是在公司处于发展时期的重要关头。我们面临的问题在于，如何才能开一个高效的会议。

富有成效的会议不仅是为了开会，而是为了解决实际问题。因此，我们可以在会议中做到以下几点来保证会议的效率：

1.务必清楚地说出你为什么开这个会议；

2.准时出席会议；

3.准时开会；

4.制订一份周到的会议日程表，并且遵循；

5.提前发放会议材料；

6.准时结束会议；

7.不要接受双重的会议邀请；

8.选择一个舒适的开会地点。

二、什么是有效会议?

案例导引：开个有效的会议

蓝天实业公司生产部经理经常通过召开会议来解决问题和处理工作，同时他自己又必须参加很多上司主持召开的会议。他感觉整天忙于各种会议，无暇处理业务，造成工作上的被动，为此下决心改进会议。

过去，他每召集一次会议，不管会议内容是什么，总是要求下属所有的负责人来开会。结果，会议规模很大。每位参加者为了表示对会议的重视，大都至少提出一个问题，而多数问题都与会议议题无关，这就难免使会议时间拖得很长。究竟怎样确定与会人员的范围才合理呢？经过认真分析研究，他找到了一个两全其美的办法。这就是，会前先分发一份会议须知单，内容大都为：某月某日某时，在某会议室讨论某问题，已邀请有关领导同志参加讨论，如果你认为需要了解有关情况或愿意参加讨论，届时出席；未到会者，我们将于会后送上会议讨论纪要，供你参考并提出意见。

过去每次会议都要有十多人参加，并且时间很长。而现在只有少数几个人参加，再加一个记录的秘书，用一个小时左右就把会开完了，而且也没有人敢怠慢。

问题：

1. 开会时间越短越好吗？

2. 你认为应该如何提高会议的效率？

（一）有效会议的界定

有效而成功的会议，一般来说需要具备以下三个条件。

1. 会议目标能被实现

会议是为达成特定目标所使用的一种工具、方法，一次成功的会议应是一个建设性的获得预期成果的过程。因此，衡量会议效果的时候，最先评估的就是会议是否完成了预期目标。当然，预先存在的假设是这个目标有被努力达到的价值。

2. 会议目标能在最短时间内被实现

这里强调的是必须保证会议在沟通与信任的前提下，争取在最短时间内取得成果、达到目标。这是根据效率原则而提出的要求，也是充满挑战性的要求。但在实际工作中这一点却很难达到，很多会议在沟通讨论环节花费掉大量时间，也达不到组织者需要的目的，造成低效、拖沓的结果。从事咨询和培训工作的弗朗西斯·米凯尔（Frances A. Micale）说道："我所听到的最大的抱怨是会议没成效，耗时过长，没必要。"咨询师佩吉·克劳斯（Peggy Klaus）说："经理人有时候感到自己必须听取每个人的意见，才能做出决定。但这样做太费时间，着实荒谬。"

某网站还提供了一个会议成本计算器，根据一组变量确定会议的成本。例如，假定管理团队有5名成员，平均年薪为70 000美元，该会议持续约2小时，那么每周召集一次会议就要花费390美元，每年的花费就要超过20 000美元。除了这个金额外，还要加上无休止的会议、堆积如山的信息及日渐变长的工作清单给员工所增加的压力和不满造成的损失。

3.与会者对会议感到满意

让与会者对会议感到满意，应是指与会者对会议本身进展及结果的感受，绝不是会议的最终成果或决议使每个与会者都从中受益。从实际存在的情况来看，让与会者参与会议的情况一般都是与其直接相关或间接相关的事情，因此尽量让与会者感到自己充分参与了决议的产生，自己的意见表达出来并得到了倾听和理解，会议就能使他们感到满意。而且，让与会者感到满意的会议会使他们增加成功的感觉，并对会后决策的实施产生积极的推动作用，这也成为衡量有效会议非常重要的因素。

（二）有效会议的基本特征

1.鲜明而清晰的目标

鲜明的目标和会议主题能推动会议工作的有序和有效开展，会议组织者应当非常明白召开这次会议想要达到什么目标。一次会议的目标可能有多个，抓住最主要的目标才是最关键的问题。一般来说，要在会前充分准备，这一点很重要。会前准备不仅是一个物质准备，还是一个思绪整理的过程。在这个过程中还会有新的发现，甚至可以上升到理论的高度，有的还要写成文稿。

当然，这个鲜明、清晰的目标还必须是切合实际的。也就是说，目标要有被完成的可能性，不可能完成的目标是完全没有意义的，实际上也说明这个会议是无效的。

2.不搞"一言堂"

有的会议是需要"一言堂"的，但更多的会议则需要更多的人从不同角度发言，这样才能形成"头脑风暴"，创造性的火花才会迸出。有的领导很民主，发言后要问其他与会者有什么要说的，他可能会直接问一句"大家还有什么意见？"民主不是用来装点脸面的，是需要体现在细节中的。因此，不论哪类会议都要力避"一言堂"，偶尔"一言堂"也罢了，经常"一言堂"就是话语霸权了。

3.相应的"议事规则"

议事规则包罗万象，内容非常详细。有的规则专门针对主持会议的主席，有的规则针对会议秘书，还有大量有关普通与会者的规则，包括不同意见应该如何提出与表达、会议辩论应该如何进行、会议产生分歧时如何表决等。一个有效的会议应该具备这些相应的议事规则。

4.有效控制会议的时长和频率

会议往往被想当然地视作严肃的事情，因此也很少有人会去计算会议成本。在管理学中，会议成本＝每小时平均工资的 3 倍 × 2 × 开会人数 × 会议时间（小时）。平均工资之所以乘以 3，是因为开会人员多是组织中的中高层管理者，他们的收入高于平均工资；乘以 2 是因为参加会议要中断经常性工作，损失以 2 倍计算。以人均 5 万元年薪的企业为例，10 个人参加 3 个小时的会议成本为 4 100 多元，这还不考虑租用会议设施的费用。因此，只有真正明白了会议首先是在消耗企业利润时，我们才会认真地对待每一个会议，尽量减少不必要的会议。

（三）杜绝无效会议

在任何管理中，会议是沟通、协调和决策的重要手段，它的灵活性与制度的强制性、约束性构成了组织正常运作的轨道。然而在现代企业中，越来越多的管理者共同抱怨"会议太多"，他们大部分的工作时间都花费在冗长的文山会海之中，时间的不受控制令他们感到无比沮丧，可以说"无效会议"比比皆是。会议常常频繁、冗长、空洞、平淡，毫无效果。在绝大多数情况下，总结会议失败的教训要比了解成功的经验更加重要，因此我们来讨论一下无效会议产生的主要原因及危害性。

1. 产生无效会议的主要原因

（1）"一言堂"

"一个人说、很多人听"的会议是典型的一言堂。领导在主席台上夸夸其谈，台下坐着沉默的听众——这样的场景你一定不陌生。这样的会议更像做报告，完全没有团队成员之间的交流。

"一言堂"式的会议让组织内充满了官僚气息，无法充分发挥每一位团队成员的智慧，无法充分调动大家的积极性、主动性和创造性。因为一言堂意味着"一人指挥、众人听令"的组织行为方式，它封闭了员工与管理者的沟通渠道，这样的机制更不可能孕育出自动自发的员工。

（2）主题不明确

很多时候，会议的发起者并没有想清楚"为什么要开会"，他只是模糊地认为，有些事情需要大家聚到一起商量一下，而对于会议的主题、目的则缺少认真的思考。这是会议主题不明确的第一种表现。

会议主题不明确的第二种表现是会议总是偏离主题，无法紧密围绕既定的主题展开。这种现象就是我们常说的"跑题"。

（3）缺乏具体议程

议程是会议进行的程序。议程在会议开始之前就规定了会议依照什么程序进行，先讨论什么，后讨论什么。在议程的提示下，会议就可以按部就班、有条不紊地进行，不会出现顺序颠倒、内容重复、随意插接等不良现象。而缺乏具体的议程或者议程不合适，就有可能出现混乱的情况——参会者觉得会开得没头没脑，会议组织者也可能会遭遇不知所措的尴尬，想不起下一步该做什么。

（4）错误地选择参会者

正确而聪明地选择参会者是高效率会议的必备因素之一。很多会议邀请了无关紧要的人，却忽略了重要人物，尤其是决策者。如果决策者不在会议现场，会议就有必要取消，因为即使召开了，也无法取得成效。如果同时邀请两个对立部门参加会议，很可能会激化两者之间的矛盾。如果邀请两个观点迥异却又不轻易妥协的人参加会议，就有可能令会议无果而终。另外，参会人数的多与少也直接影响会议的成效。

（5）议而不决

会议的成果是形成决定、决策。决策需要拥有决策权的人做出。如果一场会议的过程无懈可击，也获得了普遍认同的意见、做法和行为，却因为决策者不在场而无法做出决策，这样的会议结果很令人惋惜。

（6）规则不清晰

所谓会议规则，就是会议展开过程中遵循的约定或规定。例如，参会者发言的顺序是随机的，还是按照座次轮流，或是遵循事先商定的顺序？参会者需不需要分组？陈述意见的方式是口头的还是书面的？是公开的还是匿名的？这些规则构成了团队的交流机制，如果它们不存在，那么会议将变得一团糟。就像不存在足球规则就不可能踢好足球比赛一样。当会议主持人宣布"讨论"的时候，大家面面相觑，谁也不愿意先说话，会场一片沉默——这就是缺乏会议规则的结果。

（7）引导不得当

抱怨、牢骚、争吵、人身攻击……这些都是我们极不愿意在会议上看到的事情，可现实却不尽如人意，总是有为数不少的会议变成了组织内部矛盾的源头。导致这种情况的重要原因是会议主持人缺乏正确的会议引导能力，更糟糕的是，他们普遍缺乏正确引导会议的意识。会议主持人必须设法带领大家奔向最终的会议目的，而不是踟蹰于半路，或者在无关紧要的事情上耿耿于怀，或者在某一分歧意见上过分计较，导致矛盾扩大化等。

（8）短话长说

有些人在表述观点时习惯性地做很长的铺垫，说很多客套话；有些人并没有自己的主张，只是换一种说法重复别人的观点；有些人用很多的时间论述一个简单的观点，而这个观点却毫无新意，甚至与会议主题并没有十分紧密的关联性；有些人夸夸其谈却不知所云；有些人拐弯抹角地表达自己的看法，含糊其辞、令人费解……这些情况都大大降低了会议的效率。

（9）会后缺乏跟进

会议形成的决策未有效落实，这恐怕是所有参会者最为失望的问题。事实上，会议成果能够得到百分之十的贯彻执行并且富有成效，就已经令人庆幸。从思想到行动的距离，总是那么漫长。人们走出会议室，就已经将会议内容忘记了大半，执行一小部分，取得成果的又是一小部分，最后无奈地发现，召开会议对实际工作并没有什么意义。这主要是会后缺乏跟进导致的。

2. 不切实效的会议的危害

（1）会议目标无法实现，影响发展；

（2）会议所承担的机会成本相当可观；

（3）与会者对会议感到不满，破坏了信任；

（4）浪费所有人的时间。

3. 其他注意点

开会要花费宝贵的时间和金钱，故而会议要在有必要时才开，并且要开得简短有效。使会议开得卓有成效的 10 个建议为：

（1）每次一开始就让大家都清楚会议目的；

（2）如果某个问题不开会也能解决，就不要开会；

（3）请记住，上级主管参加会议会抑制讨论；

（4）在工作场所以外的地方举行会议，大家都会觉得轻松；

（5）要熟悉正式会议的各种程序和规则；

（6）开会前先通知与会者，要他们注意会议讨论的重点；

（7）信息要加以选择，避免过多；

（8）仔细考虑你要召开的会议的类型；

（9）会前先拉几个盟友；

（10）只要有人偏离会议方向，立即提醒他们注意议程。

（四）公司会议的四大杀手

你们在公司会议中的对话是不是让人感到精疲力竭？如果你们的对话不能激励员工，不能让他们专注于自己的工作，那就仔细看看下面的内容吧。

1. 悬而不决

问题：人们十分困惑。会议结束时，人们不清楚下一步该做什么。人们会根据自己的利益对会议做出解释，如果后来目标没有实现，没人会为此承担责任。

对策：让会议产生结论。在会议结束的时候，确保每个人都知道自己该做什么、何时完成。如果有必要的话，把这些结论都写下来，并且要很详细。

2. 信息阻塞

问题：无法把所有相关信息都搬上台面。做出一项决策后，又会出现一个重要的事实或意见，使得人们必须重做决策。而且，这种事不断重复发生。

对策：首先确保相关人员都参加会议；当发现遗漏了什么信息时，要立刻把这一信息告诉众人；通过问一问"还漏掉了什么"，明确地鼓励开放和坦率的交流；用辅导或处罚的手段来纠正隐瞒信息的做法。

3. 本位主义

问题：人们目光狭隘、关注自身利益，不承认他人也有正当的利益。

对策：让每个人都发表意见，直到你确定问题的方方面面都讨论到了；不断重申你们的共同目标，以便让每个人都以大局为重；制订多个选择方案；通过培训让人们看到，他们的工作是怎样为企业总的使命服务的。

4. 自由散漫

问题：领导者无法引导讨论的方向，任由负面的行为肆意滋长。"胁迫者"会要挟所有人员，直到其他人同意自己的想法；"跑题者"会把话题岔开，说"10年前我做这件事的时候"如何如何，开始讲述陈年旧事，或喋喋不休地说一些无关痛痒的细节；"沉默的说谎者"不会表达自己的真实想法，或者他们会赞同那些自己根本不打算去做的事；而"分裂者"会在社交运作机制外部寻找支持自己观点的人，从而在小组内部制造裂痕，或者在大会下面开小会。

对策：领导者必须发挥内在的力量，不断重申哪些行为是可以接受的，并惩罚那些屡教不改之人。如果轻微的惩戒不管用，领导者就必须把犯错之人清除出去。

三、做好会议组织与服务

案例导引：初来乍到怎么组织公司会议

刘阳大学毕业进入一家公司，工作内容主要是处理公司会议组织事务和服务工作。公司部门多，领导多，各种业务也多，因此会议非常频繁，时间和场地经常会出现冲突，再加上会议主持人对会议缺乏管理，总是发生议程混乱、议而不决、会议低效、服务不周到的情况。领导不止一次地批评了刘阳。刘阳也很委屈，心想："以前在学校里，开会哪有这么麻烦，随便拉到一个教室，两三句就讲完了，哪里需要考虑这么多问题。"

问题：

1. 刘阳应如何根据公司会议的特点做好会议的组织服务工作？

2. 做会议组织服务的人员需要具备什么样的素质？

会议的组织和服务为会议的顺利进行提供了一系列关于会场内、会场外的管理和服务，是保证会议顺利进行不可缺少的环节。从事会议管理的人员都要熟悉会议流程，并经过专业的培训，具有较强的专业技术和服务技能。会议组织和服务包罗万象，在掌握更为具体的工作之前，首先要明确的就是对于基本知识的认识，这其中包括理解会议组织和服务的概念、功能、基本流程、类型等一般内容。

（一）什么是会议组织和服务

组织会议，简称"办会"，是秘书工作的重要内容之一。会议组织和服务，是指为了保障会议的顺利举行而进行的各种具体事务工作的总称。它包含两大内容，即组织和服务，都属于会务工作，是会务工作中管理性、事务性、服务性的工作。本书着重从这两大方面进行介绍和学习。

（二）会议组织的基本内容

与会议活动有关的所有内容都是会议组织的内容和范围。具体归纳而言，会议组织的基本内容指的就是会前、会中和会后三个方面的工作：

会前要进行一系列的会议策划，包括确定会议议题、安排会议议程、制发会议通知、拟订会议预算、准备会议材料、制发会议证件、布置会场内外等。

会中要组织报到、签到，再次确认会议准备工作。会议开始时要发放会议资料；会议进行中要做好会议记录、会议主持，并及时报道会议信息，辅助营造良好的会议气氛。

会议结束后要核对会议议程实况，整理会议文件，做好会场善后工作，如归还所借物品和清理会场等，还要做好会议评估。

（三）会议服务的内容和类型

为了使会议开得富有成效，为远道而来的与会者提供便利和舒适，会议过程中就需要全面、细致的各方面服务，这些都属于会议服务的内容。根据其具体内容的不同，会议服务可以分为以下几个方面。

1. 会议文书服务

会议文书在会议的组织、管理中占有非常重要的地位。从会前会议名称、会议议题、议程、日程、会议通知等的拟订，到会议期间的会议记录、会议简报的编写，再到会后会议纪要、会议总结等各类文书的写作，会议文书在会议服务中至关重要。所以，必须学会撰写会议文书。

2. 会议环境服务

会议环境服务是为了体现会议的要求和保障会议顺利进行的重要工作，主要包括：会场布置、主席台设置、座位排列、会场善后工作等。在会议环境服务中，会场布置是会议前期重要的准备工作。会场布置是否合理，对于会议的成功与否有很大的影响。尤其对于一些重大的会议，更是应该拿出很长一段时间来做准备。会场的地点和大小是否合适、设施是否齐全、会场的布局是否合理、会场营造的气氛是否与会议主题一致，对会议效果都会产生直接的影响。此外，会议结束后的善后工作也很重要，可以为下一次会议的开展做好准备。

3. 会议接待服务

会议接待服务就是指在会议正式召开前和召开后的一系列接待工作，包括与会者到达后的接站工作、到达会场后的报到和引导工作、会议正式开始前的签到工作、会议结束后安排与会者返程和送别等相关事务性工作。

4. 会议礼仪服务

会议礼仪属于职业礼仪的范畴。从修养角度讲，它是会议过程中人与人交往的交际艺术；从传播角度讲，它是会议组织方及其他相关组织塑造形象、提升知名度的有效途径。本书主要讲的是会务人员的形象礼仪、沟通礼仪和会议接待礼仪。

5. 会议信息服务

会议的组织与活动过程从某种意义上讲就是信息工作的过程。会议的信息服务，包括信息的收集、传递、利用、反馈等。信息收集的方法有很多，如收集会议形成的文件资料、召开座谈会、约谈等。会议信息的传递和利用有口头、书面、音像、传真、电子邮件、邮寄等方式。会议信息的反馈可以有正面指导性反馈和建设性反馈两种，这是进一步做好会议服务工作的基础。

6. 会议生活服务

与会者能否顺利到达会场办理报到、住宿等手续，会议期间的旅游、娱乐、餐饮等活动安排得是否得当，都会直接影响会议。所以，会议期间的生活服务对会议的成功起着至关重要的作用，也必须保证做好才行。

7. 会议保障服务

会议保障服务就是为会议的正常、顺利进行提供的一系列保障，主要有会议的安全保卫、会议的值班、会议设备的正常使用等方面。会议的安全保卫从会场内外给与会者及会议内容提供可靠保障；会议值班能处理需要临时办理的事项，满足会议领导或与会者的临时性需求；会议设备则为会议的正常进行提供技术上的保证。

（四）会议组织和服务的作用

1. 保障会议的顺利开展和圆满完成

会议是为实现现实工作需要的目的而召开的，会务工作就是要通过安全、有序、优质的组织和服务，来确保会议的成功召开，组织与服务的好坏会直接影响会议的成效。

2. 为会议主办方赢得良好的信誉

会议进行的状态、组织与服务的质量都是展示会议主办方形象的窗口。会议主办方通过一系列的会务工作，会给与会者留下良好的印象，无形中会树立自身的形象。

（五）会务人员的素质要求

1. 爱岗敬业、团结协作的精神；

2. 热情友好、细致耐心的态度；

3. 良好的组织、交往能力；

4. 熟练的会议专业技术。

（六）大型会议如何服务

规模大、人数多的会议就是大型会议，这类会议的形式很多，如庆祝大会、纪念大会、表彰大会、劳模大会、报告会等。大型会议属于群众性活动，会议日程一般都比较简单，安排紧凑。

1. 服务流程

在大会开始前一小时，一切准备工作就绪，服务员迎接与会人员入场。饮水处要备有充足的茶水、点心等（根据招待标准），茶水随用随添，保证卫生安全。会议开始后，休息厅仍要保留饮水台，以保证与会人员随时用水。由于是群众性活动，厕所用量很大，因此要设专人管理，经常进行清扫，保证清洁无味。

2. 服务要点

（1）有些规格高的庆祝会、表彰会，主办方会邀请少年儿童鼓乐团或少年儿童进行献花活动和夹道迎送。在这种情况下，一要认真检查与会人员行走的路线，保证地毯平整并维持现场秩序；二要为少年儿童提供良好的休息场所，保证他们的饮水。

（2）有些劳模大会，由于日程安排紧凑，主办单位一般采用中午在大会现场发盒饭的办法解决与会人员的午餐问题。遇到这种情况，现场的工作人员要积极配合，发放食品尽量选择比较宽敞的地方，避免拥挤。休息厅周围多摆一些口径大的果皮箱，并做到随时清理，不要积压成堆。

（3）如果是报告会，主席台的服务要特别注意观察报告人的用水，保证其用水。而且每次换报告人时，要换一杯水。在给报告人续水时，动作要轻稳，防止因声响过大而通过麦克风传入会场，影响报告的效果。

（4）有的庆祝会会后要安排演出文艺节目。在这种情况下，现场负责人要事先组织人员，迅速撤下主席台上的桌椅。在撤桌椅前要有明确的分工，操作要有程序和条理，避免工作秩序忙乱，保证按时演出。

（5）服务大型会议时，因面对的是人数众多的一般群众，因此要特别注意服务态度和服务质量，强调服务一视同仁，全心全意为群众服务。

第一章　现代大型会议的管理工作综述

第一节　会议管理的含义和原则

一、会议管理的层次性和含义

（一）会议管理的层次性

会议管理分为宏观会议管理和微观会议管理。所谓宏观会议管理，即由政府机关或者有关主管部门对会议行业和会议活动实施的行政管理，如制定促进会议行业发展的政策，规范会议行业的行为，审批会议等。所谓微观会议管理，即会议的组织者对会议活动实施的过程管理。本书重点讨论和介绍会议的微观管理。以下提到的"会议管理"一词主要是指对会议活动实施的过程管理。

（二）会议管理的含义

任何会议，其召开时间少则几分钟，多则数月，虽然时间不太长，但毕竟是一种有目的、有组织的集体性交流活动，涉及的面相当广泛，需要协调的关系非常多。为了确保会议活动的协调、有序、高效，就必须实施会议管理。会议管理就是指会议组织者运用科学的决策、规划、组织、指挥和协调手段，以最优的服务、最低的成本和最高的效率，合理配置会议资源，实现会议目标的过程。会议管理的过程渗透到会议的策划、报批、申办、筹备、接待、举行、主持、总结、评估反馈等各个环节。

二、会议管理的原则

（一）依法规范原则

会议是人们社会交往的一种方式，举行会议是法律赋予公民和合法组织的权利。但是，任何人和任何组织在行使举行会议的权利时，必须遵守法律、法规和规章。强调依法规范原则，意味着既要维护公民和合法组织举行会议的权利，又要明确相应的义务，将各种会议活动纳入法制化和规范化的轨道。我国现行的法律体系对各级人代会、职代会、公司董事会、股东大会、听证会等法定性会议的举行和程序都有比较完善的规定，各种社会组织内部也建立了比较完善的会议规则，在举行相应的会议时必须严格遵守。

对于营利性会议的组织者来说，除应遵守有关的法律、法规和规章外，还应当在举办会议时制定相应的管理制度和规则，一方面实行自律，向与会者提供优质规范的服务，另一方面规范与会者的行为，维持会议的良好秩序，确保会议安全，维护与会者的合法权益，从而树立会议品牌形象。

（二）准备充分原则

任何一次成功的会议都是建立在充分准备基础上的。准备充分原则的具体要求包括：

1. 思想准备

会议组织者和会务工作人员在接到任务后，必须首先从思想上动员起来，认真学习相关的法律、法规、规章和上级的政策，明确会议管理的目标和要求，为投入紧张的会议管理工作做好思想上、心理上的充分准备。

2. 信息准备

会议信息既是会议领导管理机构决策的依据，同时也是向与会者提供服务的重要内容。具体来说，会议举行之前需要准备的信息包括：

（1）议题性信息：指需要列入会议议程，进行讨论、研究或需要解决的问题和工作。议题性信息的收集对于确定会议的主题和具体议题以及制定会议议程具有关键性意义，是会议信息管理的重要环节。

（2）指导性信息：指对确定会议的内容与形式，办好会议具有指导意义的信息，如方针政策、有关的法律法规、上级机关的有关精神等。

（3）参考性信息：指围绕会议所收集的背景性、资料性信息，包括下级机关、人民群众围绕即将召开会议所形成的意见、建议、要求，社会舆论的动向，国内外同行举办会议的经验和教训，能够帮助说明和阐释会议文件的有关资料以及与会者需要了解的信息等。

（4）会务方面的信息：在会议准备阶段，及时准确收集会务方面的信息，对于搞好会议筹备工作意义重大。比如，要做好会议的接待工作，就必须事先收集与会者的相关信息；要做好会议的宣传工作，就应当事先掌握前来采访的媒体和记者的情况等。

3. 物质和技术准备

现代会议活动离不开物质和技术支持，即便是最简单的会议，至少也要准备纸和笔以便做会议记录。至于召开大型的现代化会议，没有高科技会议设施的支持几乎难以想象。

4.方案准备

会议活动的各项具体安排事先要有周密的方案，如实施方案、应急方案。方案要尽可能多备几套，以适应客观情势的变化。重要的会议活动方案还应当展开咨询与论证，使其更具有科学性和可行性。

（三）分工协调原则

会议管理是一项系统工程，各个管理部门之间既要有明确的分工，又要做到相互配合与协调。分工协调原则的具体要求有以下两点：

1.分工明确

会议活动的每一项组织工作，会议管理的每一个环节，都要落实到人，做到岗位职责明确、任务要求明确。

2.统筹协调

会议管理涉及工作之间、部门之间、利益之间的关系，矛盾和冲突在所难免，统筹协调不可缺少。要通过建立协调机制，明确协调责任，强化协调意识，使会议管理机构及其各个工作部门成为一个相互协调、相互配合的团队，使会议管理的各项分工、各项具体工作合成一个有机的整体，促进管理效益的提高。

（四）服务周到原则

从某种意义上说，会议管理就是会议服务。良好的会议服务，能为会议的成功举办提供强有力的支持，也能给与会者留下深刻难忘的印象，提升组织者以及会议品牌的形象。服务周到原则要求做到：

1.服务要周到细致

会议服务涉及接站、注册、文件分发、住宿、餐饮、观光、出行等许多方面。凡与会者提出的合理需要，组织者要尽可能满足，并努力做到周全、细致，让与会者时时放心、处处称心、事事暖心。因条件的限制暂时无法满足与会者某些方面要求时，要耐心做好解释工作，取得与会者的谅解。

2.服务要主动及时

会议组织者要想客人之所想，急客人之所急，主动了解与会者的需求，尽快满足他们的愿望。反应迟钝，服务滞后，必然会给与会者留下不愉快的印象。

（五）确保安全原则

安全是会议成功的充分必要条件。这里所指的"安全"包括：

1.人身安全

人身安全是会议管理的重中之重，涉及消防、交通、场馆、防疫、饮食、自然灾害、恐怖袭击、医疗救护等方面的安全管理。其具体要求如下：

（1）要事先编制各项应急预案，配全相关器材，明确安全责任，培训有关人员，进行应急演练，确保紧急遇险时各项应急预案能发挥效果；

（2）加强对场馆的安全评估和检查，保证有足够的安全设备和安全通道，同时配备医护人员和救护设备，确保发生紧急情况时能及时救护和疏散；

（3）集体就餐以及举行宴会，要采取严格的卫生措施，防止集体食物中毒，确保饮食安全；

（4）用车辆接送参加对象，要事先对司机进行安全行车的教育，并切实做好车辆检查，及时排除安全隐患，保证行车安全。

2. 信息安全

举行涉密会议，要从会场的安排、设备的使用、文件的印发和保管、人员的进出等方面采取严格的保密措施，防窃听，防文件丢失，防外人混入会场，确保信息安全。

（六）环保节俭原则

会议活动能够创造一定的经济效益和社会效益，但其本身也消耗一定的资源。贯彻环保节俭原则，不仅能降低会议的成本，提高会议的经济效益，更重要，也更有意义的是，给会议本身树立一种良好的社会形象，为环保事业做出贡献。贯彻环保节俭原则要求做到：

第一，严格执行财务预算，加强资金监管，努力降低成本，提高会议的经济效益；

第二，采取切实有效的措施，科学合理地配置和最大限度地利用资源，并从制度上厉行节约，杜绝浪费，实行绿色办会。

案例导引："绿色奥运"的环保节俭原则

北京奥运会筹备期间，为了体现"绿色奥运"的筹办理念，使北京奥组委成为绿色办公的典范，北京奥组委向全委各部门印发了《北京奥组委"绿色办公"指南》。这份指南从绿色管理、绿色行为、绿色活动三个方面对北京奥组委的办公、日常活动等方面做出了规范性的提示，包括垃圾分类、办公器材的选用、报纸回收、无纸化办公等，甚至包括"多走楼梯，少坐电梯"等细节。组委会内部文件用纸都双面复印，以保证纸张的充分利用，达到节约纸张的目的。另外，组委会内部使用的信封也都是重复使用。在无纸化办公方面，组委会各部门之间的文件往来多采用电子邮件形式，尽量避免使用纸张。在办公器材的选用上，复印机直接连接电脑，省去打印环节，达到节能、节纸的目的。在组委会办公大楼内只要有电器开关的地方，都会有一个醒目的"节约用电"的标志，在洗手间，也有许多提醒人们节约资源的标志。组委会还制作了一套宣传"绿色办公"的屏幕保护程序，使组委会的工作人员每天都能受到环保教育，让每个人都能从身边的小事做起，参与到"绿色奥运"工程中来。

第二节　会议组织者与管理机构

一、会议组织者的含义和构成

会议组织者是指发起、策划、主办、承办、协办会议活动的机构或个人。组织者可以是单一的机构或个人，也可以由若干机构或个人组合而成。在规模较大的会议活动中，组织者分为主办者、承办者、协办者等。

（一）主办者

主办者是指对会议活动的组织、管理、协调负主要责任的机构或者个人，是会议活动最重要、最关键的组织者，在会议举办过程中起决定性的作用。

1. 主办者的主要责任

（1）制定会议的目标和任务，并使其成为全体会议成员的共识；

（2）根据会议的目标和任务确定会议的主题以及具体的议题、议程和日程，必要时提交会议成员审议通过；

（3）制定会议的各项规则，必要时提交会议成员审议通过；

（4）筹建会议领导机构（如主席团、组委会）和会务工作机构（如秘书处），必要时将组成人员名单提交全体会议或预备会议通过；

（5）确定协办者、承办者和其他合作伙伴；

（6）制订会议的各项工作预案，领导各项筹备工作；

（7）主持会议，掌控、协调会议进程，确保会议目标和任务的实现；

（8）总结会议工作经验，做好会务方面的善后工作；

（9）落实会议的议定事项；

（10）对会议活动负法律或行政责任。

2. 主办者的类型

（1）具有领导和管理职权的机关。从管理学的角度看，会议是实施管理的一种手段。负有领导和管理职权的机关在实施领导和管理的过程中，往往需要通过会议了解信息、征求意见、研究决策、传达指示、通报情况、布置工作、总结表彰。这类会议主办者同与会者之间具有上下级关系或管理上的相对关系。社会组织的内部会议以及公共管理机关在自己的管理权限内举行的会议，其主办者属于这一类情况。

（2）会议活动的发起者。一些协作性、交流性的会议，如论坛活动、多边会谈等以及以营利为目的会议，往往由某个或若干个机构发起，发起者承担主办会议的责任。例如，2010年4月，在美国华盛顿举行的有47个国家的领导人或代表及国际和地区组织负责人出席的首届全球核安全峰会，就是由美国发起并主办的。

（3）特定组织的成员。很多合作性和学术性组织都有召开经常性会议或例会（如年会）的制度，每一个成员（包括国家、地区或非政府组织）都有主办会议的权利或义务。例如，亚太经济合作组织（APEC）每年召开的领导人非正式会议，就是由各成员轮流主办的。发起并经营营利性会议的机构必须获得法定的经营资质。

（4）通过一定的申办程序获得主办权的组织。有些重大的会议活动，由于具有较大的政治、经济、学术等方面的影响，同时也为了提高会议的质量，往往通过申办竞争程序来确定主办者。一般先由有意向的国家或城市、机构提出主办会议的申请，经有关机构审查并通过表决来决定会议的主办者。用这种办法确定主办者，应当事先制定相应的章程或规则，明确具体的申办条件和决定程序，以保证公平和公正。

3. 共同主办

有的会议可以采取由若干机构共同主办的模式。共同主办可调动更多的资源，整合更多的力量，也可以平衡有关各方的利益，但相互之间必须要有协议，明确各方的权利和义务。

（二）承办者

承办者即具体承担会议组织和管理工作的机构或个人。一般的会议，主办者可以直接承担会议的组织和管理工作，无须另外确定承办者。而有些会议，因主办者缺乏具体承办的能力，或者因会议的某些特殊需要，主办者可以将会议的具体组织和管理工作交给承办者。会议主办者与承办者的关系有两种情况：一种是上下级的领导与被领导关系，即上级机关把承办会议的任务下达给某个下级机关，下级机关在上级机关的领导下开展会议的各项组织和管理工作；另一种是合同关系，即主办者把会议的全部或部分组织和管理工作以签订合同的形式委托给承办者，而承办者则获得相应的报酬。随着会议服务行业的发展，有越来越多的主办者将会议的策划、筹办、现场服务等工作委托给提供会议服务的企业（如会展公司、会议中心、酒店等），促进了会议业的形成和发展。但不管二者的关系性质如何，承办者都必须对主办者负责，并承担相应的法律或行政责任。承办者的具体职责由主办者决定或通过协商谈判后以合同或协议书的形式加以确定。

（三）协办者

在组织会议的过程中，主办者可以根据需要，确定若干协办者。协办者就是协助主办者做好会议组织和管理工作的机构或个人。专门设总承办者时，协办者协助总承办者做好组织和管理工作，但对主办者负责。主办者和协办者之间必须以协议的形式明确相互关系、权利和义务。

一般情况下，协办是有偿的。协办者也可以要求在会议活动的有关广告、海报、会标以及其他会议资料中宣传自己，作为有偿的形式。

1. 会议协办的主要方式

（1）经费资助，即协办者向主办者提供一定的经费支持；

（2）名义使用，即协办者允许主办者使用自己的名义。这类协办者一般具有较高的知名度和美誉度，他们参与协办，能大大提高会议活动的影响力；

（3）智力支持，即协办者向主办者提供咨询、策划等智力支持；

（4）物资援助，即协办者向主办者提供举办会议必需的物资；

（5）人力协助，即协办者向主办者提供举办会议所需的会务人才支持，包括临时借调工作人员、招募志愿者等；

（6）工作分担，即协办者分担主办者的一部分组织和管理工作。这种情况下，主办单位与协办单位的分工必须明确；

（7）宣传造势，即协办者运用自身的宣传优势为会议做宣传。比如，媒体参与会议的协办，一般都依靠自己的宣传优势。

2. 协办者与共同主办者的区别

有时，会议的主办方为了增强名义上的组织阵容，邀请一些机构作为会议的共同主办方。这类共同主办者实际上也只是提供名义支持而已，在参与方式上与协办者相似。但协办者与共同主办者是有性质区别的，这主要是看二者所承担的法律责任。主办者是会议活动的行为主体，会议中出现的问题以及由此引起的法律和行政责任（违法违规、民事纠纷等），由主办者解决和承担。共同主办的会议，共同主办的任何一方都必须承担相应的法律和行政责任。而协办者则根据其参与协办的具体情况确定是否需要承担连带责任。

二、与组织和管理工作相关的机构

与组织和管理工作相关的机构是指不直接参与组织和管理工作，也不直接承担会议的法律或行政责任，但对会议的筹备和举办具有直接或间接帮助的机构。

（一）赞助者

"赞助"一词原意是"支持和帮助"，而在现代经济和社会生活中，则专指对特定的对象提供资金和实物支持的行为，其实质是双方资源或利益的交换与合作。举办大型会议，尤其是一些具有公益性质和品牌效应的会议活动，赞助是获取经费和实物支持的有效办法。赞助者可以是国际组织、政府机构、企事业单位、非政府组织，也可以是个人，又称赞助商、合作伙伴等。

从广义上说，赞助也是一种协办。之所以要把二者区分开来，主要有三点原因：一是赞助更强调资金或实物（包括场地、设备和其他会议用品等）的支持；二是赞助者不同于协办者，它并不参与会议的具体组织和管理工作，不属于组织者；三是协办者和赞助者在法律责任上应有所区别，前者根据其参与协办的具体情况可能需要承担一定的法律和行政责任，后者则不需要承担任何责任。

会议赞助的性质分为两种：一种是单务赞助，即赞助者在提供赞助后，只要求享有赞助者的荣誉，不要求有其他回报，这种赞助实际上是一种捐赠行为；另一种是双务赞助，即会议主办者（有时也可以是承办者）与赞助者之间本着互利互惠、互有所得的精神进行协商，赞助者向会议提供一定的赞助，同时获得一定的回报，如获得会议的冠名权、会议名称、会徽、吉祥物等无形资产的使用权以及在会刊上和会场中免费发布广告的权利。

（二）支持者

支持者也叫支持单位，其模糊性较大。从广义上看，协办者和赞助者都可以看作支持者。但从狭义上看，支持者一般为无偿支持，或者因身份特殊不宜叫作协办者和赞助者时，则均可称为支持者。政府机关、媒体、非政府组织等都可以作为支持单位。从会议运作角度而言，支持者对会议的举办可以发挥一定的具体作用，如新闻报道，也可以仅借助其名义来提升会议的影响力。

（三）东道主

东道主即会议举行地的主人。在主办者所在地举行会议，主办者就是东道主。

在承办者所在地举办会议，承办者为东道主。东道主也可以是提供会议活动场所、协助会议现场接待和管理的协办者或赞助者、支持者。

三、会议管理机构的类型

会议管理对于任何一种会议都是必需的，但管理的组织形式却因活动规模大小而异。规模较小、内容单一的会议活动，组织工作较为简单，由主办单位或下属的秘书部门直接负责即可，无须另外建立专门的会议管理机构。而规模较大的会议活动由于涉及范围广，组织工作繁重，必须建立专门的会议管理机构，以确保各项组织工作的落实和活动目标的顺利实现。

（一）按设置的时间来分

1.常设性会议管理机构

常设性会议管理机构是指在时间上和组织形式上相对稳定的会议管理机构。组织化、系列化、定期化的会议一般都需要建立常设性会议管理机构。这类会议管理机构又可分成两种情况。

（1）纵向性会议管理机构。纵向性会议大都是法定组织内部常设的领导机构为解决本组织内部或属于本机构职权范围的问题而召开的，该组织的领导机构就成为会议的主办者，同与会者之间具有领导与被领导或管理与被管理的关系。

（2）横向性会议管理机构。随着国际和国内的政治、经济、文化等方面的横向合作日益增多，以对话、沟通、磋商为目的的横向性会议大量涌现，如博鳌亚洲论坛、中非论坛、达沃斯世界经济论坛等。这类会议活动都具有组织化、系列化、定期化的特征，需要建立常设性的管理机构进行策划、筹备、协调和具体落实。比如，"博鳌亚洲论坛"是一个非官方、非营利性、定期、定址的国际组织，设理事会和秘书处作为会议的常设性管理机构。横向性会议管理机构同与会者之间不是隶属关系或管理与被管理关系，而是合作、对话、交流、协商的关系，会议管理的过程主要体现在对会议的各项组织工作上。在闭会期间，这类管理机构还要管理该会议组织的日常事务。

2. 临时性会议管理机构

临时性会议管理机构是指存在时间较短，仅对一次特定的会议实施管理的组织形式。临时性会议管理机构按其责任期限可分为三种。

（1）全过程管理机构。这类管理机构既要对会议筹备阶段的各项组织工作实施领导，又要对会议举办期间的各项服务工作进行管理和协调，还要在会议结束后做好各项善后工作，其名称一般为组织委员会或指导委员会。

（2）筹备阶段管理机构。这类管理机构一般叫作筹备工作领导小组或筹备委员会，负责会议筹备阶段的组织工作，会议正式开始后，使命即告完成，其职责移交给由会议选举产生的领导机构。

（3）举办期间管理机构。这类管理机构仅负责会议举行期间的领导工作，如会议主席团、大会理事会等。

（二）按管理的职权来分

1. 领导机构

领导机构对会议负有领导责任，其职责是制定会议管理的目标和任务，决定会议管理的重大事项。组织委员会、筹备委员会、主席团属于会议的领导机构。

2. 会务执行机构

会务执行机构简称会务机构或会务部门，负责执行领导机构做出的各项决定，具体落实各项会议的策划、准备和服务等工作。执行委员会、秘书处、办公室属于会务执行机构。

四、会议的领导机构

（一）组织委员会

规模较大的、非法定性的会议，如大型国际论坛、经贸洽谈会等，组织工作较为复杂，主办单位可以成立组织委员会（简称组委会）作为会议的最高管理机构。

1. 组委会的职责

组委会对主办者负责，对会议活动实施全面和全过程的管理。由于各种会议在内容和活动方式上差异较大，组委会的具体职责也各不相同。组委会的共同职责主要体现在以下几个方面：

（1）确定会议的内容，包括会议的目标、任务、主题、议题、议程、程序；

（2）确定与会对象的范围、规模、规格；

（3）确定会议的举办时间和地点；

（4）确定会议的总体方案和专项方案，并组织实施；

（5）组建会务工作班子，任命工作人员，明确分工，做好统筹协调工作；

（6）领导会议公关和宣传工作，扩大会议的影响；

（7）审查和批准会议的预算，开发会议的资源，筹措经费，管理财务；

（8）掌握和协调会议进程，确保会议顺利进行和圆满结束；

（9）根据主办者的授权对有关问题做出决策；

（10）领导善后工作，总结会议工作经验；

（11）处理相关的法律事务，承担相关的法律责任。

2.组委会的人员组成

组委会由主办单位依据精干高效和有利工作的原则，从有关方面抽调精兵强将组成。在人员组成上，组委会一般要包括以下几方面的人员：

（1）主办单位人员。组委会应以主办单位为主体组成。会议由多家单位联合主办的，根据责任的主次或通过协商确定组委会的名额分配和人员组成。重要会议应当由主办单位的主要领导亲自挂帅。此外，主办单位的有关职能部门也应派人参加组委会的工作，以便协调处理相关的组织工作。

（2）相关单位人员。会议的具体承办单位、协办单位也应当参加组委会的工作。支持单位、赞助单位是否参加组委会，可根据实际情况确定。

（3）专家和社会知名人士。举行专业性较强或者社会影响较大的会议，专家和社会知名人士加入组委会，可以充分发挥他们的智慧和影响力，给会议活动提供巨大的智力支持和名人效应。

3.组委会的组织架构

（1）决策层：决策层设主任（主席）、副主任（副主席）、秘书长等职务。主任由主办单位出任，副主任若干人，协助主任工作。副主任也可由承办单位出任，必要时可设常务副主任或者专职副主任。秘书长参与决策并掌管和协调组委会的日常工作。

（2）名誉层：有时根据实际需要，可在组委会中设名誉主任。名誉主任可以是主办单位现任领导人，也可以是上届组委会的领导人，或者邀请德高望重的知名人士担任。名誉主任一般只设一名，特殊情况下也可设若干名，但不宜过多。

（3）顾问层：有时也可以聘请知名度较高的专家、社会人士或领导干部为顾问，向组委会提供信息咨询和技术指导。顾问层也可以由若干顾问单位组成。

（4）委员层：组委会设委员若干名，分别由主办单位、协办单位、承办单位以及其他专家和相关人员组成。由于组委会既是一个组织工作的决策机构，又是一个下设具体执行部门的管理体系，因此委员的人数和职责的分工可根据组织工作涉及的范围来确定。委员可以设专职和兼职两种，专职委员可以兼任组委会下设的职能部门的负责人。

（5）执行层：在组委会下面可以设执行机构，一般称为执行委员会（简称执委会）或秘书处，也可以称作办公室。执行机构的职责是，向组委会负责，贯彻组委会的各项决策，具体落实和协调各项组织工作。执行机构下面还可设若干职能部门。也有的组委会在执委会下面设秘书处或办公室，作为执委会的综合辅助机构。

（二）筹备委员会

筹备委员会简称筹委会，规模较小的会议活动则称为筹备工作领导小组，简称筹备组。

筹备委员会与组织委员会虽然在职责和组织架构上没有很大的不同，但在性质上和名称的使用上却存在显著区别。筹备委员会的职责使命只限于会议的筹备阶段，一旦会议产生领导管理机构，筹备委员会的使命也就完成，机构自动解散。而组织委员会则属于实行全过程管理的机构，因此当需要对会议的组织工作实行全过程管理时，设置的管理机构应当称作组织委员会。凡是在会议期间必须经全体成员选举或协商产生领导管理机构的会议，在筹备阶段设置的管理机构只能称作筹备委员会。比如，某公司要举行首届职工代表大会，由于会议的主席团和秘书处尚未产生，因此先设立筹备委员会，为会议的召开做好各项准备工作。当预备会议产生大会主席团和秘书处后，筹备委员会的全部管理职能便自动转到了主席团和秘书处。

（三）主席团

主席团是在会议举行期间按照议事规则和既定的程序主持会议，决定会议期间的重要事项，对会议活动实施集体领导的机构。

1.主席团的产生

主席团是一种常见的会议领导机构形式，常用于代表性会议。主席团由全体成员大会（预备会议或第一次全体会议）根据组织的章程或专门的议事规则选举或协商产生，至会议结束时完成使命。

2.主席团的一般职责

由于各种会议的性质和任务不同，主席团的具体职责也不尽一致。一般而言，主席团的主要职责包括以下几个方面：

（1）根据既定的议程和日程召集并主持会议；

（2）审查各项议案（包括动议）并决定是否列入会议议程；

（3）组织与会者讨论或审议会议的各项报告和议案；

（4）提出并组织代表审议通过大会的选举办法和表决办法；

（5）提出需提交大会进行选举的有关候选人建议人选，并根据多数与会者的意见确定候选人；

（6）起草大会的有关决议草案，提请大会审议通过；

（7）讨论决定会议的有关重大事项；

（8）决定由会议议事规则或会议授权的其他事项。

3. 主席团的组织架构

主席团设主席一名和副主席若干名。规模较大的主席团可设常务主席若干名或设主席团常务委员会。举行全体大会时，主持会议的主席称为执行主席。主席团成员的构成应当具有广泛的代表性，人数应根据组织章程或会议规则确定。

主席团产生后，筹备委员会及其下属会务机构的任务终止。

（四）学术委员会

学术性会议为了体现会议的学术性和权威性，往往成立由专家组成的学术委员会，作为会议的学术权威机构，有的国际性学术会议将其称为"程序委员会"。

1. 学术委员会的职责

学术委员会的职责主要有以下几个方面：

（1）确定会议的主题和议题；

（2）鉴定、筛选报名者提交的论文、报告和其他研究成果，以确定其参会的资格并组织编辑出版；

（3）选拔大会交流发言的对象；

（4）根据议事规则通过表决裁定有关争议。

2. 学术委员会的产生

学术委员会的产生有两种情况：一种是学术组织中的常设性学术委员会，一般要通过全体会员大会或会员代表大会选举产生。当该组织举行学术会议时，常设性学术委员会便自然成为会议期间的学术权威机构。另一种是举行单一性学术会议时，由会议的主办者临时聘请专家组成学术委员会。

3. 学术委员会的组织架构

学术委员会一般设主任（或称主席）、副主任、名誉主任和副主任、若干委员，规模较大的学术会议还可设秘书长和若干学术秘书。

（五）资格审查委员会

资格审查委员会负责对会议正式代表的资格进行审查并提出审查报告。代表性会议，尤其是法定性代表会议，为了保证出席会议的代表符合会议规则的要求，需要设立专门的资格审查机构，按照组织章程和会议规则中有关代表资格的规定，对与会者中的正式代表进行资格审查，并向大会递交审查报告。法定性代表会议的资格审查机构的组成人员名单必须经预备会议表决通过。在一些政府间的国际会议中，资格审查机构又称全权证书资格审查委员会。

五、会务执行机构

会务执行机构在秘书长领导下执行具体的会务工作，一般称为秘书处，直接对组委会、筹委会和主席团负责。有些综合性较强的大型会议的组委会直接下设执委会，在执委会下面再设秘书处或办公室，作为执委会的综合会务执行机构。

（一）会务的含义

会议活动只有通过严格的组织、管理和高效的服务才能有序、顺利地进行。会议的规模越大，具体的组织、管理、服务工作就越多、越复杂。我们把会议管理过程中决策、指挥行为以外的各项具体组织、管理和服务工作统称为"会务"。概括地说，会务是会议活动过程中（包括准备、举行、善后三个阶段）事务性、辅助性工作的总称，是整个会议管理的重要组成部分，其工作质量和效率对会议的成败具有直接影响。

（二）会务执行机构的主要职责

会务执行机构的主要职责如下：

（1）提供信息和建议，为会议的领导机构确定会议的目标、任务和议题起参谋作用；

（2）根据会议领导机构确定的会议的目标、任务和指导思想，起草会议的具体方案；

（3）起草会议的报告、讲话以及决定、决议等最后文件；审查与会者提交的会议发言材料；

（4）落实并布置会场；

（5）做好会议的邀请和接待工作；

（6）做好会议的各项记录；

（7）做好会议对内和对外的宣传工作；

（8）做好会议精神的传达和反馈工作；

（9）处理好代表的提案、议案和各项书面建议；

（10）总结会务工作的经验、教训；

（11）做好会议文件的立卷归档工作；

（12）搞好会议活动的综合协调，及时处理各种突发性事件，保证会议顺利进行和圆满结束。

（三）会务执行机构设置的要求

会务执行机构的设置关系到会议的效率、质量，甚至关系到会议的成败，必须高度重视，具体要求是：

1. 适应需要

会务执行机构的设置，应当从实际需要出发，与会议的目标、性质、形式、规模相适应。由于各种会议差异较大，因此会务执行机构的设置、分工情况乃至名称都不尽相同，没有固定的模式。例如，组织内部举行的工作会议，会务工作较为简单，由公司的行政部门临时配备若干会议秘书即可。而规模较大或组织工作较为复杂的会议，一般都要建立专门的会务工作机构，并下设若干部门，分别承担具体的会务工作。有时还要根据实际情况设置一些专业性较强的会务工作机构，如场馆工程建设招投标部门、志愿者招募培训部门、法律事务部门等。

2. 机构精干

会务执行机构的内设部门以及工作人员的组成一定要精干。机构过于庞大、管理层次过多或者存在冗员，都会增加会务执行机构的内部摩擦和内耗，造成工作职责的重叠和形式化，降低工作效率。

3. 责任明确

会务执行机构的各部门要有明确的责任，具体地说，就是把会务工作的目标和任务分解成各部门、各成员的具体目标和任务，明确干什么、为什么干、怎么干和何时干，不允许出现名义上共同负责，实际上职责不清、无人负责的混乱现象。会务执行机构的分工应尽可能按专业化的要求来设计，对于一些专业性较强的会议活动更应如此。

4. 相互协调

在明确责任的同时，还必须加强各会务工作部门和工作人员相互间的协调。协调应当具有层次性，即实行分负责的原则，矛盾和问题出现在哪一级，就应当由哪一级实施协调。比如，部门内的矛盾和问题由部门负责人协调；部门之间的矛盾和问题由主办部门负责召集协办部门进行协调；主办部门和协办部门之间无法达成共识的，则由秘书长出面协调。

5. 制度健全

会务执行机构内部要建立一套完整的工作制度和行为规范，以保证各项会务工作的规范性和有序性。这些工作制度和行为规范包括会务工作人员的职权范围，会务执行机构及其工作人员的工作守则，会务工作的流程和规则，会务工作人员的录用、培训、考核、晋升、辞退的制度等。

（四）秘书长

秘书长既是会议领导机构的成员，同时又是会务执行机构的最高首长。

1. 秘书长的设置

秘书长的设置分为两种情况：一种是会议组织的常设性秘书长，既负责会议的组织、筹备工作，又要管理闭会期间该会议组织的日常工作。例如，博鳌亚洲论坛属于一种国际会议组织，其秘书长一职就是常设性的。另一种是临时性、单一性会议的秘书长，仅负责领导会议筹备阶段和举行阶段的会务，每次会议一结束，其使命即告完成。在法定性代表会议中，秘书长在预备会议上和主席团一起产生，会议结束后，和主席团一起完成使命。必要时可设副秘书长数人，协助秘书长工作。

2. 秘书长的职责

一般说来，会议秘书长具有以下几个方面的职责：

（1）在筹备阶段，协助会议领导机构开展工作，执行会议领导机构的各项决定和决议；

（2）根据会议领导机构的授权，审查批准会议活动的各项具体预案，并组织落实、检查指导和统筹协调；

（3）向会议领导机构及时汇报筹备工作的进展情况，提出改进建议和措施；

（4）法定性代表大会的秘书长在预备会议之后主持召开第一次主席团会议，选举或协商产生主席团常务主席和执行主席；

（5）领导会议秘书处的工作，处理会议举办期间的日常工作，签发有关会务工作的文件；

（6）负责协调会议的善后工作。

3. 秘书长产生的程序

秘书长产生的程序，应当在会议活动规则中做出明确的规定，一般有以下几种：

（1）法定性代表会议的秘书长人选由上一届会议选举产生的领导机构提名，在本次会议的预备会议或者第一次全体会议上以适当的方式（如举手或按表决器）通过；

（2）由一方主办的会议，秘书长由主办单位任命；

（3）多方联合主办的会议，协商产生秘书长。

（五）会务执行机构的内部架构

会务执行机构内部可以根据会议的规模和会务工作的实际需要设置具体的工作部门，分配具体的工作职责。

以大型会议为例，会务执行机构可分为：

（1）秘书组

负责各种会议文件的准备、起草、印发、清退、立卷归档工作，做好主席团会议记录，落实会议决定办理的事项，承办大会主席团、秘书长交办的事项。

（2）组织组

承办代表资格审查工作，起草代表资格审查报告，编制代表名册、选举程序和选举办法，设计和印制选票，印发候选人情况介绍或简历，负责代表签到，向执行主席报告代表出缺席情况，安排代表座次及在主席台就座人员位次。

（3）联络组

主要负责会议主席团与各代表团之间的传达、反馈等联络工作，如了解各代表团、组的讨论情况，综合反映讨论中反映的突出问题和意见。

（4）提案（议案）组

主要负责受理会议期间与会者提出的各种提案或议案，如收集、整理代表提案（议案）和意见、建议，综合反映提案（议案）中的突出问题和建议，草拟提案（议案）处理办法，向大会主席团提出提案（议案）和意见、建议处理意见的报告（草案）和有关议案的决议（草案）。

（5）宣传组

主要负责会议的对外宣传工作，包括制订会议的宣传与公关工作计划并组织实施，组织、安排、协调记者的采访活动，统一向媒体提供会议的新闻稿，承办新闻发布会或记者招待会，负责会议音像资料的录制和管理工作等。

（6）简报组

主要负责编写和印发会议简报、快报。

（7）总务组

又称行政组，主要负责会议的接站、报到、签到、票务、食宿、参观游览、文娱活动、车辆调度、会场安排与布置、设备保障、用品发放与管理、经费预算与筹措、财务管理、现场应急等方面的工作。

（8）保卫组

主要负责会议期间会场、住地的保卫工作和交通安全工作。

图 2-1 所示为会务执行机构结构图。

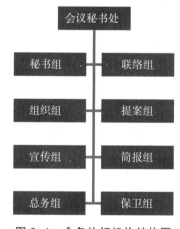

图 2-1　会务执行机构结构图

上述分工可根据会议的需要做适当的增减、合并和调整，工作部门的名称也可根据实际分工来确定。工作部门之间既要有分工，又要有合作。

第三节　会议规则

一、会议规则的含义

会议规则是指为实现会议的目标依法制定的，供主办者和全体会议成员共同遵守的各项会议制度的总称。制定会议规则是会议管理的重要内容，其含义有以下几个方面：

（一）体现组织的宗旨和原则

对一个法定的会议组织来说，会议规则是要求全体成员共同遵守的行为准则，因而是该组织基本原则的体现。比如，博鳌亚洲论坛这一国际性会议组织的宗旨之一是"立足亚洲，促进和深化本地区内和本地区与世界其他地区间的经济交流、协调与合作"，这一宗旨在博鳌亚洲论坛的历次会员大会上得到了充分的贯彻和体现，使论坛的影响力日益提升，会员数越来越多。

（二）规定对象的权利和义务

会议成员的权利表现在主办、参会、知情、发言、提案、质询、表决等方面。会议成员虽然资格有所区别，有正式、列席、旁听和特邀之分，有些实行会员制的会议组织还将与会者分为基础会员、荣誉会员等，但任何一种会议成员都有各自的基本权利，同时也应当履行相应的义务。会议规则的作用就在于将各种会议成员的权利和义务以法定的形式加以规定，或者以契约的方式加以明确，这是现代会议，特别是国际性会议的一个显著特征。

（三）保障会议民主

会议活动是现代政治民主、管理民主和社会民主的重要形式。同理，会议民主也是现代政治民主、管理民主和社会民主的重要保障。在某种意义上，没有会议民主就不可能实现政治民主、管理民主和社会民主。会议民主理念的实质是尊重多数、保护少数。将会议民主的理念融入会议规则中，以会议活动的程序化、规范化来体现和保障会议民主，这是现代会议发展的必然趋势。会议规则虽然会限制会议的领导者、组织者的一些权力，造成一些不便，但恰恰是这些限制和不便使会议民主有了可靠的保证。

（四）维护会展秩序

会议是一种群体性交流活动，与会者往往来自不同的国家、地区，代表不同的政府、阶层、公司以及其他利益集团。如果没有一套完整系统的规则，很难想象会议举行时会发生怎样的情况。会议的成功离不开合理的规则，这些规则一旦制定，组织和参加会议的任何一方都必须严格遵守。会议中如果对程序性安排产生争议，会议规则便是仲裁的依据,这样既避免了组织者在处理会议事务时的主观性和随意性,体现了会议的公正和公平,同时也确保了会议不受非正常因素的干扰,能够按既定目标发展。

(五)提高会议效率

影响会议效率的因素众多,但制定科学合理的会议规则对于提高会议效率无疑具有重要意义。如果没有规则,会议的议题和议程将因众说纷纭而无法确定,会议的发言将因没有时间限制而无法停止,会议的表决也将因各执一词而永远没有结果,这样的会议根本无效率可言。当然,这并不是说会议规则越多、越复杂就越好。强调会议效率有时会同发扬会议民主发生冲突,在制定会议规则时应当力求二者的平衡、合理。

二、会议规则的种类

(一)按会议规则的存在形态划分

1. 法定式会议规则

这是指以法定程序确立或制定的程序合法的书面形式的会议规则,具有庄重、正式、稳定的特点。根据适用的对象、范围和效力层次,这类会议规则分别属于法律、行政法规、行政规章和组织内部规章。例如,《中华人民共和国全国人民代表大会常务委员会议事规则》属于法律,《博鳌亚洲论坛章程》属于组织的内部规章。属于组织的内部规章性质的会议规则必须合法。一般情况下,会议活动都应当制定成文式会议规则。

2. 约定式会议规则

这是指在长期的会议实践中自然形成或约定俗成的不成文的会议规则,又称惯例式会议规则。约定式会议规则较多地用于纵向性会议,具有针对性强、容易操作的优点,但由于未成文,在执行中往往容易受会议主持人个人权力和领导风格的影响,缺乏稳定性。

3. 临时商定式会议规则

会议过程充满各种不确定的因素,任何成文的或惯例式的会议规则都不可能解决会议中的所有问题,于是就需要根据具体情况制定一些临时的规定,作为正式会议规则的补充。这些规则一般是由会议主办者决定的,也可以由主办者提出经全体会议成员讨论通过,只对本次会议有效。

(二)按会议规则的内容集中与否划分

1. 集中式会议规则

这是指对会议管理的各项规定进行全面、集中表述的会议规则,其名称为"议事规则""组织法""章程"等。

2. 分散式会议规则

这是指涉及会议活动的具体规定性条款分散在各种法律、法规、规章、组织章程和内部文件中加以表述的会议规则。例如,《中华人民共和国公司法》是一部规范公司活动的法律,其中部分条款是对各类公司的董事会、监事会、股东大会的主要议事规则做出的法律上的规定。此外,各公司的章程中也必须对上述几种会议的议事规则做出具体的规定。

(三) 按会议规则的适用范围划分

1.一般性会议规则

一般性会议规则适用于同类性质、同一级别的所有会议。

2.专项活动规则

这类规则主要是针对会议中的某些特殊活动做出的规定。例如,举行某项选举时需要制定专门的选举办法,举行重要表决时需要制定专门的表决办法。

三、会议规则的制定与修正

(一) 会议规则的制定与修正的程序

会议规则制定与修正的程序如下:

1.法定性代表会议根据法定的程序制定或修正相应的会议规则。

2.横向性、合作性会议,会议规则的制定和修正,须经全体成员表决通过或协商一致。例如,《博鳌亚洲论坛章程》就是由理事会会议一致通过修改稿并提交会员大会表决通过的。

3.纵向性会议,会议规则由会议的领导机构或行政首长确定。

(二) 制定会议规则应当注意的问题

制定会议规则时应当注意以下问题:

1.内容合法合规

会议规则的内容不仅要符合宪法、法律、法规,而且还要符合组织内部的章程和相关的制度。

2.充分发扬民主

会议规则不仅要在具体内容条款上维护和尊重现代会议的民主价值理念,而且应当在自身制定程序上积极实践会议民主。事实上,没有制定程序的民主,就不可能形成一套维护和尊重会议民主的议事规则。具体地说,会议规则的制定应当经过反复的酝酿协商,广泛听取各方面意见,最后由全体会议成员表决通过,使其真正代表绝大多数人的意志。

3.条款清楚合理

会议规则的条款过于简单或模糊不清,不利于执行和监督;过于烦琐,则束缚手脚,妨碍会议效率的提高。因此,会议规则在制定时一定要做到条款具体、清楚、合理,便于理解、执行和监督,在实践中要不断加以修正、改进和完善。

四、会议规则的基本内容、格式和写法

（一）会议规则的基本内容

会议规则的基本内容如下：

1. 制定的目的、依据

2. 会议的名称、性质和宗旨等

3. 会议的举行

具体包括会议由谁主办和召集，会期和会议周期，在什么情况下可以举行临时会议或特别会议等。

4. 会议的组织机构

具体包括会议所设组织机构的名称、职权、组成人员、分工、下设部门、任期、产生办法和程序等。

5. 会议的成员

具体包括会议成员的名额分配、资格、与会条件、权利和义务等。

6. 议题和议程

具体包括哪些成员或组织可以提出议案和动议，议题和议程的确定应遵循哪些程序等。

7. 发　言

具体包括会议成员要求在会上演讲、报告、辩论、质询、答辩的申请程序和形式，会议发言的时间限制和顺序安排规则等。

8. 表　决

具体包括表决权的分配（如一人一票制、加权表决制，有无否决权）、表决的方式（如投票、举手、鼓掌等）、表决的程序、表决的有效性、表决通过规则（如绝对多数制、相对多数制、特定多数制）、表决结果的公布等。

9. 会议文件

具体包括最后文件的效力、会议记录的审查和签字等。

（二）会议规则的格式

在格式上，会议规则应包括以下内容：

1. 标　题

标题由会议名称加上文种组成。例如：

××大学院系党政联席会议议事规则

2.稿　本

如果提交某次会议或一定范围内征求意见，应在标题后面或正下方用圆括号标明"讨论稿"或"征求意见稿"；如提交会议审议表决，则标明"草案"二字。通过后不再标注稿本。

3.题　注

如果已经在会议上通过，则注明通过的会议名称和日期，并加上"通过"二字。题注要用圆括号括入，如（××会议×××年×月×日通过）。

4.正　文

一般采用条款式表述。内容较为复杂的，可以分章分节。正文分为三部分：

（1）总则：写明制定规则的目的、依据。分章的会议规则，第一章的标题为"总则"。不分章的会议规则，第一条直接写制定的目的和依据，不一定要写明"总则"二字。

（2）分则：具体表述规则各项内容条款。分则可以分成若干章，也可以直接设条表述。

（3）附则：写明解释权、生效时间等事项。有的情况下也可省去这部分内容。

5.制定机关

由组织者制定的会议规则，如"会议须知"等，应当在正文右下方标明制定机关的名称。会议通过的规则不必标明制定机关。

6.制定日期

由组织者制定的会议规则，应写明正式发布的日期。会议通过的规则，已经标明了题注的，不必再写制定日期。

第四节　会议管理的主要内容

一、会议效率管理

会议具有一定的社会功能，但不是万能的法宝，运用不当或者管理不善，也会产生负面效应。会议效率管理就是运用有效的控制手段，端正会风，提高效率，使会议朝着正确的方向发展。

（一）会议内容控制

会议内容控制包括对会议的目的、任务、议题和发言内容的控制。具体要求是：

1.开会前一定要明确会议的目的和任务，目的不明确、可开可不开的会议坚决不开；

2.可用电话、传真、计算机等现代通信手段联系解决问题的会议不必开；

3. 条件不成熟、准备不充分的会议推迟开；

4. 内容相关的几个会议合并开；

5. 议题过多的会议分段开；

6. 发言不允许脱离议题，"无轨电车"不准开。

（二）会议规模和范围控制

会议规模和出席范围同会议的效率有着密切的关系。规模和出席范围合理，就能提高会议效率；规模失控，范围过大，会议效率就会下降。因此，要做到：

1. 确定参加对象的范围和规模要合理。与会议目的和议题无关的、对会议议题以及相关情况不了解的、缺乏代表性的、不具备基本议事能力的人员，不列入参加范围。

2. 能以局部性会议解决的问题，就不要召开全局性会议。对确实需要召开的全局性会议（如全国性会议、区域性会议）和邀请上级主要领导出席的会议，要建立报请审批制度，克服动辄召开全局性会议和凡会必请主要领导到场讲话的倾向。

3. 建立候会制度。有些工作会议往往议题较多，涉及面较广，需要请有关方面的人员参加。如果从会议一开始便通知所有涉及的单位和人员参加，而真正讨论每一单位的事项所花时间并不多，就会造成不必要的陪会，而且容易使会议的内容相互扩散。为此，有必要实行候会制度。具体做法是：事先了解会议的议题和议程，估计每项议程开始的大致时间，通知有关单位的人员提前在休息室等候，当会议讨论到该议程时，再通知其进入会场。候会制度既保证每个所涉及的单位和人员及时参加会议，又消除了不必要的陪会现象，从而提高了会议的效率。

（三）会议时间控制

会议的时间同会议的效率成正比例关系，同样的会议结果，时间越短，效率越高。会议时间控制要做到：

1. 会前要做好会期的测算，在确保会议效果的前提下，尽量做到长会短开；

2. 准时开会，准时散会，制止任意迟到、早退的现象；

3. 必要时对发言的人数和时间进行适当的限制；

4. 一般性的会议交流，如已分发书面文件，就不必照本宣读。

二、会议经费管理

会议经费管理就是通过对会议经费的预算、决算和在使用过程中的严格监管，努力降低会议的成本，以最少的会议成本换取最大的会议效益。

（一）会议成本的构成

会议成本由显性成本和隐性成本两部分组成。

1.会议的显性成本

会议的显性成本是指在会议过程中实际支出并消耗的费用，因为可以在账面上反映出来，因此叫作显性成本，如会议交通费、食宿费、场地费、文件材料费等。

2.会议的隐性成本

会议的隐性成本是相对于显性成本而言的，虽然账面上显示不出，但确实存在。会议隐性成本包括所有与会人员以及会务工作人员在参加会议这段时间内，在其本职岗位上本来可以创造的价值以及因参加会议中断工作所造成的相关损失的价值。

长期以来，在我国的会议观念中成本意识淡薄，即使注意到会议成本，也仅是显性成本部分。而实际上，隐性成本在会议成本中占有绝对大的比重，应当引起重视。

会议成本的公式为：

$$会议成本 = X + 2 \times 3G \times R \times S$$

式中，X 是指会议的显性成本（即实际支出的经费）；$2 \times 3G \times R \times S$ 是会议的隐性成本。其中，常数 2 表示每一个会议成员和工作人员因参加会议中断原来的正常工作而造成相关经济损失的系数；G 是会议成员和工作人员在一定的单位时间内的工资额，常数 3 表示工资额的 3 倍，目前国外通常用此系数乘以工资额来计算个人在单位时间内的实际劳动所创造的总值；R 代表会议成员和工作人员的人数；S 代表会议成员和工作人员为参加和筹备会议所花的时间，单位内部的会议可按会议的预计时间计算，跨区域的会议还应当计算会议成员花在路程上的时间，会务工作人员由于会前要做会议的准备工作，会后要做会议的善后工作，因此应当根据他们所花的实际时间来计算。

用上述公式计算会议成本，可以大大改变人们的会议观念，提高人们的会议效率意识，从而有效地实行会议控制。

（二）会议活动经费支出预算

1.会议活动经费支出的项目

会议活动经费支出是指显性成本部分，即举办一次会议所支付各项费用的总和。其主要由以下几个方面构成。

（1）场地费：是指租借会场的费用。要根据会议规模来确定场地的大小和多少，会场越大、越多，费用越高。

（2）装饰费：是指布置会场内部以及周边环境的费用，如制作或购买会标、会徽、吉祥物、花卉、彩旗等装饰物的费用。

（3）设备费：包括购买或租借印刷设备、视听设备、通信设备、计算机设备、运输设备的费用。

（4）人工费：包括邀请报告人、专家的费用以及工作人员工资外的补贴、特殊情况下发给与会者的补贴等。

（5）交通食宿费：包括由组织者承担的与会者的旅费和接待、参观游览所需要的交通费和食宿费，工作人员所需的交通费和食宿费，会议期间的茶水、毛巾及相关服务费用，会议茶歇费用。

（6）文具资料费：制作各类文件、证件、指示标牌、宣传手册、签到簿以及购买会议中易耗文具用品的费用。

（7）公关宣传费：因会议公关和宣传需要而支出的费用，如广告、礼品、新闻发布会和酒会的费用等。

（8）观光娱乐费：有些会议活动为了吸引与会者，会安排一些文体娱乐活动。这部分费用一般由与会者自己承担，但组织者要承担报告人和特邀嘉宾的费用。

（9）其他费用：这主要是指一些事先无法预计的临时性支出。

2.会议活动经费支出预算的原则

会议活动经费支出预算应遵循以下原则：

（1）科学合理：会议活动经费的预算要严格遵循勤俭办会的宗旨，根据实际需要科学合理地分配各项开支。

（2）总量控制：一次会议活动的经费预算和执行应当有一定的限度，原则上不能突破预算，更不能无限制地追加预算，为此必须加强预算总量控制，将所有的支出都控制在适度范围之内。

（3）确保重点：在实行总量控制的前提下，要确保重点，把有限的经费确实用在"刀口"上。

（4）精打细算：对会议的每一项支出都要严格审核，能减则减，能省则省，在做到科学合理的同时，尽可能节省经费。

（5）留有余地：会议活动难免会有一些临时性的支出和事先无法预计的费用，因此在预算时要适当留有余地。

（三）会议活动经费的筹措

会议的性质、类型不同，经费来源的渠道也不同。有的会议活动经费渠道虽然单一，却有保障，有的则需要组织者多方筹集。一般说来，会议活动经费的筹集有以下几种渠道和办法：

1.行政经费划拨

党政机关以及其他事业单位召开的会议，可以从日常行政经费中开支，或者争取财政支持。

2.主办者分担

由几个单位共同主办的会议，可通过协商分担经费。举办营利性会议，联合主办的各方可通过协商确定出资比例。

3. 与会者承担

与会者承担费用有以下方式：

（1）与会者自理交通费、食宿费等个人发生的所有费用；

（2）与会者承担部分个人发生的费用，其他费用由主办方资助；

（3）向与会者收取会务费、注册费、报名费、讲座费、入场费等。

4. 社会赞助

通过有效的会议公关，从企业、社会团体及个人获得赞助资金或物资。

5. 转让无形资产使用权

无形资产是指特定主体所控制的，不具有实物形态，对生产经营长期发挥作用且能带来经济利益的资源。一些大型的会议活动由于意义重大、影响深远、知名度高，具有多种无形资产。充分有效地开发和利用会议本身的无形资产，使其转化为合法的有偿转让行为，不仅可以使商家因获得这种无形资产而受益，而且还可以为会议活动筹得可观的资金，带来丰厚的经济利益。

会议无形资产包括会议的名称、会徽、会歌、口号、吉祥物形象等。

其转让方式有：

（1）用于商品、商品包装或者容器上；

（2）用于商品交易文书上；

（3）用于服务项目中；

（4）用于广告宣传、商业性展览和演出以及其他商业活动中；

（5）用于会议指定使用的商品；

（6）用于销售、进口、出口含有会议标志的商品；

（7）用于制造或者销售会议的标志。

6. 开发广告资源

会议活动的广告资源十分丰富，开发得好，可创造十分可观的经济效益。例如：

（1）会议证件广告，包括证件吊带广告；

（2）会议入场券广告；

（3）会刊广告，包括参会组织名录、广告插页；

（4）会场广告，包括充气拱门、空中舞星、气球、气模、巨型布幔、普通墙面布幔、灯杆、旗杆、地面、大会签约台、柱面、大屏幕、电子触摸屏等广告载体；

（5）手提袋广告；

（6）会议专用信封、信纸广告；

（7）会议名称冠名赞助。

三、会议保密管理

（一）会议保密管理的含义

秘密是指在一定时间内只限一定范围内的人员知悉的事项。凡涉及国家秘密和商业秘密的会议，应当采取保密措施。会议保密管理就是指会议的组织者为保守会议的秘密所采取的一切手段和措施。

（二）会议秘密的种类

1.按秘密的性质分，会议的秘密可分为：

（1）国家秘密：是关系到国家的安全和利益，依照法定程序确定，在一定时间内只限一定范围的人知悉的事项。

（2）商业秘密：是指不为公众所知悉、能为权利人带来经济利益、具有实用性并经权利人采取保密措施的技术信息和经营信息。商业秘密受法律保护。有些商业秘密同时也是国家秘密。

（3）组织内部秘密：是指特定组织内部在一定时间内只限一定范围的人知悉、不对外公开的事项。

2.按秘密的等级分，会议的秘密可分为：

（1）绝密级秘密：指国家的核心秘密，一旦泄露会给国家的安全和利益造成特别严重的损害。其保密期限不超过 30 年。

（2）机密级秘密：指国家的重要秘密，一旦泄露会给国家的安全和利益造成严重损害。其保密期限不超过 20 年。

（3）秘密级秘密：指国家的一般秘密，一旦泄露会给国家的安全和利益造成一定损害。其保密期限不超过 10 年。

以上属于国家法定的秘密等级。

（4）内部秘密：包括商业秘密和组织内部秘密，密级和保密期限由特定组织自行确定。

按秘密存在的方式分，会议的秘密主要有：

（1）口头类秘密：如会议上口头传达的、需要保密的精神，涉密的讲话、发言等。

（2）文献类秘密：如会议中记载秘密信息的文件、资料，谈判中涉及商业秘密的记录、合作意向书、贸易合同等。

（3）声像类秘密：如涉密会议中的录音、录像、摄影的各种介质。

（4）电子类秘密：指通过计算机系统和网络传递、接收、处理、存储的秘密。

（三）会议保密管理的原则

1.领导重视

会议保密事关重大，主办单位的领导思想上一定要高度重视，切实把会议的保密管理作为会议管理工作的重要方面来抓。会前要认真研究、制订并布置落实保密措施，会中要经常检查、督促，会后要总结经验教训。

2.加强教育

事实证明，会议内容的泄密，往往是与会者保密意识不强、警觉性不高造成的。因此，会前加强教育，会中反复提醒，是防止会议泄密，确保会议安全的有效手段。

3.健全制度

会议保密必须依靠健全的制度。这些制度主要包括：

（1）入场检查制度：进入涉密会议的会场，人人都要接受检查。检查的项目包括：禁止带入会场的物品，如与会者随身携带的微型录音机、移动电话机、手提电脑等，这类物品应主动交给工作人员临时保管；与会者必须携带的证件，如会议通知、单位介绍信、代表证等，无证件者原则上不得进入会场。

（2）文件签收制度：涉密的会议文件应当实行严格的签收制度，实行谁签收谁负责。

（3）文件清退制度：涉密会议文件有的可以带回，有的必须清退。如需清退的，会议结束后要严格清退，不留死角。

（4）人员注册制度：举行涉密会议时，与会者和工作人员都必须履行报到注册手续。

（5）离会清场制度：会议结束后，工作人员应立即进行清场，清场范围包括会场和与会者住宿的房间。

（6）器材专用专管制度：涉密会议使用的器材应当符合保密要求，由可靠的专人使用和管理，使用前必须经过严格的安全检查，使用后要清除所有记录信息。

（7）报道审查制度：在对外进行宣传报道时，要指定专人对所有的宣传报道文稿进行统一审查把关，统一宣传报道的口径，严防报道泄密。

四、会议突发性事件和危机管理

（一）会议突发性事件和危机的含义

会议突发性事件是指由自然或人为因素造成的、突如其来的、对会议造成影响的事件或事故，其中对会议造成较大损失和压力的事件或事故称为会议危机事件。由于会议活动涉及面广、参加人员复杂，导致突发性事件和危机的自然或人为的因素事先难以完全预见和克服，任何会议在任何时候都可能出现突发性事件或者面临重大危机。因此，会议突发性事件和危机管理是现代会议管理必须正视的重要课题，也是实施会议管理控制无法回避的重要环节。

（二）会议突发性事件和危机的特点

1.意外性

会议突发性事件和危机的发生常常出乎意料，突如其来，令人猝不及防。如果事先缺乏思想准备、心理准备和物质准备，突发性事件和危机一旦发生，组织者往往仓促上阵，被动应付。

2.危害性

会议突发性事件一般都具有危害性，危机事件的危害性更大，有的可能导致会议无法正常进行，甚至危及组织者的形象和会议的品牌生存。

3.紧急性

会议突发性事件和危机都具有起事急、波及快的特征，如果不及时妥善处理和应对，事态会迅速扩大、蔓延。

4.不确定性

对会议突发性事件和危机，往往无法准确预料其发生的具体时间、地点、范围和程度，甚至一旦发生后也很难判断其危害的程度。

（三）会议突发性事件和危机的类型

1.按发生的原因，会议突发性事件和危机可分为

（1）内源性突发性事件和危机：是指因会议内部管理不善、服务欠周到，或者因内部工作人员违反会议管理制度或工作失误造成的危机，如餐饮食物中毒、行车安全事故、设备损坏事故、踩踏事故等。

（2）外源性突发性事件和危机：是指由外界自然灾害、疫情、战争、恐怖主义活动、社会动乱、公共政策变化、合作伙伴违约等各种因素造成的危机，如场馆遭到破坏、人员伤亡、传输信号中断等。

实际上许多突发性事件和危机的产生往往是内因和外源相互作用的结果，因此在判断时，既要深入分析又要注意综合考虑。

2.按发生的性质，会议突发性事件和危机主要有

（1）政治性突发性事件和危机，如社会动乱、恐怖袭击等。

（2）治安性突发性事件和危机，如抢劫、偷盗、纵火、投毒等。

（3）自然性突发性事件和危机，如地震、水灾、台风、泥石流、病疫等。

（4）责任性突发性事件和危机，如行车事故、设备损坏、食物中毒、泄密、失火、建筑物坍塌等。

（5）冲突性突发性事件和危机，这类危机是由于组织方和与会者，或者与会者之间的相互冲突引起的。例如，营利性会议的组织方未按事先的承诺提供会议服务或者会议活动缩水，引起与会者的不满和投诉。又如，有的会议出现与会者之间相互争执甚至斗殴的情形，造成会议被迫中断。

（四）会议突发性事件和危机管理原则

1.高度重视，加强领导

会议突发性事件和危机事件往往涉及面广、影响和危害性大，一旦处理不慎，就会造成重大损失，甚至导致会议失败。因此，会议领导机构一定要树立忧患意识，针对会议突发性事件和危机保持高度的警惕性和敏感性，采取切实措施加强对会议突发性事件和危机管理的领导。会议突发性事件和危机发生后，要迅速建立危机处理的决策指挥机构，实行统一部署、统一指挥，口径一致，不得政出多门、各行其是，确保信息和政令的畅通。重大会议在会前就要设置专门的机构应对可能发生的突发性事件和危机。

2.科学预测，积极防范

会议突发性事件和危机管理的重点在于预防危机。"居安思危，未雨绸缪"是会议突发性事件和危机管理的核心。一般情况下，虽然无法准确预料突发性事件和危机发生的具体时间、地点、范围和程度，有些外源性的突发性事件和危机也常常无法抵御，但总有相当一部分会议突发性事件和危机的发生有一定的规律可循，可以预测和防范。实践证明，确实有许多会议突发性事件和危机可以通过会前制订详尽的预案做好预防工作，从而降低发生的概率。即使发生了突发性事件和危机，也可在平时充分准备、训练有素的基础上，迅速采取有效措施，将损失和危害降到最低点。

3.快速反应，准确判断

会议突发性事件和危机管理的关键是捕捉先机，在其危害产生之前或刚刚开始就对其实施控制。会议突发性事件和危机发生后，有关责任人员必须在第一时间到位，领导要靠前指挥，迅速弄清情况，准确判断性质，采取果断措施，防止事态扩大。

4.坦诚公开，及时沟通

会议突发性事件特别是危机事件一旦发生，必然成为与会者乃至社会关注的焦点，隐瞒、遮盖不仅会助长流言和谣传，造成公众的紧张恐慌心理，于事无补，甚至还会损害组织者的公信力。因此，除了秘密信息外，应当及时通过适当的传播渠道和手段（如举行新闻发布会、接受记者采访、发表声明或公告等）将危机发展的态势以及已经采取和将要采取的措施予以公开，和与会者以及公众进行有效的沟通，该道歉的要诚恳道歉，该承担责任的要主动承担责任，同时澄清事实、遏止谣传，以缓解公众的情绪，消除公众的疑虑，争取公众的谅解和支持。

5.稳妥善后，认真反思

会议突发性事件和危机事件的善后工作包含两个方面：一是积极慎重、依法合理地做好损失补偿工作，尽可能避免留下后遗症；二是通过认真反思，总结经验教训，重建形象。首先，要通过周密的调查和认真的分析，找出引起会议突发性事件和危机的各种原因；其次，要对会议突发性事件和危机管理工作进行全面的评价，详尽地列出预警系统的组织和工作程序、处理计划、危机决策等方面工作存在的问题，举一反三，亡羊补牢，防止类似的危机再次发生，或者在危机发生前有充分的准备，将危机造成的损失降到最低程度。

第五节　会前检查、协调与会议值班

一、会前检查与协调

（一）会前检查与协调的作用

会前检查与会议协调是会议活动各项筹办工作的落脚点，是保证会议性活动顺利举行的必不可少的环节，其作用主要是：

1. 发现问题

会议前期准备工作任务重、头绪多、事务杂，工作人员责任性再强、工作再细致，也难免会考虑不周，出现一些纰漏和差错。而会前检查与会议协调则可以及时发现问题，及时加以纠正，有效地将问题解决在萌芽状态，确保会议活动顺利进行。

2. 调整计划

会议策划和预案只是会前的一种设想。再好、再全面周到的策划和预案，也只能建立在策划当时的预测基础上，而会议的各项筹备工作一旦实质性启动，就可能会遇到新情况，出现新问题，原来的计划、方案就可能变得不适应，需要做出某些调整。会前检查与会议协调可以及时发现原定计划方案的问题，及时加以调整，使会议活动的各项准备工作臻于完备。

（二）会前检查与协调的内容和重点

1. 会前检查与协调的内容

会前检查与协调要以原定方案为依据，并结合准备工作的实际情况。检查的内容包括：

（1）场馆落实情况：包括场馆的建设质量、进度，主会场与分会场的安排，会场和展馆的布置情况等。

（2）经费筹措和使用情况：包括经费筹措的渠道是否合法、是否畅通有效，各项预算是否得到严格执行，执行中有无违规现象，有何新的问题等。

（3）会议文件准备情况：包括会议文件的起草、征询、定稿的程序是否合法合规，必需的会议文件种类是否齐全，印制是否规范，分发是否到位等。

（4）会议发言的落实情况：包括主持人、报告人、交流发言人、讲话人是否落实，发言内容是否经过审核等。

（5）会议各种配套活动情况：包括时间安排是否恰当，地点有无冲突，参加各种配套活动的主持人和领导人是否落实、有无冲突。

（6）会议物品和设备的准备情况：包括必需的物品是否准备齐全，设备是否已经安装到位并调试正常等。

（7）安全措施落实情况：包括证件的申领、登记、发放、检查等制度是否落实，保密、消防、防盗、用电安全、饮食卫生以及紧急情况处置等方面的措施是否落实，有无安全隐患和死角等。

（8）会议通知和邀请工作情况：包括参加对象的确定是否合理，通知和邀请信息的发布和传送是否及时到位。

（9）接待工作的准备情况：包括接待的宾馆饭店是否落实，参加对象的饮食交通问题是否得到妥善安排，接站、报到、签到工作是否有专人负责，信息、金融、通信、观光旅游、文化娱乐等服务是否准备就绪等。

（10）宣传报道的组织与安排情况：包括会议新闻中心是否能够按时运行并向记者提供服务，记者采访和报名的审批工作是否稳妥有序，准备邀请的媒体沟通渠道是否畅通，内部宣传的各项措施是否有效等。

（11）与周边地区的协调情况：举办大型会议活动，还要注意与周边地区的社区、公安、交通等管理单位搞好协调，争取支持和协助，为会议活动创造一个良好的周边环境。

2. 会前检查与协调的重点

会前检查与协调工作主要包括下面两个重点：

（1）会议文件准备情况：会议文件既是会议活动的目标、主题和结果的体现，又是领导和管理会议的依据。会议文件如有差错，小则影响会议活动的进程，大则产生严重的政治后果和经济损失。因此，要重点加强对会议文件准备工作的检查落实，不仅要检查会议的主报告、议案、决议草案、合同草案等可能成为会议最后文件的准备情况，而且还要对会议规则、选举程序、表决办法以及签到簿、登记表之类的管理性文件进行仔细的检查，确保各项文件表述准确，提出的程序规范，校对、印制无误和分发及时到位。

（2）场馆准备情况：场馆是会议活动能够正常和顺利进行的基本物质保证。场馆出问题，会议活动就无法举行。场馆检查的范围包括主场馆、分场馆以及与会者的住地；检查的内容主要包括场馆等基本设施是否符合会议活动的需要，会场布置是否体现会议的主题等。此外，还要重点检查场馆的安全措施。近年来，我国一些地方的会议场馆因安全隐患未及时消除，造成重大人员伤亡的报道常见诸报端，应引以为戒。

（三）会前检查与协调的方式

1.电话、微信了解与沟通

一般情况下，会前可以通过电话通话或者微信进行交流了解、沟通和指示，既方便，又快捷。

2.书面报告与批示

这要求承办单位和部门以及承办人员以书面的形式写出工作报告，以便让主办单位和领导决策机关掌握情况，并以领导人书面批示或下达正式文件的形式指导各项筹备工作。

3.会议汇报与协调

由组委会、执委会、筹委会等会议领导管理机构召开汇报会、协调会，认真听取会务工作部门的汇报，然后集体讨论、协商，形成决议，做出指示。

4.实地检查、协调与落实

会议活动的领导人应亲自到会议现场进行实地检查，或举行现场工作会议，当场发现问题，及时指出，及时纠正。

以上几种方式相辅相成，不可偏废。领导到现场实地检查和协调，是会前检查和协调行之有效的方法，举行重大会议活动应当予以采用。

二、会议值班

（一）会议值班的含义和作用

1.会议值班的含义

会议值班是指会议举行期间成立专门机构或安排专门人员处理临时性会务，满足参加对象（包括记者）的临时性需求，确保会议信息畅通的一项综合性服务工作。

2.会议值班服务的作用

在会议活动中，常态性的会务工作是由各个会务工作部门承担的，而临时的事项，特别是休会期间的临时性事务以及一些难以划分职责的会务工作事项，就必须由会议值班机构或值班人员来完成。因此，除了一些小型的或者时间较短的会议活动外，其他会议活动在举办期间都要安排一定的人员值班，确保会议活动顺利进行。

（二）会议值班的分类和职责

1.按值班服务的岗位层次，可分为

（1）总值班：是对会议活动举行期间的值班工作负全面责任的岗位，一般应当安排会议秘书处的领导人担任该岗位的职务。在规模较大、配套的板块活动较多、场馆分散的会议中，总值班工作可以采取多级管理，即大会总部设一名最高总值班，每个场馆或每个配套活动项目设二级总值班。总值班的主要职责是：

①决定会议期间临时性、突发性事项的处置方法；

② 协调好会务工作部门之间的关系，避免相互扯皮，提高会议服务的效率；

③ 根据组委会或秘书处的授权处理值班期间的日常事务。

（2）部门值班：这里的部门是指各个具体的会务工作部门。在特殊情况下和休会期间，各部门应当指定值班人员，以保证各项服务工作的连续性。部门值班的主要职责是，在本部门的分工范围内完成上级机关交办的事项、向参加对象及时提供有效的服务，及时排除故障；对重大的突发性事件，一方面要根据预案及时应对，另一方面要立即向上级报告。

2.按值班服务的时间可分为

（1）常设性值班：是指设置专门的会议值班机构，负责整个会议活动期间的值班服务工作。比如，在场馆大厅设置的总服务台，就具有常设性值班的性质。常设性值班的时间要有连续性，做到全天候的值班。

（2）临时性值班：会议活动期间的临时性值班提供休会期间的值班服务，如午间休息和夜间休息时的值班服务。

3.按值班的性质可分为

（1）安全值班

① 入场时检查会议证件，防止无关人员进入会议现场；

② 随时指挥和安排好参加对象（包括记者、会议工作人员）用车的进出与停放，保证会议期间行车和停车安全；

③ 定时对会议现场和住地进行各项安全巡查；

④ 组织安排防疫和医疗救护人员现场值班，并配备必需的医疗急救器械和药品，随时应付可能出现的公共卫生和医疗急救事件；

⑤ 事先制订各种突发性事故或事件的应急方案，准备好相应的器材和物资，落实并培训专门人员。

（2）会议用品和设备管理值班

会议开幕后，尽管会场布置已经告一段落，但也会出现一些用品和设备方面的临时性需求，需值班人员及时提供服务。会议设备在使用中也难免出现一些技术问题，需在场的技术人员及时解决。

（3）接待服务值班

会议开幕后的接待服务工作主要有以下几个方面：

① 安排好参加对象临时租用的会议室、会客室；

② 安排好参加对象的临时用车；

③ 安排好参加对象的临时用餐和住宿；

④ 为参加对象的出行、旅游、购物提供咨询和必要的帮助；

⑤ 帮助参加对象解决好个人生活上的特殊困难。

（4）综合服务值班

综合服务值班主要有以下几个方面：

① 完成会议领导管理机构和领导人临时交办的事项；

② 制发会议活动期间临时性的会议和活动通知；

③ 采办会议活动急需的物品；

④ 随时为参加对象提供文印服务；

⑤ 及时向参加对象印发决议草案、会议简报、会议服务手册和其他资料；

⑥ 协调处理会议活动期间各项工作的关系。

4. 按值班的地点可分为

（1）场内服务值班

场内服务是指在会议举行期间和会议活动的现场提供的服务。场内服务值班的主要职责是：

① 掌握参加对象迟到和提前离退场的情况，并做好记录，以便会后联系补会；

② 会议期间要防止无关人员进入会议场馆；

③ 涉密会议要做好会场保密工作；

④ 安排好会议期间的茶水、毛巾、午餐等服务工作；

⑤ 检查各种仪器设备的使用和运行情况，及时排除故障；

⑥ 为参加对象提供信息咨询和临时性服务；

⑦ 随时准备应付可能发生的突发性事故或事件，一旦遇到紧急情况，要确保有人指挥、有人抢险、有人急救，现场人员能及时安全地疏散。

（2）场外服务值班

场外服务是指在会议举行期间和会议活动现场的周围提供的服务。场外服务值班一般在举行大型会议活动时才安排，主要职责是：

① 会同有关部门开展会议场馆周边地区的环境整治，在会议举行期间，管理好场馆外围的社会秩序，为会议活动的举行创造一个良好的地区环境；

② 维持好场馆周边的交通秩序，保证市民正常出行以及会议行车的畅通；

③ 重要会议举行期间，经过与有关方面的协调，防止场馆周边区域因施工、打桩、车辆鸣笛引起的噪声干扰，必要时派值班人员巡视检查，保证会议周边环境的安静。

（3）住地值班

住地值班的主要职责是：

① 随时检查住地的各项安全保卫工作，杜绝安全隐患；

② 检查督促餐饮部门采取严格的卫生措施，防止发生饮食安全事故；

③ 为参加对象的临时出行提供咨询和必要的帮助；

④ 协助解决参加对象生活上的特殊困难，尽可能满足他们的临时需求。

（三）会议值班工作的要求

1.认真负责

会议值班工作具有加强同各方联络、及时满足会议对象的需求、有效应对紧急情况等重要作用，也是会议服务的一扇窗口。因此，搞好会议值班工作意义重大。会议值班服务人员思想上应当高度重视，以认真负责的态度做好值班期间的每一项工作。

2.热情接待

在会议值班期间，值班人员经常要接待来访、接听电话，要做到待人热情、说话和气、举止文明、急人所急，尽一切所能给参加对象提供帮助，给参加对象留下良好印象。

3.健全制度

会议值班工作应当制度化、规范化，值班人员应当遵守制度，按章办事。这些制度包括：

（1）岗位责任制度：无论是常设性值班还是临时性值班，值班人员都要明确岗位职责，坚守岗位，不得擅离职守，这是会议值班工作最基本的制度。

（2）报告请示制度：会议值班期间，值班人员一旦掌握重要信息，应当及时向领导报告；没有把握答复处理的事项，必须立即请示领导；遇到紧急情况可以一边按既定的预案处理，一边向领导报告。

（3）保密制度：涉密事项，必须按保密规定办理。

（4）安全制度：要制定并严格遵守各项安全制度，并完善各项预警机制，及时应对各种可能发生的安全事故。

4.做好记录

会议值班记录是保存会议值班信息的重要载体，既可用于交接班，保证值班工作的连续性，又可作为将来查考的依据。会议值班记录有以下几种：

（1）电话记录：内容包括来电人单位、来电人姓名、来电时间、来电内容、回电号码、记录人姓名、处理结果。

（2）接待记录：内容包括来访人单位、来访人姓名、来访时间、来访要求、联系方法、接待人姓名以及办理结果。

（3）值班日志：是对值班期间接收的信息和办理事项的全面记录，包括接到的电话、电报、传真、电子邮件、信函，接待的来访，领导要求办理的临时事项等。

第二章 现代大型会议的整体策划

第一节 会议策划的含义、意义和原则

一、会议策划的含义和意义

（一）会议策划的含义

会议策划有广义和狭义之分。凡是与会议产业发展战略和会议活动实施方案相关的谋划、创意、设想的过程都属于广义的会议策划，如会议产业发展战略规划、会议组织（包括营利性会议组织和非营利性会议组织）的品牌策划、会议市场营销策划、会议活动策划等。

狭义的会议策划专指围绕特定会议项目的策划。从策划学的角度给狭义的会议策划下定义，可以这样表述：会议策划是围绕会议的目标，在充分占有并全面、深入分析信息的基础上，运用科学的策划方法，围绕会议的组织者、与会者、信息、方式、时间、地点等基本要素及其相关背景和条件，制订会议项目最佳方案的过程。本书主要介绍狭义的会议策划。

（二）会议策划的意义

狭义会议策划的意义主要表现在两个方面：

1. 为主办者的决策提供依据

决策是对未来行动方案的抉择，有好的方案才会有好的决策。会议策划的目的就是寻求最科学、最合理、最有效的方案，为主办者决定是否开会、怎样开会提供决策依据。

2. 为会议的成功提供保障

会议的成功举办需要强有力的保障体系。会议的保障体系涵盖信息、资金、物质等各个方面，涉及邀请、接待、礼仪、服务、安全等各个环节，如果没有前期具体、详

尽、周密的策划，就可能在实施过程中因某一小小的考虑不周而妨碍会议的正常进行，甚至可能导致会议失败。实践表明，任何一项成功的会议都是科学合理和具体周密的策划结出的硕果。

二、会议策划者和策划的原则

（一）会议策划者

一般情况下，会议的策划工作是由主办者承担的，即"谁主办，谁策划"，我们把这称为"主办者策划"。主办者策划又分为两种方式：一种是由主办者常设的会务部门（一般设在办公室或秘书处内）负责提出具体的会议预案，组织内部具有例行性质的会议基本如此；另一种是成立专门筹备策划机构进行策划，形成会议方案，这种策划方式常用于一些较为重要的会议。

随着会议服务不断走向市场化，会议策划作为一项专业化的服务工作已经成为会议业的重要领域，形成了会议策划多元化的格局。一个组织如要举行会议，既可以自行策划，也可以委托专门的策划机构进行策划。我们把后一种策划方式称为"专业策划"。专业策划机构由于具有更为丰富的经验和更为专业的技术，越来越受到众多社会组织的青睐。将一些具有较大社会影响的重要会议委托给专业策划机构进行策划、"包装"，业已成为许多公司、社会团体乃至政府机关举办会议时的首要选择。

选择专业策划方式时，专业策划机构即成为会议的承办者或协办者。主办者与策划机构之间应当通过订立协议明确双方的权利和义务。

（二）策划的原则

无论是主办方策划还是专业策划，都必须遵循以下原则：

1. 目的性原则

会议策划是追求最佳会议方案的过程，其目的是为主办者的决策以及会议的成功举办提供依据和保障。会议策划自始至终必须紧紧围绕这一目的，把是否符合主办者的决策目标、是否有助于会议的成功举办作为判断会议策划正确与否的基本标准。

2. 科学性原则

会议策划是一门科学。只有建立在科学方法基础上的会议策划，才能为会议主办者提供科学的决策依据，才能切实保障会议的成功举办，"拍脑袋"和"闭门造车"的做法是行不通的。坚持科学性原则，要求策划者尊重客观实际，一切从实际出发，运用科学的策划方法，使会议的方案从无到有，从朦胧到清晰，从感性到理性。

3. 创新性原则

与一般的计划工作相比，策划工作的不同之处就在于更强调、更追求创新。创新是会议策划的生命，特色是会议成功举办的要诀。尤其是对于会议企业来说，在会议业竞争日趋激烈的今天，唯有不断创新，突出、强化特色，才能扩大影响、提升实力，始终保持领先地位。

4.可行性原则

创新是会议策划的生命，但创新又必须建立在现实的、可行的基石之上。脱离了可行性这块基石，创新就会变成"作秀"，其结果是虚耗资源，损害会议的形象。

5.周密性原则

会议策划是一项创新工程，需要发散性思维，但同时也是一个理性思辨的过程，需要运用收敛性思维，注意事物的普遍联系，使会议策划的每一个细节、会议活动的每一个环节相互衔接，相互照应，相互协调。

第二节　会议目标和任务策划

一、会议目标和任务的含义及其相互关系

会议的目标是指会议组织者策划、组织会议的预期目的。会议的任务是指一次特定的会议为实现既定目标所承担的具体责任和所要完成的具体工作。二者的关系可以这样表述：会议目标是会议各项具体任务的指针，会议任务则是实现会议目标的具体步骤。下面是某网络运营公司为年度工作会议确定的目标和任务。

（一）会议的目标

动员全体员工振奋精神，扎实工作，完善改革，聚精会神抓效益，齐心协力谋发展，加速建成亚洲一流通信运营企业。

（二）会议的任务

一是制订年度预算计划；二是确定年度市场营销目标；三是明确深化运营体制改革思路；四是提出全面提高服务水平的措施；五是落实各项管理责任。

二、会议目标和任务策划的意义

（一）明确会议的目标和任务

会议是一种目的性很强的集体性社会交往活动，人们举行会议无不为了达到某种目的，完成一定的任务：沟通交流，达成协议，做出决策，布置工作，联络感情。总而言之，开会只不过是实现组织者预期目标的手段而已。会议目标和任务策划的首要意义就是解决为什么开会这一最基本的问题。

（二）制约会议的议题和议程

会议的目标和任务不是空洞虚幻的口号，在会议举行过程中，它必须落实到具体的会议议题和议程上。议题和议程是为目标和任务服务的，并被目标和任务所制约。有什么样的会议目标和任务，就会有什么样的会议议题和议程。

（三）决定会议的成员和规模

会议由哪些人参加，会议的规模需要多大，这必须根据会议的目标和任务要求来确定。

（四）影响会议的方式

会议采用何种方式，使用哪些技术手段，必须有利于会议目标的实现和会议任务的圆满完成。比如，为了开展平等对话，加强国家和地区之间的合作，促进共同发展，以论坛的形式举行会议就较为合适。

（五）引导会议的进程和结果

如果说会议目标属于动机的话，那么这一动机就应当与效果相统一。换句话说，只有当会议的最终结果与会议的预期目标相一致时，会议才能算得上是成功的。正确合理的目标和任务以及为实现这些目标和任务而制定的议题、议程、规则、程序和有效的会议策略，能创造一种良好的会议氛围和给予会议正确的导向，并让与会者产生积极的心理定式，影响与会者对问题的认识和判断，甚至影响他们的立场和态度，从而引导会议沿着预先设定的方向发展，最终取得与会议目标一致的结果。

三、会议目标和任务策划的要求

（一）会议目标和任务要明确、切实

举行任何会议一定要事先明确会议的目标和任务。目标不明确或者可开可不开的会议坚决不开。要明确会议目标和任务，就必须深入调查研究，充分掌握信息，全面客观地分析机遇和挑战、经验和教训、成绩和问题，在此基础上提出会议的目标和具体任务。

会议目标和任务的制定一定要从实际出发，切合工作实际和人们的思想实际，切忌好高骛远和目光短视。会议目标定得过高或者太低，或者目标空洞、任务含混，不仅无助于会议的成功举办，而且还会对会议产生负面影响。由于会议的目标和任务往往是会议组织者在会前确定的，难免存在主观性和片面性，因此必须接受会议的过程和社会实践的检验。

（二）实现目标和完成任务的条件、时机要成熟

会议目标和任务的策划还要认真考察实现会议目标、完成会议任务的各方面条件和时机是否成熟。有时虽然需要解决的问题已经非常清楚，但与会各方对问题的认识和立场差距太大，缺乏沟通的可能性，或者解决问题的客观条件暂不具备，时机暂不成熟，在这种情况下，就不能匆忙应付，仓促开会。只有当客观条件具备、与会各方具有沟通的愿望时，会议才可能获得成功。

（三）处理好目标层次之间的关系

会议的目标根据实际需要可以是一个，也可以是多个。具有多个目标的会议，要处理好目标层次之间的关系。

1.处理好总目标与具体目标的关系

有的大型会议需要解决的问题较多，在总目标之下需制定若干具体的目标。总目标往往表现为会议的主题，具体目标则往往表现为具体议题。总目标与具体目标之间的关系是统帅与被统帅的关系。总目标统帅具体目标，具体目标必须服从于总目标；反过来，总目标又必须细化为具体目标。根据大会的总目标和具体目标，确定会议的主题、议题和议程。

2.处理好主要目标和次要目标的关系

有些工作性会议常常需要讨论解决几个不同性质的矛盾和问题，以减少召开会议的次数，提高会议的效率，因而会议的目标多而且杂。举行这类会议首先要明确会议的主要目标，处理好主要目标与次要目标之间的关系。同时还要适当控制次要目标的数量。实践证明，会议的目标越集中，会议的议事质量就越高，与会者对会议结果的印象就越深刻，贯彻会议的精神也就越顺利。反之，会议目标庞杂，主次不分，势必造成议题杂乱无章，与会者精力分散，议事质量下降，会议时间无效延长，甚至会出现会议越拖沓，与会者就越疲劳，与会者越疲劳，议事质量就越下降，问题就越难解决，决策就越容易失误等恶性循环。

3.处理好显性目标与隐性目标的关系

会议目标从是否公开表述来分，可以分为显性目标和隐性目标。所谓显性会议目标，是指主办者向与会者或社会公开表述的目标。显性目标可以通过会议通知、邀请函或者领导人的讲话、致辞向与会者明确表达，也可以通过召开新闻发布会或直接向媒体提供新闻通稿向社会宣示。显性目标体现了会议主办者的决心，具有凝聚与会者以及达成对会议目标共识的作用。

隐性会议目标则是指不宜向与会者或社会公开宣示的、只由主办者自己掌握的目标。隐性目标实质上反映了会议主办者的真实意图和动机。当会议用作沟通和管理的手段时，其真实意图和动机并非需要全部公开。设立隐性目标，有时反而更加有利于会议的沟通，也更有利于达到管理的目的。

正确合理地区分显性目标和隐性目标并处理好二者的关系，是会议策划与管理的一门艺术。凡是有利于凝聚共识、振奋人心的会议目标应当大书特书，对于比较敏感、公开后容易产生误解、不利于开展沟通的目标，则不做公开，或者采取曲折表述、模糊表述的策略。

第三节 议题、议程和程序策划

一、议题策划

（一）议题的含义及其相关术语

议题是根据会议目标确定并付诸会议讨论或解决的具体问题，是会议信息要素中核心的部分，也是区别广义会议和狭义会议的重要标志。

一般情况下，凡在会议期间讨论、审议的问题都称为议题，但有的会议可能同时出现诸如"会议主题""中心议题""动议"等与议题相关的术语。这些术语都属于议题的范畴，但与一般意义上的议题又有一定的区别，是从某个特定的角度对议题的表述。

1.会议主题

会议中贯穿各项议题的主线叫会议主题，主题是相对具体议题而言的。并非任何会议都必须设置主题。一般性的会议，尤其是一些研究日常工作的会议，由于具体议题多且分散，并无必要设置主题。但举行研讨、交流、对话性质的会议，有一个鲜明的会议主题，就能更加清晰地突出会议的目标，更容易吸引社会的关注，更能够让与会者达成共识。

2.中心议题

会议的目标有主次轻重之分。目标的主次轻重决定了议题的主次轻重。中心议题就是体现会议中心目标或主要目标的议题，因此又可称为主要议题，是相对于次要议题而言的。

3.动 议

在会议期间临时提出的议题，称为动议。动议所涉及的事项一般都较为紧急，常常是针对某项已经列入议程的议案而提出的修正性或者反对性议题。

（二）议题的作用

议题的作用主要表现在以下几个方面：

1.体现会议目标和任务

"议什么"和"为何议"，这是任何会议的基本问题。"议什么"在于明确议题，"为何议"在于明确目标。会议的目标和任务一旦明确，就要通过主题和各项具体的议题来体现并通过围绕议题的各项活动来完成。在会议活动中，不存在无议题的会议目标和任务，也不允许脱离会议目标和任务的议题存在。不能反映目标和任务或者与目标和任务无关的议题必须坚决舍去。

2.引导会议的信息交流

在会议中，议题是与会者沟通、交流的共同指向，引导并直接制约与会者的报告、演讲、讨论、质询等发言活动。会议中的一切发言都必须紧紧围绕议题，凡是与议题无关的发言都应当制止。一个好的议题往往能起到启迪智慧、集思广益、促成共识的作用。而议题含混不清，角度选择不当或者不合时宜，就会造成与会者之间的沟通障碍，从而影响会议的议事效率。

3.扩大会议的影响力

任何会议总有其特定的影响力。研究表明，会议影响力的大小，与有无会议的主题或者主题表达是否鲜明有直接的关系。对于需要设置主题的会议来说，主题越突出、鲜明，就越容易引起媒体和社会的关注，会议的影响力就越大。

（三）议题策划的要求

高质量的议题，在吸引社会关注、提高会议效率、实现会议目标等方面都具有重要意义。有些会议组织者对安排议题的重要性缺乏认识，会前不认真研究，到时随便凑几条，这样的会议要么大而化之，不着边际，解决不了实际问题；要么事无巨细，样样都谈，成了"婆婆"会，不开则已，一开则车轮大战，无休无止，反而影响工作的正常进行。因此，议题策划应当做到以下几个方面：

1.服从目标和任务

前面我们已经讨论了会议的目标和任务同议题的关系，得出了会议目标和任务决定会议议题的论断。既然会议的议题是由会议目标和任务决定的，那么会议的议题就应当根据会议的目标和任务来确定，与会议目标和任务无关或者偏离会议目标的议题都应当舍去。但议题也并非是完全被动的。一般情况下，会议的议题是由主办者确定的，但也可以由主办者与会议成员共同确定，有的会议还允许会议成员在会议中提出临时动议。在会议进行过程中，议题也可能深化、拓展，新的议题也会不断提出。因此，主办者和会议成员都可以围绕目标和任务补充新的议题或修正原来的议题，甚至依据会议的规则提出反议题——针对某项议题的反对性动议。

2.做到务实性和前瞻性相统一

作为一种内部管理和外部沟通的手段，会议的主办者必须考虑议题的务实性和前瞻性，并将二者有机统一起来。所谓务实性，是指议题必须立足现实，正视当前面临的问题和挑战，反映会议成员共同关注的问题，具有达成共识、实现会议目标的可行性。所谓前瞻性，就是要求议题策划者应当具有超前意识，把握时代的脉搏和发展趋势，在务实的基础上，运用科学的分析预测方法，提出一个组织、一个国家乃至国际社会将要面临的问题和挑战。务实性和前瞻性是有机统一的，不可相互割裂。务实性是前提，前瞻性必须建立在务实性基础之上。脱离务实性而片面追求前瞻性议题，就会使会议误入歧途。当然，根据会议的目标和具体任务的不同，而使议题在务实性和前瞻性二者之间有一定的偏重，是完全合理的。

3. 把握好主题与议题的关系

会议主题具有突出会议的目标、吸引社会关注、凝聚与会者共识等作用。当需要设置会议主题时，应当处理好主题与议题的相互关系。主题与议题的关系可以比作"纲"和"目"的关系。主题是纲，是贯穿于各项议题的红线，是对议题的高度提炼和集中体现。议题是目，是对主题的具体拓展和演绎。主题之下，不应当出现与主题无关的议题。但是，主题又是一种抽象化的议题，在表达上比较概括。光有主题，没有具体的议题，与会者的发言难以找到切入点，会议也无法展开具体有效的沟通和交流。因此，主题一定要通过议题加以细化，使之具有明确的针对性和可讨论性。同理，主题性会议的每项议题都应当紧紧围绕会议的主题，具体演绎主题的内涵。2010年博鳌亚洲论坛的主题和议题策划就是一个典范。这届论坛是在2008年全球金融危机之后，亚洲已经率先从危机中复苏的背景下举办的，主题确定为"绿色复苏：亚洲可持续发展的现实选择"。这一主题体现全球对亚洲经济发展方向和方式的关注，具有现实意义，表达也非常清晰明了。在这一主题之下设置了"从G8到G20：全球经济治理的新架构、新原则、新力量""海外并购：现实与目标的差距""未雨绸缪：企业的反周期战略""低碳能源：亚洲领先世界的机遇""消费：亚洲经济的软肋""后危机时代的企业经营环境""放松管制：民营经济和民间资本的力量""经济结构调整与地产定位""亚洲区域金融合作的创新思路""新兴经济体比较：借鉴与合作""全球金融监管的新格局""公司治理：危机的教训"等若干议题。这些议题紧紧围绕"绿色低碳""从金融危机中复苏""亚洲的可持续发展"等主题，是对会议主题的具体演绎和拓展。

4. 符合会议权限

任何会议都有特定的权限范围。特定的议题只能在会议的特定权限内讨论或做出决定。因此，议题的内容必须与会议的权限相符，议题策划不能超越"红线"。

5. 有利于提高会议效率

议题策划同会议的效率有着直接的关系，策划时要注意以下几个方面的问题：

（1）分清议题的主次轻重。会议的议题是反映会议的目标和任务的，会议的议题也总是有主次轻重之分的。分清议题的主次轻重，确定中心议题或主要议题，实际上就是明确会议的主要目标和任务，抓工作中的重点和难点，合理分配会议的时间资源，保证与会者把主要时间和精力集中于最重要和最需要思考和解决的问题上。判断议题主次轻重的标准主要是看某项议题与当前的中心工作以及面临的重大问题的关系。凡是反映当前中心工作以及应对重大问题的议题，应当列为中心议题（或称主要议题）。

（2）议题数量要适度。一次会议议题的数量一定要适度，避免因议题过多导致会议时间冗长，会议效率下降。如果需讨论的议题确实较多，可采取分段开会的办法，以控制一次会议的议题数量。

（3）相关材料要齐全。议题准备一定要充分。在提出议题的同时，还要提交相关的背景材料，有的还要形成两个以上解决问题的备选方案，以便在讨论和决策时参考。这样既可以节省会议时间，也可以最大限度地提高会议的决策质量。

（4）议题内容要集中。对内容相关的议题要适当归并，避免重复讨论。

（四）议题的提交、受理与审查

1.议题提交的时间

议题提交的时间分为以下几种：

（1）会前提交：议题一般都应当在会议正式举行之前提交，以便会议的相关机构进行审核，决定是否列入会议议程。

（2）限期提交：有些会议的议题要求在限定时间内提交，如法定性代表会议就规定了提交议题（即议案）的截止时间。

（3）临时提交：动议一般都是在会议召开期间临时提出的。动议的提交必须符合会议的有关规则。

2.议题提交的形式

一般情况下，会议议题的提出和确定都应当采用书面形式，以示郑重，也便于与会者仔细研究、推敲。议题的提交形式主要有以下几种：

（1）议案：正式成员或相关的法定组织以书面形式向会议提出的单项议题（包括动议）称为议案。重要的会议，特别是制定重要法律、法规、规章或制定重大决策的法定性会议，如人民代表大会、职工代表大会等，议题应当以议案的形式正式提交。议案提交后需经过一定的审查程序并获得通过才能转化为会议的正式议题，列入会议的议程。

（2）草案或讨论稿：会议的最后文件在提交会议正式通过之前称为草案或讨论稿，如决议草案、法律草案、协议书草案、意见讨论稿等。有时文件草案或讨论稿可以作为议案的附件提交会议表决通过或讨论决定。

（3）议程表：是确定多项议题讨论顺序的书面形式。有些研究工作的内部性会议（如领导办公会议）或协调性会议，可以直接用议程表的形式表述各项议题。会议如果需要形成最后文件，也可以把最后文件的草案或讨论稿作为议程表的附件一起提交。

（4）提纲：一般用于无严格会议程序的讨论会、学习会、调查会等，如讨论提纲、调查提纲等。

（5）议题审批表：有些决策审批性的会议，对需要提交会议审查批准的议题，可采取填写议题审批表的方式，层报有关领导签字确认，列入会议议程。

3.议题的受理

小型会议的议题可以由主持会议的领导人直接受理。规模较大或者较为重要的会议，议题由会务部门统一受理。会务部门受理议题时，要做好登记、汇总工作。

4.议题的审查

会议的组织者在将有关的问题正式作为会议议题之前，或在收到会议成员及相关组织的议案后，应对该议题进行审查。议题的审查可以委托会务工作机构进行，必要时可设立议题审查委员会，专门负责议题的审查工作。议题审查的重点是：

（1）提案人是否具备提案权，提出的程序是否符合有关规定。

（2）该议题及针对该议题可能做出的决定是否符合组织的管理目标，是否属于会议的职权范围。

（3）该议题主题是否鲜明，提交的理由是否充分，相关材料是否可靠。

（4）讨论该议题的时机是否成熟，是否必须在本次会议上讨论。

（5）议题之间是否存在内容重叠的情况，能否合并整合。

（五）议题的确定以及未确定议题的处理

1.议题的确定

议题经过初步审查后便进入确定环节。议题的确定包括两个方面：一是确定正式议题；二是确定议题付诸讨论或审议表决的先后顺序，即确定会议的议程。议题的确定要依据相应的会议规则：

（1）纵向性会议或者由一个单位发起并主办的会议，直接由主办会议的领导机关或领导人确定。

（2）实行表决制的会议，必须提交全体与会者表决方能确定。比如，会议设有主席团，经由主席团表决通过方能确定。

（3）实行磋商机制的会议，如双边或多边会谈或联席会议，必须通过磋商达成一致才能确定。

（4）有成义会议规则的，按既定规则确定。

2.未确定议题的处理

确定后的正式议题将列入会议议程提交会议成员讨论或表决，不能确定的或者经审查未能通过的议题，可按下列办法处理：

（1）否决：凡不符合本组织管理目标、不能体现会议目标任务或不符合上级领导机关及本级领导机关有关政策和精神的议题，应当予以否决。

（2）撤题：在分管领导或部门职责范围内可以决定或者不需要拿到会上讨论的事项，应当撤回。

（3）转会：对不属于本组织或本次会议权限或职责范围研究决定的议题，应将其转给相关的领导机关或相关的会议去研究处理。

（4）缓议：对那些情况复杂，一时难以搞清楚，解决问题的时机尚未成熟，或者相关材料准备不足，需要充实情况的议题，可以采取缓议的办法，等时机成熟后再议，或退回有关部门进行补充后提交下一次会议讨论。

（5）整合：如果议题之间内容交叉重叠，可考虑加以调整合并，然后再重新提交审查。

（6）协调：对内容涉及诸多部门和单位的议题，应在会前充分协调，使各方的立场趋于一致，并能形成一个初步方案，再提交会议正式通过。议题的协调是一项十分重要的工作，是会议取得成功的关键。具体的方法要视会议的性质而定。

二、议程策划

（一）议程的含义

会议期间的活动大体可以分为两类：一类是议题性活动，即围绕会议事先设定的各项议题所展开的报告、演讲、辩论、磋商、讨论、审议、选举和表决等活动；另一类是仪式性活动，即为举行颁奖、授勋、签字、揭幕、剪彩、奠基等仪式而举行的活动。议程是针对议题性活动而设定的程序，由议题和围绕议题的相关活动组成，它反映的是每项议题及其相关活动在会议中的地位、次序以及相互之间的逻辑关系。

使用议程这一概念，要注意下列几点：一是议程仅用于事先设定议题并以讨论、交流、发布、表决、磋商、谈判为主要方式的会议，而不用于以仪式性活动为主的会议，以仪式性活动为主的会议活动顺序安排应当使用"程序"；二是议程必须涵盖会议的全部议题；三是议程的安排常常是原则性的，必要时可以用"会议日程"加以细化。

（二）议程的作用

1. 赋予议题合法性

会议讨论什么，不讨论什么，必须要有一个约定，否则会场就成了茶馆。根据一定的规则并通过一定的程序确定会议的议题，就从法定的意义上确立了会议的正式议题。议题一旦以法定的程序通过，便转化为决定的议程，不能随意更改。

2. 确认议题性活动的方式及其次序

举行会议，不仅要事先明确讨论什么、不讨论什么，而且还要解决先讨论什么、后讨论什么以及如何讨论的问题。会议议程就是对议题性活动及其次序排列在法定意义上的确认。议程一旦确定，与会的任何一方不得随意变更，法定性会议和横向性会议尤其如此。

3. 维持会议的政治秩序

会议活动往往是各种组织、各种利益集团进行政治较量的舞台，没有一套既定的、为各方接受的议程，会议活动必然会出现混乱甚至无法收拾的局面。制定议程能有效地制约与会各方，维持会议的政治秩序。从某种意义上说，议程的制定也反映了主办者对与会各方利益诉求的协调能力以及对会议进程的驾驭能力。

（三）议程的确定规则和程序

议程的确定规则与议题的确定规则基本一致。不同的会议，议程的确定程序也不相同。

下面是中国人民政治协商会议全体委员会议议程确定的程序，可供其他会议参考借鉴：

首先，由大会秘书处提出关于议程的建议方案；

其次，提交主席会议通过；

再次，主席会议通过后，提交常务委员会会议通过；

最后，全体委员会议开幕时，提交全体委员会议通过。

由于全国政协会议与全国人大会议差不多同时召开，因此大会秘书处在提出建议方案之前，还需就日程安排问题同人大有关部门进行协调。

（四）安排议程顺序的方法

一般情况下，总是先确定议题以及相应的活动，再安排议程的先后顺序。当然，有时确定议题和安排议程的先后顺序也可同时进行。

安排议程的顺序要以会议的性质、议题和相关的规则为依据，通常有以下几种安排方法：

1.先主后次

如果次要的议题数量较多且需要花较多的时间讨论研究，或议题较多但会议时间有限，可采取先主后次的安排方法。会议的第一个议题相对于后面的议题，更能引起与会者的重视，因此，先安排讨论研究主要议题，不仅能避免因先讨论次要议题占去太多时间而导致主要议题草草了事，而且还能充分利用会议一开始与会者精力较为充沛、注意力较为集中的有利时段，提高议事的质量。

2.先次后主

如果次要的议题数量较少，而研究主要议题可能要花较多的时间，可采取先次后主的方法，即会议开始后先将一些次要的议题讨论解决，然后集中精力讨论研究主要议题。

3.先报告，再审议，后表决

对需要提交会议表决的议题，一般应当先向大会报告或散发书面决议草案，再组织与会者审议、辩论、磋商、修改，最后付诸表决。

4.先总结，再表彰，后交流

总结表彰交流会，一般应先对某项工作或某项活动做总结性报告，然后宣布表彰决定和表彰名单并颁奖，最后进行交流发言并安排领导讲话。

5.按议事规则排列

如已制定会议的议事规则，则议程顺序的安排应当遵守其规定。

（五）议程的结构和写法

1.标　题

由会议全称和"议程"二字组成。

2.稿　本

须提交预备会议或在一定范围内通过的议程，应在标题后面或者下方居中用圆括号注明"草案"二字。

3.题　注

经会议通过的议程，要在标题下方注明通过的日期、会议名称，并用圆括号括入。由主办者确定、无须会议通过的议程，可注明会议的起讫日期，如 2010 年 3 月 5 日—3 月 8 日，也可注明会议的主办单位等信息。有些在一定范围内通过后还要提交更大范围通过的会议议程，要同时标明稿本（草案）和题注。

4.正　文

议程的正文有两种写法：一种是全文用序号简要概括地说明每项议题性活动的顺序，法定性代表会议的议程大多采用这种写法；另一种是先介绍会议的主办单位、时间、地点、主题等基本信息，再列出各项议程，这适用于各种研讨会、报告会、发布会、座谈会等会议。议程写作较多采用动宾结构的短语，句末不用标点。有些大型会议的议程，需要将每项议程的时间、地点、报告人、报告主题加以综合介绍，可以采用表格的形式，起到一目了然的效果。

5.落　款

由会议主办者确定、无须会议通过的议程，应当在正文的右下方标明主办者或组委会的名称，也可写会务部门的名称。已写明题注的议程因已写明通过的会议名称，则不用再写落款。

6.制定日期

凡不标明题注的议程，都应当在落款下方写明具体的制定日期，以备日后查考。已写明题注的议程因已写明通过的日期，则不用再写制定日期。

三、程序策划

（一）程序的含义

无论什么样的会议，从开始到结束，都是由一系列的活动环节组成的。比如，讨论工作、研究问题的会议一般包括宣布会议开始、报告会议出席情况、依照既定议程逐项讨论或审议每项议题、进行表决等活动环节。在一些以仪式性活动为主的广义会议中，活动形式丰富多样，活动环节精巧复杂，如升国旗、奏国歌、致辞、揭幕、启动、剪彩、颁奖、授勋、签字、交换礼物等，有时还穿插文体表演。这些活动环节都需要一定的程序加以组合，使之前后相连，融为一体。将一次会议中各项活动的具体环节组合连接起来并确定先后顺序，就形成了会议的"程序"。

（二）程序与相关概念的区别

1. 程序与议程的区别

程序和议程都是涉及会议活动顺序的概念，但二者有着明显的区别，使用中不应混淆。

（1）对象不同：程序是对会议中所有活动的具体环节进行的排序，既包括报告、讨论、提问、审议、表决等议题性活动，也包括升国旗、奏国歌、致辞、揭幕、启动、颁奖、授勋、签字等非议题性活动，因此无论是狭义会议还是广义会议，都可以制定程序；议程只是对会议中的议题以及围绕议题展开相关活动进行排序，一般不涉及非议题性活动，因此只适用于狭义会议。开幕式、闭幕式、签字仪式、颁奖仪式、启动仪式等属于广义会议范畴的各种仪式、典礼，应当制定"程序"而非"议程"。

（2）具体程度不同：同样是对会议活动顺序做安排，二者在具体程度上并不相同。程序是一种详细的活动环节和流程安排，要具体反映活动的细节，而议程就比较原则，只需大致反映议题性活动的先后次序即可。以纪念性、追思性会议为例，如果只举行自由演讲、报告、座谈，制定议程即可，但如果还需要安排奏国歌或会歌、全体肃立默哀、献花圈、嘉宾致辞、以投票或举手方式通过倡议书或宣言等活动，那就需要另外制定程序。由于程序内容上包含议题性活动的全部流程，反映活动的环节比议程更为详细、周全，因此一般情况下的会议只需制定程序。有些配套活动或单元活动较多的会议（如大型论坛、洽谈会等），或者必须依照法定程序举行的会议（如人民代表大会、职工代表大会、股东大会等），既需要制定会议的总体议程，也必须为每次配套活动或单元活动（如开幕式、选举大会、颁奖仪式等）各制定一套程序。

2. 程序与流程的区别

目前，很多组织把程序称为"流程"，或者用"流程"一词代替程序。其实"流程"一词意义更为广泛，除了包括会议正式举行中的程序之外，还包括会前会后的接待环节。比如，会议的流程就包括会议开始之前的签到注册、礼仪引导等接待环节，会见、会谈、宴会的流程就包括迎宾、送客等环节。在一次会议正式举行期间，各项活动具体环节的顺序安排并形成的书面文件，只能叫作"程序"，不能叫作"流程"。

（三）程序的作用

会议程序的作用主要体现在以下几个方面：

1. 方便主持人或司仪掌握会议的活动内容及其顺序。主持人主持会议以及司仪主持仪式，一般依据程序即可。

2. 为撰写主持词提供依据。有些重要的会议或者仪式，主持人或司仪不能即兴发挥，必须根据主持词来主持。主持词是根据会议程序来写的，只有确定了会议程序，才能形成主持词。

3. 为会务服务提供机会点。在会议举行过程中，会务服务应当跟进到位。有一份完整的会议程序表，会议工作人员就可以了解哪一环节、哪一时段应当提供哪些服务。比如，主持人宣布仪式开始后工作人员要播放背景音乐，领导人上台剪彩时礼仪人员要递上金剪等，这些现场服务事项都要依据事先确定的程序。

4. 让与会者和记者知情。会议程序表也可以分发给与会者和记者，便于他们详细了解会议各项具体活动的内容及其顺序，也有利于相互沟通与协调。

（四）确定程序的规则和要求

会议的程序一般由组织者确定，无须提交全体会议成员表决或协商通过。如果是由某个策划团队策划的，则需提交会议的领导机构根据一定的规则来确定。

狭义会议的程序安排要与议程安排保持一致。法定性会议的程序安排应当符合相关的法律、法规和规章的要求。比如，在人民代表大会、职工代表大会正式开始前，主持人必须先报告出席情况，这一环节必须写进会议的程序。

（五）会议程序的结构和写法

1. 标　题

标题由活动名称加上"程序"组成，不能将"程序"写成"议程"或"日程"。

2. 题　注

题注写明活动的时间、地点、主题、主办单位等信息，以便于散发或刊登宣传（标题中已显示的信息可省去）。

3. 正　文

程序的正文有两种格式：

（1）序号式：是指用汉字或阿拉伯数字标引各项具体活动环节和步骤的名称、内容，要求详细、明确。

（2）时间序列式：是指把各项活动环节和步骤以较为精确的时间排列先后，其优点是容易控制活动的时间，保证活动按预定时间结束。

程序正文写作要做到详尽具体，从活动开始到结束的每个环节和细节，如宣布活动开始、升国旗、奏国歌、致辞、颁奖、献花、剪彩、宣布活动结束等，都要明确列出；致辞人、发言人、颁奖人、剪彩人的身份和姓名，发言题目和发言顺序，所颁奖项的名称和等级，领奖人的姓名等，要具体、准确。

4.落款和制定时间

落款一般署主办单位或会议秘书处的名称。落款和制定日期也可省略。

案例导引：程序例文

××公司2017年度先进集体和先进个人颁奖仪式程序
（2017年12月30日）

一、司仪宣布：请参加今天颁奖大会的领导上主席台。

二、司仪宣布：今天的颁奖大会由公司副总经理×××主持。

三、主持人宣布：××公司2017年度先进集体和先进个人颁奖仪式开始，全体起立，奏国歌。

四、公司总经理、党委副书记×××做主题讲话并宣读《××公司关于表彰2017年度先进集体和先进个人的决定》。

五、公司董事长、副董事长、总经理、工会主席向先进集体颁发奖状和奖杯。

六、青年女员工向获奖集体献花。

七、公司董事长、副董事长、总经理、工会主席向先进个人颁发奖状和奖杯。

八、青年女员工向获奖个人献花。

九、先进集体代表×××发言。

十、先进个人代表×××发言。

十一、公司董事长、党委书记×××讲话。

十二、主持人宣布：××公司2017年度先进集体和先进个人颁奖仪式结束。

第四节　会议成员策划

一、会议成员的含义和资格

（一）会议成员的含义及其策划的任务

会议成员是指有资格参加会议的对象。会议成员策划的任务是依据会议的目的、性质、议题确定参加会议的范围、规格、资格、规模以及具体名单。

会议成员和与会者这两个概念有一定的区别，不能混淆。会议成员具有会议资格，但不一定实际参加会议。实际参加会议的会议成员才称为与会者。

在会议的组织和举办过程中，会议成员既是会议活动的主体性要素，具有相应的权利和义务，他们的立场与态度决定会议的成败，同时又是会议管理和服务的对象。在一些营利性会议中，会议成员还是各公司之间相互竞争的市场要素。

记者往往是会议活动的常客，他们在会议活动中的身份比较特殊，是否属于会议成员，应当根据会议的性质来界定。一般情况下，担负采访任务的记者不属于会议成员，只有应邀参加新闻发布会和记者招待会的记者以及经大会同意并受邀作为旁听代表的记者才属于会议成员。需要强调的是，记者虽然不属于会议成员，但却是不可忽视的服务对象，因为记者的采访报道对于宣传会议精神、扩大会议的影响、树立会议活动的形象起着极其重要的作用。

（二）会议成员的资格

按资格划分，会议成员一般可分成正式、列席、特邀和旁听四种类型。资格不同，其在会议中的地位、权利和义务也不同。

1. 正式成员

正式成员是指具有正式资格，有提案权、发言权和表决权，必须遵守会议决议、履行相应义务的会议成员。正式成员是会议的主要成员，对会议的结果具有直接的影响。法定性会议的正式成员参加会议的权利受法律、法规和有关议事规则的保护。一般情况下，会议的主办者或主办方的代表具有正式的参会资格并主持会议。

2. 列席成员

列席成员是指不具有正式资格、无表决权，但有一定的发言权的与会者。正式成员和列席成员的最大区别是有无表决权。所谓"一定的发言权"，意思是列席代表能否在会议上发言，要看会议的章程或议事规则是如何规定的，未设置章程或议事规则的会议，则要看主办者是如何安排的。一般情况下，列席成员可以在会议上发言，但在发言的顺序或发言的时间限制上与正式成员有一定的区别。

不同组织举行会议时，列席成员的提案权也不尽相同。有的会议规定列席成员有提案权，如我国的公司法规定，监事可以列席董事会会议，并对董事会会议决议事项提出质询或者建议，监事也可以直接向股东会议提出提案。而一般情况下，列席成员是没有提案权的。

组织内部举行的会议，如行政办公会议等，列席成员虽然无表决权或提案权，但必须执行会议通过的有关决议。而在合作性组织（如世界贸易组织、上海合作组织等）所举行的会议以及各种多边会议活动中，列席成员不受会议最终决议的约束。

会议是否安排列席成员参加，哪些对象作为列席成员，列席成员参加会议中的哪些活动，这些都由会议的主办者根据会议的需要来确定，或者通过制定相应的规则加以明确。

3. 特邀成员

特邀成员是指由会议的主办者根据会议的需要而专门邀请的成员，如主办单位的上级机关领导人、兄弟单位的代表、社会知名人士、外国来宾、报告人等。这类成员的地位较特殊，有的要在会上做重要讲话，有的具有表决权和选举权，有的则只是象征性地到会。他们在会议中的权利和义务可由会议主办者或会议领导机构来确定。

4.旁听成员

旁听成员是指受邀参加会议，但不具有正式资格，既无表决权，也无发言权和提案权的会议成员。旁听成员除了可以旁听会议之外，没有其他权利。邀请旁听成员参加会议，是立法和行政决策民主化、透明化的重要举措。比如，我国许多地方人大都建立了公民旁听会议的制度，每次会议举行前，由市民自由报名，从中随机遴选一定数量的市民作为旁听成员。

（三）与会议成员相关的术语

1.代　表

在我国，人们习惯上把参加会议的成员都称为"代表"，各种会议报道、简报甚至会议正式文件都是如此。而严格说来，会议活动中的"代表"一词具有以下特定的含义：一是指由一个国家或一个地区或一个组织正式委派的与会人员。联席性会议、双边或多边会谈以及国际会议的出席者，便属于这类"代表"。二是指由一定范围的选民通过一定的程序选举产生的与会代表，如我国各级人民代表就是由基层群众通过逐级选举产生的。三是在一定范围内协商产生的与会代表，如劳模代表大会的代表。四是指由个人授权的与会代表。比如，股份制企业举行股东大会，股东可以委托他人参加会议并代其履行权利。在组织重要会议时，应将代表和非代表这两种会议成员做明确的区分。

2.观察员

观察员是国际组织中的一种特殊身份。当国际组织举行会议时，观察员相当于列席成员。享有观察员身份的国家、地区或机构可以派代表参加会议，有时也可以在会上发言，提出建议，但无表决权，也不受会议决议的约束。比如，我国在2001年12月11日正式成为世界贸易组织成员之前，就是以观察员的身份参加世界贸易组织的会议。

二、会议成员策划的要求

会议成员策划涉及会议成员的权利和义务，关乎会议形象，影响会议的结果，策划时要注意以下几个方面：

（一）确定的程序要合法合规

确定会议成员的程序要合法合规并同会议的性质相一致。具体来说，确定会议成员的程序大致有以下几种：

1.领导确定

这是指先由策划部门提出会议的参加范围和初步名单，最后由会议主办方的领导确定，或者直接由主办方的领导确定。纵向性会议都是如此。有些由主办方发起并组织的、对与会各方无法定约束力的横向性会议，如学术研讨会、经贸洽谈会、调查会、联谊会等，其会议成员也可以由会议的领导者确定。

2. 规则确定

这是指参加会议的范围和对象是由法律、法规以及会议的章程或议事规则所规定的。各种法定性会议（如董事会会议以及各种国际性会议组织等）的会议成员都是根据组织章程或议事规则确定的，他们享有参加会议的基本权利，非经必要程序，不得取消他们的与会资格。

3. 磋商确定

这是指由会议的发起者、主办者或成员根据会议目的和议题，通过平等协商确定各方参加会议代表的级别、人数和人选。会谈和谈判、国际多边会议即如此。

4. 选举确定

这是指根据一定的办法和程序，选举产生会议成员。各种法定性代表大会的成员都要通过选举产生。

（二）参加的范围和对象要合理

一次会议的参加范围涉及会议成员来自的国家、地区、行业、界别、所代表的组织以及会议成员的规格和资格等多个方面。所谓参加的范围和对象要合理，指的是在确定哪些地区、哪些方面和哪些人员参加会议时，应当从法理依据、现实需要以及有利于提高会议效率出发，通盘考虑，合理安排。对于必须参加会议的单位和个人，一个不能遗漏，而对于可参加可不参加会议的单位和个人，则不应当列入参加范围。

确定参加会议的范围和对象要充分注意以下几个方面：

1. 根据会议的目的确定范围和对象

凡对实现会议目标有帮助的对象，应当列入邀请范围。

2. 根据会议议题确定范围和对象

会议的议题所涉及的有关组织、单位或个人，应当出席或列席、旁听会议。可参加可不参加的，不列入参加范围，以控制会议的出席人数。

3. 根据会议的性质和功能确定范围和对象

会议的性质和功能与会议对象也有一定的相关性。例如，记者招待会、新闻发布会应当邀请记者参加；表彰大会应当以表彰对象为主角，同时要求有关方面出席。

4. 根据会议的公关需要确定范围和对象

有时主办者为了获得某些方面的支持，或者为了感谢某些单位的帮助，可以邀请他们作为嘉宾参加会议。例如，大型活动的开幕式、闭幕式，各种庆典活动等，可以邀请上级领导、政府代表、协办和赞助单位、东道主以及群众代表参加。

5.根据参加对象的相互关系确定范围和对象

一次会议哪些人参加，哪些人不参加，往往是一个非常敏感的问题，处理得好，有助于增进与会者之间的信任和友谊，提高会议效率，处理不当，会影响会议的正常进行，甚至影响会议目标的实现。会议策划者和组织者应当在会前了解每位潜在对象的立场、态度以及相互关系，对他们参加会议的利弊做出评判，然后再确定参加的范围和具体名单，这样做既可以避免会议成员之间因关系紧张不合作而导致会议流产，又可以防止会议成员之间碍于情面不能充分发表意见，或者因关系过于密切相互利用影响会议目标的实现。

6.根据会议的规则确定范围和对象

凡享有法定或组织章程规定的与会权利的对象，必须列入参加会议的范围。法定性会议参加对象的资格必须合法，非经必要程序，不得擅自扩大参加范围（包括列席和旁听范围）。

（三）参加对象的规格和资格要明确

规格和资格是会议成员的两项重要的身份标志，也是策划会议成员时必须明确的两个重要方面。

1.参加对象的规格要明确

会议参加对象的规格主要表现在职务和级别两个方面。比如，有的会议规定必须是正职负责人才能出席，有的会议要求分管某项业务的负责人参加，有的会议则规定必须是一定级别以上的干部参加。

2.参加对象的资格要明确

有些会议可能会同时邀请多种不同资格的对象参加会议。每一个对象以何种资格参加会议，这是会议策划阶段就应当加以明确的。对象的身份不同，参加会议的提法也不一样：正式成员参加会议称为"出席"；列席成员参加会议称为"列席"；旁听成员参加会议称为"旁听"；特邀成员参加会议可以称为"出席"，亦可称为"列席"，视其具体的权利而定。以上四种资格的成员同时参加会议，如需在宣传中淡化资格之间的区别，也可以通用"参加会议"一词。发送给会议成员的邀请书或通知，一定要写明具体的资格，或以"出席""列席""旁听"区分，以免造成误会。

与会者以代表的身份出席重要会议，必须符合会议的相关规则，并具有证明其合法性的文件，如代表证、委托书、授权证书等。

（四）参加对象要有一定的代表性

参加对象的代表性是指其结构比例能反映特定的阶层、界别、群体的利益和诉求，能满足会议沟通的需要。比如，举行各种代表大会、情况调查会、立法和决策听证会，就要考虑代表的比例结构是否合理，每位与会代表是否具有真实的代表性，这关系到会议能否真正反映民意、发扬民主、集思广益。

（五）会议的规模要适当

决定会议规模的核心指标是参加对象的人数。策划会议的规模必须综合考虑以下几个方面的因素：

1.效果因素

会议的规模与会议的效果是密切相关的。不同性质和目的的会议对会议的规模要求不同。有的会议要求造成声势，扩大影响，需要达到一定的规模才能产生效果。有的会议保密性较强，必须严格控制与会人数，以防会议内容扩散。因此，不能简单地处理会议规模和会议效果的关系，更不能盲目追求会议规模。会议的规模只有与会议的预期效果相适应，才是最合理的。

2.效率因素

会议的规模直接制约会议的效率。会议人数越少，会议在讨论发言上所花的时间就越少，相对而言，也越容易达成共识，效率就越高。反之，会议人数越多，意见越不容易集中，会议时间就越长，效率就越低。管理学家经研究发现，出席会议的人数超过12人，其中就可能出现懒于思维者。因此，除了法定性会议和必须举行的大规模会议之外，要尽可能地控制与会人数。

3.场地因素

一般来说，规模决定场地。但由于受场地客观条件的制约，规模必然相应地受到限制。因此，决定会议规模之前应当先考察场地条件。

4.成本因素

会议规模与会议成本二者构成正比关系。规模越大，动用的人力、物力、财力就越多，会议成本也就越高。因此，在确定会议规模时，先要"摸摸口袋"，做到量力而行。

第五节　会议发言、分组和专题活动策划

一、会议发言策划

（一）会议发言的含义

发言是会议成员以口头、书面或其他方式发表意见的过程。有无发言活动，是区别会议活动与非会议活动的基本标志。是否以口头发言为主，是区别广义会议与狭义会议的基本标志。会议期间与会者的演讲、报告、讨论、提问、作答，都可以称为发言。

（二）会议发言的作用

会议发言主要有以下几个方面的作用：

1.传递信息

这是会议发言的根本作用。如果把会议看作一个信息交流和共享的平台，发言就是信息传递的载体。与会者借助发言向其他与会者表达对议题所持的立场和态度，或传播知识、发布信息，这是任何与会者发言的基本动机。

2.增进了解

会议发言在相互传递信息的同时，还能够促进与会者之间的彼此了解和感情交流，以便达成共识、协调关系、共谋发展。

3.体现权利

发言是会议成员的一项基本权利，俗称"发言权"。哪些会议成员有发言权、哪些情况下可以发言、发言的时间和次数以及发言的方式等，往往需要通过制定会议规则加以明确，以保护会议成员的发言权，同时也避免发言权被滥用。

（三）会议发言的方式

1.按载体形式划分，会议发言的方式可分为

（1）口头发言：是会议沟通交流的主要形式，包括现场口头宣读发言稿和即兴发言两种具体形式。

（2）书面发言：是指发言者只散发书面发言稿，不进行口头发言。安排书面发言，一是为了节省时间，提高会议效率，二是为了照顾一些特殊情况，如列席成员的一些建议就不一定安排口头发言，只散发书面发言稿。凡需要在会议上发表的致辞、交流的经验、讨论的文件，已经散发书面发言稿的，都可以不再安排口头发言。

（3）录音和视频发言：这两种发言需要事先录制，适用于会议成员无法到场但又必须发言的情况。

2.按发言者同与会者的关系划分，会议发言的方式可分为

（1）传达布置式：在这种发言方式中，发言者或其代表的一方同其他与会者或其代表的一方之间属于上级对下级的领导关系，或二者之间虽无领导关系，但存在管理、指导关系。比如，组织内部传达精神、布置工作等。

（2）汇报陈述式：在这种发言方式中，发言者或其代表的一方同其他与会者或其代表的一方之间存在下级对上级的被领导关系，或前者向后者负责，前者受后者管理、指导、监督。

（3）审议审查式：在这种发言方式中，发言者或其代表的一方依据法律法规有权对审议审查的对象提出批评、指正、修改的意见。

（4）对话磋商式：在这种发言方式中，与会者之间以平等的关系和合作的态度交换意见，沟通立场，相互磋商，谋求共识。例如，双边或多边谈判、战略对话等。

（5）研讨交流式：以这种方式发言的目的是研究问题、讨论工作、交流经验、互通情况、切磋学术。例如，工作会议上讨论将要出台的文件、学术会议上的论文交流、总结会议上的经验介绍等。

（6）质询提问式：在这种发言方式中，发言者依法有权向质询的对象提问，要求对方如实回答。

（7）发布问答式：在这种发言方式中，发言者或其代表的一方向与会者发布信息，与会者也可以在主持人允许的情况下向发布信息者提问，形成问答式发言。发布问答式与质询提问式的区别在于，前者属于法定范畴，质询者提问后，被质询对象必须回答问题；后者则属于非法定范畴，回答问题是自由的，不受法律法规约束，如新闻发布会和记者招待会就采用这种发言方式。

（8）表态表决式：表态表决也是发言，其形式可以是口头的，也可以是书面或体态的。在一些需要表决或表态的会议中，有表决或表态权的与会者可以以会议确定的形式对某项议题明确表明赞成、反对或者弃权的态度。

会议发言的种类繁多，以上划分和归类难免挂一漏万。在策划发言方式时，既可以采用。

（四）会议发言的申请和确定程序

会议发言的申请和确定程序大致有以下几种：

1. 会前报名

这是指由与会者事先提出发言请求，由会议的组织者或领导者根据议事规则或会议实际情况确定发言程序。法定性代表会议的发言，必须在会前向秘书处报名，并填写发言登记表，写明发言的内容要点、发言方式（口头或书面）。联合发言或代表单位发言者要注明宣讲人姓名。

2. 临时申请

这是指在会议进行过程中提出发言的请求。临时要求发言的，应经会议主席允许。

3. 领导指定

这是指由会议的组织者在会议召开之前指定发言者的名单，也可以在会议上由主持人点名发言。

4. 自由发言

这是指在会议期间与会者可以自由发言，无须事先提出申请或由领导指定。

（五）安排会议发言顺序的方法

安排会议发言的顺序要综合考虑议程和程序、礼宾次序、会议规则等方面的因素。有时发言顺序是一个十分敏感的问题，安排不恰当，会造成一些不必要的麻烦。下面几种安排发言顺序的方法可供参考：

（1）按确定的议程或程序安排发言的先后顺序。

（2）按报名的时间先后安排发言的先后顺序。

（3）按身份从高到低或从低到高安排发言的先后顺序。一般情况下，开幕式上的致辞身份从高到低，闭幕式上的致辞身份从低到高。有些情况下，也可以采取两头高、中间低的顺序安排发言。

（4）按发言者的姓氏笔画或组织名称、代表团名称的笔画安排发言的先后顺序。国内会议可按发言者的姓氏笔画或组织名称的笔画来安排，国际会议则按英文国名的当头字母顺序来安排。

（5）通过抽签决定发言顺序。这种安排方法主要用于辩论会或演讲比赛活动。

（6）随机指定。由会议主席在会上临时点名指定顺序。

（7）发言者自由决定发言顺序。座谈会的发言往往运用这种方法。

以上发言顺序的安排方法可以混合使用。比如，学术报告会可以先根据议程的先后顺序制定主要报告人的发言顺序，然后留出一定的时间给其他与会者自由发言。

（六）安排会议发言要注意的问题

1.尊重与会者的发言权

与会者的发言权应当受到尊重。一般来说，正式成员都具有发言权；列席成员具有一定的发言资格，视会议的具体情况而定；旁听成员则无发言权。出席法定性会议的正式成员，其发言权受法律保护，任何人不得剥夺。

2.对发言内容要严格把关

首先，会议上任何人的发言，其内容必须符合会议的目标并严格限制在议题范围之内，否则，发言就成了失去控制的"无轨电车"，不仅影响会议的效率，还会使会议偏离既定目标。因此，会前或发言前依照会议的规则对与会者的发言内容进行审核是完全必要的。其次，要精心选择发言的内容，注意内容的思想性、先进性和典型性，各种学术研讨性、经验交流性会议尤其应当如此，必要时可委托专家或授权专门的机构（如学术性会议的学术委员会）进行遴选、把关。

3.注重发言人的能力素质

发言人的能力素质包括口头表达能力、思辨能力和临场应变能力等综合素质。发言人能力素质高下，关系到能否准确表达立场和观点并有效地说服和感染他人。因此，选择能力素质较高的发言人，确保会议发言的水平，也是提高会议的议事质量和会议效果的重要因素。

4.照顾发言人的代表性

在会议中，不是人人都有机会发言，特别是大型会议，由于参加会议的人数较多，相对来说每个人发言的机会更少。要使少数人的发言能最大限度地反映全体与会者的意志和诉求，就必须在安排发言时，考虑发言人的代表性，尽可能照顾到不同地区、不同单位、不同群体、持不同观点的与会者。

5.合理控制发言的人数

发言的人数同发言人的代表面以及会议效率有密切关系。发言人数太多，尽管可以照顾到多方面，但效率下降；发言人数太少，虽然可以减少会议的时间，但发言的代表面则较窄，不能满足交流的需要，容易造成信息沟通不充分。因此，合理控制发言人数，既能够满足会议沟通的需要，又能够提高会议效率。在法定性会议中，控制发言的人数不能以牺牲与会者的发言权为代价。

6.适度限定发言的时间

适度限定个人发言时间是提高会议效率的有效措施。限定发言时间应当坚持公平、公正原则，并在会议规则中做出明确规定。在时间有限的会议中，限定个人的发言时间就是保护和尊重所有人的发言权。

7.准确使用与发言相关的术语

主持人在介绍会议发言人时以及在会议简报和新闻报道中，经常要用到"发言""讲话""报告""致辞"等相关的术语，应当辨清这些术语相互之间的一些区别，切忌混淆。

（1）发言：发言一词属于中性词。一般而言，凡在会议中以各种形式发表意见都可以叫作发言。但如果是针对某个特定会议的特定发言者，则发言一词仅用于身份平等的与会者之间的交流沟通，如联合国大会进行一般性辩论时各国代表的发言，组织内部经验交流会上各位代表的交流发言。

（2）讲话：讲话一词带有较强烈的感情色彩，一般用于领导人的重要发言。

（3）报告：一般情况下，报告一词属于中性词，意指向特定对象汇报、陈述工作或者介绍情况，提出意见或者建议，如工作报告、述职报告等。有时报告一词也带有一定的感情色彩，如邀请领导人或嘉宾做形势报告、学习报告时，应使用报告一词。

（4）致辞：致辞一词也具有较强烈的感情色彩，用于各种仪式和典礼上领导人和来宾的发言。

什么情况下用"发言"和"报告"，哪些人的发言属于"讲话"或者"致辞"，要根据会议的性质、功能以及发言者的身份和发言的内容具体而定。

二、分组活动和专题会议策划

（一）分组活动和专题会议的作用

规模较大而且需要安排专题研讨、分组审议等活动的会议，可以将与会者分成若干活动单元，这种活动单元既可以以小组或代表团的名义活动，也可以是一次大型会议中的各种专题会议。分组活动和专题会议有以下作用：

1.提高机动性

在规模较大的会议中，长时间的全体会议显得臃肿和笨重。分组活动后，大会小会有分有合，可大大提高会议的机动性。

2.扩大发言面

实际上，每次全体会议上的发言总是有限的，这在很高程度上限制了与会者之间的相互交流。分组活动必然使与会者的发言机会大大增加，意见表达更为充分，发言权更有保障。

3.加深研究度

分组活动后，特别是按专题分组后，与会者可以围绕某个专题进行深入细致的探讨，对问题的研究度就会明显加深，提出的意见或者方案的质量就会大大提高。

（二）分组活动策划

1.分组的方法

常见的会议分组方法有以下几种：

（1）按与会者所在的单位编组：是指把来自同一个单位的会议成员编成一个小组。组织内部召开大会，可以按下属的单位编组。

（2）按与会者所在的行业或系统编组：是指把来自同一个行业或系统的会议成员编在一个小组。比如，全国、全省性大会可以按农业、工交、教育卫生等行业或系统分组。

（3）按与会者所在的地区编组：是指把来自同一个地区的与会者编在一个小组。这里的地区概念，既可以是行政区划，也可以是自然区域或经济区域。

（4）按界别编组：是指把职业的性质相同或相近的会议成员安排在一个小组。比如，我国的政协开会，就是按文艺界、学术界、企业界、体育界、宗教界等界别进行的分组。

（5）按法定规则分组：有些法定性会议，有关法律或法规对分组有规定的，要按法律或法规执行。

（6）混合编组：是指不按上面介绍的几种方法编组，而是有意让不同单位或地区、不同行业或系统、不同界别的与会者交叉混合编组。这种编组的方法有利于扩大与会者的视野，有利于与会者接触和了解多方面的信息，广泛结识朋友。

2.分组的要求

会议分组策划要注意以下几个方面的问题：

（1）组的数量和规模要适中。组的数量和规模是成反比的，在与会人数不变的情况下，分组越多，各组的人数就越少，反之亦然。组的数量过多，过于分散，则不便于管理。组的规模过大，机动性就不足，发言也会不够充分。可见，控制好分组的数量和规模，对于提高分组的效果具有很重要的意义，是会议分组策划的关键因素之一。

（2）为了加强对各组的领导，应当指派组织和协调能力较强的人担任组长或召集人，并建立组长或召集人会议制度。法定性代表大会的代表团团长应当根据有关规定由代表民主选举产生。

（3）会议的领导机构可向各小组或代表团派出联络员，以便及时沟通信息，掌握会议动向。联络员的工作由会议秘书处统一管理和协调。

（三）专题会议策划

专题会议有时也叫作配套会议，这是当前大型会议，特别是国际性大会常见的活动形式。

1.专题会议的种类

专题会议种类繁多，可根据大会的目的和与会者的需要进行策划。这里简略介绍以下几种：

（1）专题报告会：也可称专题论坛、专题演讲，由会议主办者指定的发言者介绍自己对相关专题的分析以及研究成果。报告后也可安排提问。

（2）专题座谈会：也可称专题圆桌会议、专题讨论会。与会者均可自由发言。

（3）专题发布会：也可称新闻发布会、情况通报会、政策说明会、成果（技术）发布会等。专题发布会既可以采取单向发布的方式，不安排提问，也可以采取双向沟通的方式，即在发布后接受与会者的提问并做回答。

（4）专题演示会：是指现场演示并介绍有关的产品和技术的专题会议。

（5）专题洽谈会：是指与会者之间就共同感兴趣的专题洽谈合作意向，签订有关协议的专题会议。

2.专题会议策划的要求

专题会议策划要注意以下几个方面的问题：

（1）设计好专题会议的主题（即大会的分主题），并与大会主题配套。

（2）适当控制专题会议的场次。过多的专题会议可能会冲淡大会。

（3）协调好各场专题会议的时间，尽可能减少撞车，以便让与会者有更多的选择。

（4）专题会议的会场不要远离主会场。

第六节　会议时间和地点策划

一、会议时间策划

（一）会议时间的含义和相关术语

会议的时间是指会议的时机、会议的起讫时间、会议的时间量和会议周期。策划会议时间必须弄清以下相关术语的含义。

1.会　期

会期这一术语一般是指会议从正式开始到结束所需要的时间，但有时也指系列性、周期性会议召开的固定时间。比如，我国的全国人民代表大会每年3月5日举行。又如，联合国大会的会期一般从每年9月第三周的星期二至12月20日左右。

2.会议周期

会议周期是指同一性质和系列的前后两次会议之间固定的时间跨度，如年会、月会。会议周期不能简称为会期。

3.会议日程

会议日程是指会议的各项活动按日期和时间先后的具体安排。凡时间满一天的会议，都应当制定日程。

4.休　会

休会一般是指会议过程的中止或会议期间的休整。具体有三种休会情形：一是会议活动受到外界因素的影响或会议暂时无法达成协议而被迫中断活动的过程，直至复会；二是为了让与会者有足够的时间来进行会外的研究、沟通和磋商，以便会议的最后文件获得顺利通过而宣布休会，这种休会是一种积极的休整，体现了会议的主持艺术；三是会议期间的正常休息，目的是消除与会者的疲劳，提高会议效率。

5.复　会

复会专指会议在休会之后的继续，因此又称续会。

6.闭　会

与休会不同，闭会是指在正常情况下完成各项议程后结束会议。大型会议的闭会可称为闭幕。同一性质和系列的两次会议之间的正常间隔期称为闭会期间。

（二）会议时间策划的要求

1.把握会议的时机

所谓会议的时机，是指会议的有利条件成熟，举行会议正当其时。把握会议的时机要做到两个方面：

（1）要正确分析判断举行会议的有利时机。举行任何会议的时机必须成熟。如果会议的目的是为了讨论问题、解决问题，那么讨论、解决这些问题的时机成熟与否，就是会议的组织者在策划会议时必须首先考虑的因素。会议只有在讨论、解决问题的条件充分具备时举行，才能水到渠成，瓜熟蒂落。时机未到，条件不具备，宁可推迟会议，否则，会议的效果就得不到保证，甚至还会适得其反。

（2）要及时抓住有利时机。会议的时机一旦成熟，会议就应当及时召开。问题迫切需要解决，条件亦已具备，时机已经成熟，这样的会议如果拖而不议，就会错失良机，延误工作。

2.合理选择具体时间

会议时机成熟后，还要合理选择举行会议的具体时间，以取得最佳的时间效果。合理选择会议的具体时间要做到以下几个方面：

（1）会议的时间要富有意义，能烘托会议的主题。比如，纪念性会议放在纪念日举行最能突出其主题；庆祝性、招待性会议安排在相关节日前夕召开效果最佳。

（2）会议的时间要有利于工作。比如，总结工作、安排计划的会议应当在工作完成之后、计划开始之前举行；每周的工作性例会，如行政办公会议等，一般安排在周一或周五举行，有利于工作安排。

（3）会议的时间要符合人的生理规律。科学家研究表明，人的精力、体力每天呈规律性变化，其高峰出现在上午10时和下午4时左右。这时，人的思维最清晰、情绪最饱满、精力最充沛、注意力最集中、工作效率最高，是安排重要会议活动的最佳时段。

（4）会议的准备时间要充分。既要给主办者足够的时间完成会议的各项组织筹办工作，又要给与会者足够的时间准备提交相关文件或发言材料。

3.根据需要确定会议的时间量

会议的时间量要根据会议的实际需要来确定，一般要考虑以下几个问题：

（1）会议发言的人数和时间是否得到保证，发言共需要花多少时间；

（2）会议是否安排仪式性和参观、考察、娱乐等辅助性活动，每项仪式性和辅助性活动大致需要花多少时间；

（3）会议中是否允许提出临时动议，如有动议，大致需要花多少时间进行讨论和表决；

（4）是否安排休息时间；

（5）是否需要留出一定的机动时间。

4.处理好时间量与会议成本和效率的关系

会议时间量与会议成本和效率密切相关。一般情况下，会议的时间越短，成本越低，效率越高，反之亦然。因此，在满足会议需要的前提下，适当、合理地压缩会议的时间，是降低会议成本、提高会议效率的有效手段。

5.协调、协商好会议的具体时间

会议活动是领导活动的主要形式之一。策划会议时间，一定要确保会议的主要领导、嘉宾和报告人能在预定时间出席会议，同时还要注意协调好领导人之间参加会议的时间，以免相互冲突。如果是多边会议、联席会议，或者是共同主办的会议，还应当与其他方面协商确定举行会议的具体时间。

6.会期和会议周期要符合有关法律、法规和会议规则

法律、法规、组织章程和会议规则对会期或会议周期有明确规定的，应当严格照办，非特殊情况，会期不得提前或推迟。

（三）会议日程的策划

1.会议日程的特点

与会议的议程和程序相比较，会议日程的特点是：

（1）内容全面。在内容上，日程应当包含会议期间所有活动的安排，不仅要写明报告、对话、座谈、谈判等议题性活动，也要写明开幕式、闭幕式、颁奖等各项仪式性活动，有时还要写明报到注册、茶歇、招待会、参观、考察、娱乐、离会等辅助性活动。

（2）以半天为单位时间安排活动。会议日程的安排均以上午、下午为单位时间，必要时，中午和晚上也可以作为单位时间充分利用。

2.会议日程的作用

在会议时间策划中，会议日程是一种常用的工具，其作用是：

（1）保证会议议程的具体实施。会期较长的会议，其议程往往较为原则、概括，具体实施时必须将其时间化。会议日程将议程的各项内容落实到具体的时间节点，这就对圆满完成全部议程起到了保证作用。

（2）方便与会者了解会议的具体安排。由于会议日程详细反映会议各项活动的内容、时间、地点、出席范围等信息，一目了然，为与会者了解会议的具体安排提供了极大的方便。

（3）提高会议的效率。科学的会议日程能够使各项会议活动形成一个和谐有序的整体，能够充分激发与会者的热情和斗志，帮助与会者合理分配精力和注意力，同时也能对各项活动的时间做必要的限制，最大限度地节省会议的时间和费用。因此，制定会议日程是提高会议效率的重要手段。

3.确定会议日程的要求

会议日程策划要注意以下几个方面：

（1）全面准确地把握会议的议题性活动、仪式性活动和辅助性活动的关系。一般来说，狭义会议的日程安排应当突出议题性活动，围绕议题性活动安排仪式性和辅助性活动；广义会议的日程安排，往往以仪式性活动或辅助性活动为主。

（2）既要贯彻精简、高效的原则，又要科学、合理，做到紧中有松，劳逸结合，符合人体生理和心理活动的规律，以提高会议活动的质量。

（3）重要会议的日程应当与议程一起提交全体成员或主席团表决通过。

4.会议日程的书面结构和写法

会议日程的书面结构和写法如下：

（1）标题：由会议全称或规范化简称和"日程"或"日程安排""日程表"组成。

（2）稿本：会议日程如果需要在全体会议或主席团会议上通过，提交时应写明"草案"，并用圆括号括入，放在标题之后或者下方居中。

（3）题注：经会议通过的会议日程，要在标题下方注明通过的日期、会议名称，并用圆括号括入。由主办者确定、无须会议通过的会议日程，可注明会议的起讫日期，也可注明会议的主办单位等信息。有些在一定范围内通过后还要提交更大范围通过的会议日程，要同时标明稿本（草案）和题注。

（4）正文：会议日程正文部分有两种形式。

① 表格式：其优点在于会议活动的各项安排清晰明了，适用于需要交代各项具体信息的会议。横向一般要设活动的时间、名称、内容、主持人（召集人）、参加对象、活动地点、活动要求（备注）等项目。纵向则以日期和单位时间的先后为顺序设项目。单位时间一般写明上午、下午、晚上。每个单位时间可再分成几段，以适应不同会议活动的需要。

② 日期式：是指按日期先后排列会议的各项活动。每项单元活动名称前标明日期、上下午和具体起止时间。

（5）落款：由会议主办者确定、无须会议通过的会议日程，应当在正文的右下方标明主办者或组委会的名称，也可写会务部门（如办公室或秘书处）的名称。已写明题注的会议日程因已写明通过的会议名称，则不用再写落款。

（6）制定日期：凡不标明题注的会议日程，都应当在落款下方写明具体的制定日期，以备日后查考。已写明题注的会议日程则不用再写制定日期。

二、会议地点策划

（一）会议地点的含义和相关术语

会议的地点是指会议存在的空间，包括会议举办地和会议场馆两个方面。策划会议地点必须弄清以下相关术语的含义。

1.会议举办地

即会议现场所在的地理空间，会议举办地的策划不是一个单纯的选择会议现场放在什么地理位置的问题，它涉及会议的性质、主题、主办权、社会影响以及举办地的政治条件、经济实力、接待能力、气候环境等诸多综合因素。在现代，一些重要会议举办地的选择往往超越了会议本身的意义，越来越具有浓厚的政治和经济色彩。

会议举办地可以分为本地、异地两种。本地即会议主办者所在地。在本地举行会议，主办者就是东道主。会议也可以异地举办。异地举办的会议，举办地的承办者是东道主。有些双边或多边会议（包括会见和会谈），举办地设在哪一方都比较敏感，这时就可以选择异地（有时也称第三地）举行。

2. 主会场

主会场有两种含义：一种是指大型会议活动的主要场馆，是相对于会议的辅助场馆（如分组讨论的会场、会议的新闻中心、会议秘书处所在地以及与会者和工作人员住宿的宾馆等）而言的。会议活动的开幕式、大会报告、投票选举、闭幕式等主要议程和活动都安排在主会场。二是指中心会场，是相对分会场而言的。当会议规模较大而无适当的会场时，或者需要举行广播会议、电话会议、电视电话会议、网络视频会议时，就必须设中心会场和分会场。出席会议的主要领导、嘉宾、主持人、报告人以及一部分与会者安排在中心会场，其他与会者可按单位或地区分别就座于分会场。

3. 分会场

分会场是相对于主会场（中心会场）而言的。分会场的设置有以下几种情况：一是当主会场的容量不足时，通过设分会场来解决；二是当一个会议由多方共同主办时，除设主会场外，可在其他主办方分别设分会场；三是举行广播会议、电话会议、电视电话会议、网络视频会议等现代化远程会议时，主会场以外的与会各方应设分会场。

4. 无会场化

传统的会议需要把与会者召集起来进行面对面的交流沟通，这样的会议必须依赖于实地会场。计算机技术和通信技术的发展，使电话、视频会议实现了无会场化，与会者只需要配备通信系统的终端，在网络覆盖的任何一个地方都可实时参加会议。无会场化使会议的举行更为灵活自由，人们参加会议也更加方便快捷，大大提高了会议的效率，降低了会议的成本。

（二）会议地点策划的要求

会议地点策划包括两个方面的含义：一是选择合适的举办地，如国际性会议要考虑选择在什么国家、地区、城市举行；二是选择合适的场馆（包括会场、住地及其配套设施等）。具体要求有以下几个方面。

1. 符合会议主题的需要

现代会议地点的选择与会议主题不无关系。理想的会议地点不仅能够吸引与会者，而且可以突出会议的主题，提高会议的效果，有利于实现会议的目标。具体可以采取以下几种办法：

（1）选择与会议主题相关的当前事件现场。比如，在创造先进经验和发生重大事故或事件的现场举行会议，通过现场观摩和察看，使与会者产生深刻的印象，从而强化示范或警示的作用，如"经验交流现场会""安全生产现场会"等。

（2）选择与会议主题相关的历史遗址。选择与会议主题密切相关的历史遗址举行会议，使会议更具有教育意义和纪念意义。

（3）选择与会议主题相关的工作现场。在工作现场召开办公会议或协调性会议，是领导干部改进作风、深入实际的科学领导方法。选择这样的会议地点，能够帮助领导干部及时了解第一手情况，当场解决工作中的问题，提高会议及工作的效率。

3.营造良好的会议气氛

合理选择会议举办地，还会对会议的气氛产生良好的影响。

4.满足会议的实际需要

现代会议对举办地和场馆的需要是多方面的，策划时要重点考虑以下几个方面的问题：

（1）会议举办地是否具有足够的接待能力。比如，举行大型会议必须考察举办地是否具备会议接待必需的场馆、住宿、餐饮、交通等条件。

（2）会议的场馆及其周边环境是否能够确保会议的安全，包括人身安全、信息安全和财产安全。

（3）会议举办地和场馆的环境是否适宜，包括气候条件、空气质量、噪声大小等因素。

（4）会场大小是否适中，会场过大或太小都会影响会议的气氛和效果。

（5）会场内的设备（如电梯、音响、空调、照明、同声翻译等设备）是否能够满足会议的实际需要。

（6）会议所在地是否具备必要的通信设施以满足新闻采访和报道及时性的要求。

（7）会场距离是否适当。会场距离一是指主办者驻地与会场之间的距离，一般说来，主办者离会场太近，会议容易受主办单位内部事务的干扰，太远则照顾会议不便，因此以适中为好；二是指会场与住宿的宾馆之间、主会场与分组讨论的会场之间的距离，这种距离当然是越近越好。

（8）会场规格是否适当。会场规格主要体现在会场的设施和服务功能上。规格越高，支出的费用越大，直接影响会议的成本。因此，要切实从会议本身需要出发并依据经费预算来确定会场的规格，提倡节约简朴，反对奢侈铺张。

第七节　会议形象策划

一、会议形象的含义

所谓会议形象，是指社会公众按照一定的标准和要求，对特定会议的总体评价和综合印象。会议形象是一个系统，包括会议的内在形象和外在形象。内在形象包括会议的文化形象（会议的宗旨、会议的精神等）和品牌形象（会议的学科属性、会议信息的层次、会议服务的水平等）；外在形象由会议的名称、会徽等要素构成。

会议形象的树立需要运用公共关系和适当的宣传手段。本节主要介绍会议的名称、会徽、公关和宣传策划。

二、会议名称策划

（一）会议名称的作用

会议的名称是会议活动特有的信息标志，其作用体现在以下几个方面：

1. 揭示会议活动的基本特征，如主题、范围、届次、性质、形式等，以区别于其他活动。

2. 用于制作会标，形成活动现场的视觉中心，增强现场气氛渲染的效果。

3. 便于各类媒体的宣传，吸引公众的注意和兴趣，激发公众的参与热情。

4. 便于会议文件的记述。比如，会议预案、会议通知、会议记录、会议决议等会议文件经常要记述会议名称，以体现会议文件的严肃性和权威性。

5. 便于会议文件的立卷归档和今后的查询利用。会议文件是按会议名称立卷并归档的，如无名称，则会给立卷归档以及今后的查考利用造成不必要的麻烦。

6. 有的大型会议的名称，尤其是国际会议和涉及港澳台会议的名称，还是上报有关机关审批的必备项目。

（二）会议名称的内容

会议名称的内容应当揭示特征性信息。这些特征性信息通常包括：

1. 主题信息

主题信息是会议名称中最显眼、最惹人注意的要素，应当重点加以突出。例如，"××江水体污染治理情况说明会"这一名称就凸显了说明会的主题——"××江水体污染治理情况"。

2. 主办者信息

在会议名称中突出主办者信息，有助于树立主办单位的形象。例如，"××商厦'迎国庆'百万大酬宾活动启动仪式"这一名称，就向公众直接传递了主办者"××商厦"的信息，同时也是一种形象宣传。

3. 功能信息

任何会议总有一定的社会功能，如表彰、总结、交流、研讨、发布、洽谈、联谊、庆祝等。例如，"××公司成立十周年庆祝大会"中的"庆祝"一词，就点明了这一会议的功能。

4. 与会者身份信息

有些会议活动对与会者的身份和规格有一定的要求，如"首脑会议""高峰论坛""记者招待会"等会议，名称中就需要写明与会者的身份或规格。

5.地域范围信息

会议策划常常需要考虑与会者的地域范围。凡举行跨单位、跨区域以及国际性的会议，都应当写明与会者的地域范围，如"中国—东盟高级防务学者对话""第四次世界妇女大会""国际金融危机防范国际学术研讨会"。在活动名称中写明参加者的地域范围不仅可以规定与会者的必要条件，同时也是对活动主题的补充说明。

6.年度和届次信息

凡属于同一系列的连续性或定期性会议，应当在名称中写明举行的年份或届次。例如，"2017年××市先进工作者表彰大会"这一名称揭示了年度特征，"第71届联合国大会""国务院第25次常务会议"揭示了届次特征。

7.举办地信息

在会议名称中突出举办地信息，有助于宣传东道主的形象。当会议在一个特定的城市举行并且对这一城市具有特殊意义时，活动名称中就应当写明举办城市的名称，如"博鳌亚洲论坛"。

8.活动方式信息

会议活动的方式多种多样，如论坛、座谈、茶话、会见、展示、宴会等，只要是为达到一定的会议目的的活动形式，都可以写入活动名称，如"××××座谈会""××××茶话会""××××现场会""××××电视电话会议"等。

一次会议的名称所揭示特征性信息的多寡，应当根据会议的目的、性质和要求来确定。目的、性质和要求不同，会议名称所揭示的特征也各有侧重。例如，"第33次上海市市长国际企业家咨询会议"这一名称就揭示了会议的主办者（上海市市长）、与会者身份（企业家）、范围（国际）、届次（第33次）、会议的功能（咨询会议）等若干特征。有的会议名称较为简洁，包含的信息较少，其他信息可以在会标中加以补充。

（三）会议名称的表述形式

会议名称一般采取两种表述形式：

1.单行形式

这是指将各项特征性信息融合在一句短语中。例如，

××集团公司2017年度"十大明星员工"颁奖仪式

2.双行形式

这是指把活动的主题置于会议名称的上方，予以重点突出，下一行揭示会议的届次、范围、功能、方式等信息，会议名称的策划与写作要符合会议的目的和具体性质。一般而言，狭义会议的名称写作要求严谨规范，联谊、节庆等广义会议活动的名称则应当新颖活泼、富有感染力。

（四）会议名称策划的注意事项

首先，正式场合中提及会议名称或者需要归档的会议文件，应当用会议全称，以示庄重，也便于日后查考。

其次，在会议简报和宣传报道中可以使用会议简称，但必须是规范化的惯称。滥用会议简称会造成不同会议名称的重复甚至误会。

再次，反映主题信息的词语要简洁明了，避免名称冗长。

最后，两项会议活动合并举行时，两个名称之间可用"暨"字连接，如"《中韩两国政府间青少年交流协议》签字仪式暨新闻发布会"。

三、会徽策划

（一）会徽的含义和作用

会徽即体现或象征会议精神的图案性标志，又称会议徽志（LOGO）。会徽具有以下作用：

1. 体现或象征会议精神的作用

2016年里约奥运会的会徽，如图3-1所示。三个连在一起的抽象人形手腿相连，组成了里约著名的面包山形象。里约奥组委表示，里约奥运会的会徽体现了里约的特色和这座城市多样的文化，展示了热情友好的里约人和这座美丽的上帝之城。会徽设计基于四个理念——富有感召力的力量性、和谐的多样性、丰富的自然性和奥林匹克精神。

里约奥组委品牌部经理贝斯·卢拉说："奥运会会徽的作用在于向全世界推广主办城市和主办国家的文化，使参与奥运会的运动员和观看奥运会的观众受到鼓舞和激励，这也是奥运会的主要特性之一。我们的目标就是要通过这一会徽将全世界与奥林匹克追求卓越、相互尊重和友谊的观念连接起来，同时增强合作伙伴同奥运会的联系，而最重要的是将里约奥运会打造成一届有特色的盛会。"

图3-1 2016年里约奥运会的会徽

2.会议形象的视觉识别作用

会徽是会议视觉识别系统（VIS）的核心要素，是系列性和永久性会议组织所独有的一套识别标志。会徽与会议精神理念的关系是：会徽是会议精神理念的外在表现，会议精神理念是会徽的实质内涵。没有精神理念，会徽只能是简单的装饰品；没有会徽，会议的精神理念也无法有效地表达和传递。

3.凝聚和激励作用

举行重要会议时，将会徽（如党徽、国徽）悬挂在主席台的中央，能形成会场的视觉中心，产生较强的凝聚人心和激励斗志的作用。

（二）会徽的来源和设计要求

会徽一般有两种来源：一种是以本组织的徽志作为会徽，如党徽、国徽、团徽、警徽、司徽等；另一种是向社会公开征集，选择最能体现或象征会议精神的图案作为会徽。

会徽设计的一般要求是：

第一，体现会议的宗旨；

第二，适合于各种场合和长期固定使用；

第三，图案新颖独特，寓意深刻，色彩明快，易于识别，引人注目，具有时代感；

第四，便于对其进行平面图像或立体表现形式的复制，便于相关载体的生产、加工，便于组委会对其进行开发、使用或采取保护措施。

四、会议公关和宣传策划

（一）会议公关和宣传策划的意义

会议的公关和宣传是会议组织工作的有机组成部分，也是会议取得成功的重要保证。做好会议的公关和宣传工作的意义有以下几个方面：

第一，及时传递会议信息，增强会议透明度，尊重人民群众的知情权，体现政治民主和管理民主；

第二，使会议的目的和意义深入人心，调动广大人民群众的积极性，为贯彻落实会议精神及各项决策创造良好的舆论环境；

第三，通过各种有效的公关活动，广泛争取社会各界从经费、物资、智力和人力（志愿者）等方面为会议提供有力的支持和赞助；

第四，举办大型会议活动可能会给部分周边群众的日常生活乃至周边组织的日常工作造成某些不便，通过主办者的正面宣传，可以争取群众的理解和支持，化解矛盾，为成功举行会议创造良好的社会环境；

第五，通过对会议成功举办的宣传，树立主办者良好的社会形象，提高会议知名度，创造会议的品牌效应。

（二）会议公关和宣传的时段

会议的公关和宣传分为会前、会间、会后三个时段，不同的时段具有不同的目的和不同的宣传效果。

1.会前公关和宣传

重要会议以及规模较大的国际性会议，会前公关和宣传的主要目的是让与会者和群众了解会议的目的、性质和意义以及会议的筹备情况等，以形成正确的、健康向上的舆论氛围，积极争取社会支持，为会议的成功举行鸣锣开道。

涉及投资、贸易、技术交流等方面的商务性会议以及以营利为目的的会议，会前公关和宣传的主要目的一方面是争取本地群众的理解和支持，另一方面是通过宣传，扩大社会影响，增加与会人数，争取社会赞助和支持。

2.会间公关和宣传

会间公关和宣传的主要目的是让群众了解会议的进展情况，特别是报告、审议、辩论、投票表决的过程，提高透明度，使群众能直接了解决策的过程，接受群众监督，促进与群众的联系。

3.会后公关和宣传

会后公关和宣传的主要目的是让群众了解会议取得的成果，鼓舞士气，提高斗志，树立主办者的形象。

（三）会议公关和宣传的方法

1.媒体沟通法

注意与媒体沟通，是会议公关和宣传主要的，也是首选的方法。具体办法是：

（1）设立会议新闻中心或新闻发言人，择机召开新闻发布会或记者招待会，邀请各新闻单位和有关方面参加，向外界发布信息，并回答记者的提问。

（2）由会议秘书处拟写新闻通稿，供媒体选择编发。也可由会议秘书处直接撰写新闻稿，送请有关媒体编发。

（3）邀请媒体前来采访会议。会前要对各类媒体的宣传效果进行评估，有选择的邀请。

2.广告发布法

有些需要扩大影响的会议，或者需要招徕与会者的会议，如经贸洽谈会、产品发布会等，可以采取广告的形式进行宣传。广告发布法包括在媒体上刊登会议广告或邀请函、在户外张贴会议海报和宣传画等方法。

3.内部宣传法

内部宣传即运用组织内部的宣传渠道和宣传形式进行宣传，如通过单位内部的广播、有线电视、内部计算机网络、简报、内部刊物等载体宣传会议的精神。

4.群众工作法

群众是会议公关和宣传的主要对象。做好会议期间的群众工作，有利于加强与群众的密切联系，调动群众的积极性，扩大会议的影响力。具体做法有：

（1）邀请群众旁听会议。近年来，邀请群众旁听立法会议、决策会议和调查听证会议的做法受到广泛的欢迎和好评，收到了很好的社会效果。这种做法本身既是有关法律法规的要求，也是行之有效的会议公关和宣传手段。

（2）认真慎重受理会议期间的信访工作。有些会议（如人民代表大会、职工代表大会）在举行期间，群众的参与热情高涨，围绕会议活动的来电、来信、来访和电子邮件会明显增多，主办单位可设立专门的会议信访工作部门，积极、认真、慎重地受理群众的来电、来信、来访和电子邮件，解答群众提出的问题，满足群众的合理要求，接受群众的正确意见和建议，解决群众的实际困难。这样做不仅有助于开好会议，同时也是在履行会议的职责。

5.活动渲染法

活动渲染在会议举行前和会议举行过程中，通过策划一系列的活动，宣传会议的主题和意义，渲染会议气氛。例如，在大会开幕前围绕如何开好大会举行研讨会、组织有关人士发表文章、开展向社会征集会徽和会议口号活动等。

第八节   会议策划方案

一、会议策划方案的含义、作用和种类

（一）会议策划方案的含义和作用

会议策划方案是在举办会议之前，对会议的内容、形式、时间、地点、接待、现场管理、经费筹措与使用、会议形象等各个方面进行总体策划和具体安排而形成的建议性文案。会议策划方案具有以下作用：

1.决策依据作用

决策是对未来行动方案的抉择，有好的方案才会有好的决策。会议策划的根本目的就是寻求最合理、最经济、最有效的方案，为会议决策提供科学依据。在会议决策前，会议策划方案属于决策的备择方案。建立在科学分析和大胆创意基础上并且经过必要的咨询、论证程序的会议策划方案，是会议决策机构决策的重要依据。

2.指导执行作用

会议策划方案一旦经决策机构确认定案，就从备择方案转化为实施方案，对会议的各项组织筹备工作具有指导作用。各筹备部门在工作中应当切实贯彻方案的意图，坚决落实方案的各项要求。

3.扩大宣传作用

会议策划方案经决策机关审定后，通过报纸和网络等媒体公开发布，可以发挥宣传会议形象、扩大会议影响的作用。

（二）会议策划方案的种类

1.按名称划分

会议策划方案的名称包括会议策划书、会议筹备方案、会议预案、会议计划等，名称不同，适用的情况也不一样，写作上也有一些特殊的要求。

（1）会议策划书：是偏重于创意、提供给主办单位作为决策参考的建议性文案，其本身并无约束性，只有被采纳确定转化为正式方案后才具有约束性和指导性。需要在内容和形式方面有所创新的会议活动，特别是仪式性、典礼性的活动，可以采用策划书这一名称。策划书在内容上不仅可以对一次具体的会议活动的各项组织工作进行策划，也可以对会议品牌和会议形象进行战略策划。在内容上，策划书不仅要说明"做什么"和"如何做"，还要阐明"为何而做""为何必须这样做"以及"这样做的效果和特色"，有时还要做横向的比较，以显示自身的优势。

（2）会议筹备方案：又称会议方案，是为筹备一次具体的会议所制订的工作方案。一些法定性的会议，或者气氛较为严肃、程序较为规范性的会议，一般采用会议筹备方案的名称，而不宜使用会议策划书的名称。会议筹备方案在内容上应当明确筹备工作的目的、任务、原则、方法和步骤，要突出重点，常规性的筹备工作可以简略带过。

（3）会议预案：又称会议的预备性方案。会议预案有两种：一种是筹备工作方案，即平时所说的"会议预案"；另一种是为应对会议活动中可能出现的紧急情况而预先制订的应急方案，这种预案往往要根据实际情况准备多套，如停电事故预案、火灾事故预案、紧急疏散预案等。预案在写作内容上要写清具体操作步骤，必要时可以列表、配图加以说明。

（4）会议计划：是在任务、要求、时间进度等方面较为详细具体的操作方案。策划书、筹备方案、预案相对来说较为宏观，具体操作时还需要制订详细的计划。因此，会议计划是对策划书、筹备方案、预案的具体展开和细化，其在写作内容上要突出完成各项任务的时间要求。

2.按会议策划方案的内容覆盖面划分

按内容覆盖面，会议策划方案可分为总体方案和专项方案。

（1）总体方案：针对特定会议的基本要素以及会议的营销、邀请、接待、服务、宣传等进行全方位的策划而形成的方案。会议总体方案是相对于会议专项方案而言的。对于一些规模较大、内容丰富、配套活动较多的会议活动，制订一份总体方案很有必要，其作用在于规划会议活动全局性的蓝图，为各项具体的组织筹备、现场管理和善后工作以及制订各项具体方案和实施计划指明方向、确定原则、奠定基调、构建框架。因此，会议总体方案要有总揽全局和综合协调的意识，做到目标清晰、主题鲜明、分工明确、步骤合理、措施可行。总体方案的内容表述可粗可细。粗线条表述的，需要专项方案配套。

（2）专项方案：针对特定会议的某一方面活动而制订的具体工作方案，如邀请接待方案、广告招商方案、会场布置方案等。专项方案应当根据总体方案的原则和框架制订，并作为总体方案的配套方案。

二、会议策划总体方案的基本内容

会议策划总体方案的内容可以表述为5W、2H和1E。5W包括：What（策划的目的与内容），Who（策划方案实施者、策划者、参与者），When（实施的时机），Where（实施地点），Why（策划的缘由和意义）。2H包括：How（策划的方法和实施形式、步骤），How much（经费预算）。1E即Effect（效果预测）。当然，并不是所有的会议策划总体方案都必须具备以上内容，不同的会议可以根据实际情况加以选择。

（一）会议的背景、目的和指导思想

任何会议都有其鲜明的目的，而这种目的只有通过对特定背景系统深入的分析，依据一定的指导思想才能确立。这部分内容写作的核心任务就是要回答"为什么要举办这次会议""举办一场什么样的会议"的问题，也就是要阐明会议策划的逻辑起点和策划缘由这两个任何会议策划都不能回避的关键问题。一份会议总体方案，无论是全新策划还是依照惯例的，都应当用适当的篇幅对上述问题予以分析、阐述。少了这部分内容，会议策划就成了"无源之水""无本之木"。如果会议策划方案是由专门的策划公司为客户撰写的，则更应当重视这部分内容的写作，因为这样可以帮助客户全面了解策划的意图、思路和依据，更容易接受策划方案。从某种意义上说，这部分内容的写作，是对作者观察事物的眼光、分析问题的思路、把握机遇的能力以及整体策划功力的检验。

这部分内容的表述应当把握好两点：一是要对组织所面临的形势、社会热点、会议成员的期待、会议召开的时机展开客观、具体的分析，有的还需要运用一定的数据来说明问题、论证观点，为确定会议的目的和指导思想提供科学的依据；二是要从实际情况出发，提出会议的目的，阐明会议的实际意义、效果以及必须遵循的指导思想。以上两点是相互联系、不可分割的，表述时必须把二者有机地结合起来。会议的目的有时可以分为总体目的和具体目的，具体目的也可能会有主次之分，要注意分清层次。

（二）会议的名称

会议策划总体方案中的名称表述必须规范，正文中第一次出现时应当写全称，以后可以写规范化简称，但必须在全称后出现。会议名称的表述方法前面已有详述。

（三）会议的主题、议题、议程和程序

1.主　题

在主题性会议中，主题是主办者向与会者和社会公众传播的会议信息的核心，它像一条红线，贯穿会议的所有内容和具体环节。在会议策划方案中，主题的表述包括两个方面：一是主题词，二是对主题含义和创意的阐释。

（1）主题词的表述形式和要求。会议主题词是对会议主题内涵的概括表述。鲜明而又精彩的主题词，通过电视、广播、报刊、海报、会标、会议文件等载体准确、形象地传达会议的主题信息，能唤起与会者的参与热情，引起社会公众的关注，有利于实现会议的目的。在会议策划方案中，会议主题词的表述形式有以下几种：

第一种是单词式，可以是一个单词，也可以是多个单词，中间用顿号、连接号、间隔号均可，也可以不用标点符号，中间空一字距，较多地用于仪式性活动，如"青春·动感"。

第二种是短语式，可以是一个短语，也可以是几个短语的复合，如"戒烟与健康""参与，合作，共享发展"。

第三种是句子式，可以是一个单句，也可以是复句，如2017年达沃斯世界经济论坛的主题为"共担时代责任·共促全球发展"。

会议主题的用词要恰如其分地体现会议的性质和主题策划的意图。不同性质的会议具有不同的主题，表述的手段和要求也不尽相同。宣传推广性会议的主题词可以采用比较生动、形象、活泼或富有寓意的词语，以增加感染力。例如，某汽车制造企业在某大学举办一次汽车文化节时，将主题表述为"青年·时尚·人生"。其中"青年"一词体现了这次活动的对象，即喜爱汽车、充满青春气息的大学生；"时尚"一词是对越来越多的青年大学生把喜爱汽车当作时尚加以追求的赞美；"人生"一词则把青年大学生喜爱汽车的时尚提升为热爱生活、渴望主动把握自己命运的积极向上的人生态度。三个主题词意义上相互关联，层层推进，浑然一体，表达了深厚的文化内涵。在表达形式上采用单词并列式，简洁、有力、富有节奏感，是十分难得的佳句。狭义会议的主题词则应当严谨、准确，如第三届中国公关节的论坛主题词为"新媒体、新传播、新公关"。

（2）主题的含义及其创意阐释。会议策划总体方案的主要作用是提交给有关领导或客户作为决策的备选方案，它属于建议性文案。为了帮助有关领导或客户全面把握会议的主题创意，策划方案不仅要在主题词的写作上用心，更要对主题的创意及其含义做出清晰的说明。这部分内容主要包括主题创意的依据，主题词的含义、特色和亮点等。有时，大型会议活动还有其他配套活动，在总主题下面还可能会设若干分主题，在策划方案中要阐明总主题与分主题的相互关系。

2. 议　题

需要在策划方案中单独写明议题的，主要是需要围绕具体议题展开对话、交流、研讨、辩论、磋商、表决的会议。这类会议如设有主题，议题必须服从主题，并与主题一起阐述。

3. 议　程

一般情况下，凡事先设定议题并以讨论、交流、发布、表决、磋商、谈判为主要方式的会议，需要在策划方案中写明议程。议程可以作为策划方案正文的一个部分来写，也可以以附件的形式单独出现。单独写作的议程，格式必须规范。

4. 程　序

以议题性活动为主的会议和以仪式性活动为主的会议都可以制定程序。程序可以作为策划方案正文的一个部分来写，也可以以附件的形式单独出现。单独写作的程序，格式必须规范，而且要与议程相区别。

（四）会议的主办者、承办者及其组织机构

会议策划总体方案必须清楚交代会议由谁主办、由谁承办、由谁主持。如果还有协办、支持、赞助单位或个人，还需设立会议主席团、组织委员会、执行委员会、学术委员会、秘书处、筹备组等组织机构，这些机构也需要一一加以说明。

（五）会议的参加对象

参加对象包括拟邀请的有关领导、贵宾，出席、列席、旁听会议的人员。参加对象的表述需要说明三项内容：一是参加对象的规格。有的会议有一定的规格要求，需要写明参加对象必须具备的职务或身份。二是参加对象在活动中的资格。资格不同，参加对象所享有的权利及扮演的角色也不同。三是参加对象来自的范围和领域。四是会议的规模。

（六）会议的时间

在策划方案中，要说明会议时机选择的理由、意义以及具体时间的安排。对具体时间的表述要写明会议开始和结束的年、月、日、时、分，并写明"会期共 × 天"或"共 × 小时"。需要提前报到注册的会议，要写明报到的具体日期和时间。会期满一天的会议还要在方案中写明具体的日程安排，或者将日程安排单独成文作为策划方案的附件。单独成文的会议日程，其格式要规范。

（七）会议的地点

会议的地点要说明选择举办地和具体场馆的理由和意义。在对场馆的表述上，要写明场馆的名称，有时还要写明详细地址。如果活动分散在不同场馆举行，要写明每一场馆的名称和地址。

（八）会议的形式

会议的形式要写明会议的沟通方式、发言形式、分组情况。如果还安排开幕式、欢迎宴会、主题演讲、圆桌切磋、专题交流、新闻发布、参观考察、闭幕式等配套活动，要写明每项活动的名称、分主题、报告的题目、报告人的姓名和身份。

（九）会议的现场管理与服务

会议现场管理与服务包括礼仪接待、现场布置等。礼仪接待包括嘉宾的接站、接机、食宿、观光等方面的安排。现场布置包括舞台（主席台）和观众座位格局的设计、座次安排、展台搭建、音响效果、设备安装、现场气氛渲染等方面。现场布置的内容和形式能够营造特定的活动气氛，调动参与者的情绪，提高会议活动的效果，因而常常是会议策划方案的重要内容。必要时可画出会场布置的效果图作为总体方案的附件。对于一些技术要求较高的视频连线活动、跨语言交流的国际性会议，还要说明必须配备的技术设备。

（十）会议的公关和宣传

关于会议的公关和宣传的内容，主要写明公关和宣传的目的、内容、媒介（如电视、广播、报纸、刊物、网站、广告、新闻发布会、展览、宣传单页、简报等）和方法，必要时可制订公关和宣传的具体计划。

（十一）会议的财务安排

会议的财务安排包括各项支出的预算以及资金筹集的渠道、方式。必要时可专门制作经费预算表作为策划方案的附件。

（十二）会议效果评估标准

策划、决策、实施、评估是构成会议管理系统的四大要素。通过评估，可以检验会议策划、决策和实施的效果，发现其中的问题，对于今后改进工作和进一步提高会议组织的水平具有重要意义。在会议策划方案中，评估标准的具体内容可依据活动的性质和目的来确定，但应当具有科学性、系统性和可操作性。

（十三）会议筹备工作流程

把各项需要落实的会务工作按时间节点的先后排列，就构成了会议筹备工作流程。会议筹备工作流程要按照会议召开的时间来安排，并留有一定的余地。必要的话可以采用计划表的形式，将各项筹备工作的内容、分工、责任人、完成的时间节点和质量要求一一列明。

由于会议种类繁多，因此会议策划总体方案的具体内容也不尽相同。以上所列项目只是基本内容，写作时可根据实际情况有所增减或侧重。

三、会议策划总体方案的格式与写法

（一）会议策划总体方案结构要素

会议策划总体方案的结构一般包括标题、主送机关、正文、附件、落款和成文时间等要素，实际写作时应根据策划方案的提交者与受文单位之间的相互关系具体确定。

1.由主办单位的秘书部门提交给决策层审批，或者由下级机关提交给上级机关审批的会议策划方案，其文本结构由标题、主送机关、正文、落款和成文时间五个要素组成。如果会议策划方案是作为请示附件上报审批的，由于请示中已经写明发文机关（即提交者）、主送机关和成文时间，因此总体策划方案本身的结构可省略主送机关、落款和成文时间三项要素，仅写标题和正文两部分即可，但排版打印时必须将请示和策划方案合为一个文本。

2.主办单位自行策划、自行实施的会议策划方案，其文本只需包括标题、正文、落款和成文时间四个结构要素，无须写明主送机关。

3.由策划公司负责策划制作并提交给客户的会议策划方案，其文本应当包括标题、正文、落款和成文时间四个结构要素，无须写明主送机关。

篇幅较大、内容较多的会议策划方案，应设置封面，以示庄重，并设置目录，以方便查找。

（二）会议策划总体方案的写法

1.标　题

标题由会议的全称和文种（如"总体方案""策划方案""策划书"）组成。例如，

第二十三届中国兰州投资贸易洽谈会总体方案

2.主送机关

总体方案如果直接报上级机关审批，应当写上级机关的规范化简称，如"董事会""总经理""市旅游局"。

3.正　文

正文的表述有两种方法：一种是详述法，详细表述会议活动的各项具体策划与安排，不再另外撰写具体实施方案；另一种是概述法，对会议活动的各项策划与安排仅做原则性阐释和说明，但必须依据总体策划方案另行制订各个专题实施方案。

正文的开头可先用一段文字写明制订方案的缘由。由策划公司提交给客户的，开头部分可以写成"前言"或者"序言"，说明受什么单位委托进行策划、参与策划和起草的人员名单以及分工等。开头部分也可以省略，直接进入主体部分。

主体部分应当逐项载明策划方案的具体内容。篇幅较长、内容较为复杂的，结构体

例最好采用章条式，以方便查找；篇幅较短、内容较为简单的，一般采用序号加小标题的结构体例。

直接报请决策层或上级机关批准的总体方案，应当用"以上方案请审批"结尾。以请示附件的形式上报或者独立成文的，则省去结尾。

正文写作要求观点鲜明、材料翔实，有大量的数据支撑，做到观点和材料相结合，定性分析和定量分析相结合，提出问题和分析、解决问题相结合。语言既要严谨、精练，又要生动形象，特别是在阐释活动主题创意和现场气氛渲染的效果时，可以适当运用一些抒情、描写的表现手法。

4. 附　件

总体方案如有附件，要在正文下方写明附件的名称和序号。

5. 落　款

提交审批的方案一般署策划机构或部门的名称。如果方案是由具体承办人员策划并拟写的，可由承办人员署名。批准后需公开发布的方案，也可以以批准机关的名义正式发布。

6. 成文时间

报上级机关审批的方案须写明提交的具体日期，经批准下发的方案也可写明批准日期。

7. 封　面

除作为请示附件外，篇幅较大、内容较多的总体策划方案，设置一个封面可以使文本显得庄重而又美观。封面中的项目包括标题、策划方案编号、策划机构名称或策划人姓名、制定日期。

8. 目　录

目录一般写明章节的序号、标题，页数较多的，还要注明各章节所在的页码。

第九节　会议新闻宣传管理

一、会议新闻宣传管理工作安排

（一）工作人员

新闻宣传由新闻组负责，但需要会议管理组、安保组和会议服务组等的密切配合，其中会议管理组需要提供会议相关的资料、会议日程及演讲人背景资料等，安保组需要协助维持现场采访的秩序，确保参会贵宾、演讲人及其他人员的安全，会议服务组要为媒体准备参会资料并为其开展工作提供后勤保障。

（二）工作内容

新闻宣传的目的是为了引起更多的人关注会议的进展情况和取得的成果，从而扩大会议的知名度和影响力。

会议期间新闻宣传的工作内容主要包括媒体人员参会管理、摄影摄像、新闻发布、人员专访、现场直播和报道、媒体中心。

（三）工作流程

第一步，制订新闻宣传管理实施方案。负责新闻宣传的人员在制订现场新闻宣传工作方案的基础上，围绕现场新闻宣传活动，如媒体参会人员管理、摄影和摄像、新闻发布、人员专访、现场直播和报道、媒体中心等制定现场工作表。列明各项工作需要实施的时间、地点、具体工作内容、相关人员及负责人员，以便于现场落实和检查。

第二步，实施新闻宣传管理。根据新闻宣传工作方案和现场工作表的具体内容，逐一落实和完成相应的新闻宣传工作。

二、实施会议新闻宣传管理

（一）媒体参会人员

1. 工作人员

媒体人员由新闻组负责接待。但需要会议管理组提供会议的相关资料，服务组提供相应的服务。

相关工作人员要熟悉会议背景、主题、日程安排等，能够为媒体人员提供会议的基本情况，具有良好的沟通和协调能力。如果是国际会议的话，需要具备一定的外语会话水平。

2. 工作内容

根据会议需求，在会议筹备期间开始邀请若干媒体人员前来参加会议，为其提供会议的基本背景情况和会议日程。

在会议现场设置媒体注册和咨询台，为其办理相关注册手续、发放证件和媒体资料袋。资料袋中除一般性会议资料外，要有为媒体准备的新闻稿。指定专门人员负责对媒体的咨询和服务，协助其联系相关人员进行现场采访或专访。协助其解决设备保障、技术支持等问题。条件允许的情况下，为其提供专门的场地作为新闻中心，并提供茶水服务。

3. 场地及资料需求

需要在会场设置媒体注册和咨询台，准备媒体人员证件、会议资料和新闻稿。

为媒体人员准备的资料除会刊、参会人员名单等，还要为其准备新闻发布稿，主要包括会议情况简介、重点活动内容。

4.应注意的问题

（1）协调好与媒体的关系。会议的对外宣传对扩大会议的知名度、提高主办单位的影响力至关重要，因此要注意协调好与媒体的合作关系，同时处理好与会议的媒体合作伙伴与非合作伙伴的关系，尽可能调动媒体的积极性对会议进行广泛的宣传。

（2）事先与媒体协调好报道的时间及重点。要事先与相关媒体协商好到会进行报道的时间，为其提供会议相关的资料，使其了解会议的日程及会议期间的重要活动、重要贵宾和演讲人，确定会议报道的重点。如进行采访和专访的话，也要事先加以安排。

（3）明确合作关系和合作内容。对于会议的合作媒体，事先要明确合作的内容和具体要求，包括费用如何负担。比如，进行网络报道，要明确是否对会议进行全程报道，是进行视频报道还是文字报道，届时由哪一方负责会议内容的速记并承担相应的费用。平面媒体合作伙伴，也要商定对会议进行几次报道，所用的篇幅是多大，对报道的内容有何要求。

（4）为媒体提供新闻稿。会议主办方要为媒体提供尽可能多的新闻素材，如可能的话，可以每日编撰会议的动态新闻并提供给相关媒体。对媒体就会议相关问题的提问要尽可能予以解答。

对于会议期间将发布的新闻资料、发布的频率、数量和时间、资料如何印刷和发放要事先进行规划，同时指定专人负责编写会议的新闻稿。

（5）专人负责接待。应该指定专人负责媒体人员的现场接待，明确工作内容和相应的咨询服务机制，包括遇有特殊情况向何人请示和汇报，对于事先未报名的媒体人员是否允许其参加会议等。

（6）收集和保存新闻宣传资料。对于参会媒体对会议的报道要进行跟踪，收集相应的报道资料，以便在会后对会议的效果进行评估和总结。

（二）摄影摄像

1.人员需求

会议的摄影和摄像最好请专业摄影和摄像师承担，以确保摄影和摄像的质量。

2.工作内容

在大会期间抓拍若干重要人员及会议镜头并为会议期间的主要活动摄录像，以便用于会议的宣传、报道和资料存档。

3.设备需求

需要提供专业的摄影和摄像设备，通常由摄影和摄像师自备。

4.应注意的问题

会议主办方相关负责人员首先要向摄影和摄像师明确具体的摄影和摄像要求，如对哪几场会议或者活动、哪些人员需要重点进行摄影和摄像。

新闻组要详尽地了解会议日程和会议期间的重要会谈活动，做好摄影和摄像的计划，事先确定开展摄影和摄像活动的时间和地点，落实负责摄影和摄像的具体人员。在会议现场要按照事先制定的计划开展摄影和摄像活动，并且按照约定将相关照片和录像带交会议主办方。

会议的摄像要求可以分成两部分，一部分是对会议期间在贵宾室进行的会谈和场外交流等场面进行新闻捕捉性摄像，另一部分是对会场内的演讲内容进行全程摄录，以作为会议资料留存。根据这两种不同的需求要分别制定相应的计划，并且安排相应的人员负责完成。

（三）新闻发布会

1. 人员需求

新闻发布会由会议主办方组织，可以安排会议的新闻发言人负责介绍会议相关情况或者安排出席会议的贵宾、主旨演讲人等讲话并回答记者的提问。

2. 工作内容

通过在会前、会中或者会后召开新闻发布会的方式向媒体发布会议相关信息。

3. 设备和场地需求

组织新闻发布会需要布置场地和设备，主要包括放置桌椅或者沙发和茶几、背景板、讲台和话筒等。

4. 应注意的问题

事先应该对新闻发布会的举办时间、地点、发布的主题和内容、发布人、参会人员及规模等进行详尽的规划。在会议现场按照预先制定的计划实施。

要事先通知媒体拟组织的新闻发布会的时间和地点、出席的人员、主题等，并且告知其是否允许记者现场提问。如果可以安排现场提问的话，新闻发布会的主持人要掌控好现场提问的时间、管理好现场秩序。

（四）人员专访

1. 人员需求

通常而言，人员专访是应媒体人员的要求对出席会议的贵宾、嘉宾或者演讲人进行专题访问，新闻组工作人员主要负责协调记者和被采访人之间的具体时间、内容和场地等安排。

2. 工作内容

根据事前选定的主题和人员安排专访，专访可分为书面专访和现场专访两种。书面专访可将要采访的提纲预先告知被采访人，由被采访人就相关问题书面作答。而现场专访可在设立的新闻采访室对被采访人进行访谈和录制节目。

3. 场地和设备需求

安排人员专访需要事先落实采访的场地布置，主要包括背景板、桌椅或者沙发，并且要注意灯光、电力保障等。重要的大型会议可以设立专门的新闻采访室，以便安排对出席会议的贵宾、主旨演讲人和会议的主办方人员等进行专题采访。如果不设立新闻采访室，也可以用硬板隔离一定的区域作为采访的场地。此区域要保持相对安静的环境，以便于采访的顺利进行。

4. 应注意的问题

事先要拟订现场采访的题目、人员、时间和地点。对一些重要的贵宾和演讲人进行采访有时需要进行先期沟通，请其确认可以进行专访的时间和内容。采访时间的安排要注意与会议和活动安排的衔接，不要因为采访而影响被采访人出席会议或者其他重要的活动。

有时媒体会对一些出席会议的贵宾、演讲人或会议主办方进行随机采访。在随机采访时也需要事先征得被采访人的同意，如果被采访人不同意，则应安排相关安保人员护送其离开会场。

（五）现场直播和报道

1. 人员需求

一般由专业媒体人员负责现场直播和报道，会议管理组、服务组和新闻组人员负责协调和配合。

2. 工作内容

会议主办方可以组织电视台、广播电台和网络媒体对大会情况进行现场直播和报道，特别是对开幕式、闭幕式、主题大会或者某些较为重要的演讲进行现场直播或者报道。

3. 场地和设备需求

需要在会场内为负责会议直播的媒体提供相应的场地，以便供其安装设备或者进行文字记录。除提供场地外，还需要为媒体解决现场直播的信号接入和输出的问题。

会场内可以划出一定的区域供媒体摄录像，但要注意所选的位置既要便于媒体摄录，同时又不会过多地影响与会者听会。有些会议在会场的后部搭建媒体台供媒体摄录像，而有些会议则开放一定的时间段允许记者到舞台前为贵宾或者演讲人照相。

4. 应注意的问题

会议新闻组对媒体摄录像需要的场地要事先进行规划，估算参加会议的媒体人员数量，了解哪些媒体将对哪些活动进行现场直播和报道，同时了解其对场地和设备的具体要求，及时将这些要求传递给会议服务组，使其在布置场地和安装设备时一并加以考虑。现场也需要指定专人负责协调。有些国际性会议，由于多位来自不同国家的重要贵宾出席，可能会涉及不同国家的媒体要求进行现场直播，因此需要对各媒体可以使用的场地和直播的时段进行协调。

对于媒体播出的内容和方式及是否需要付费等也要事先加以沟通。例如，网络媒体计划对会议进行现场直播，可能需要聘用速记人员，其费用由哪一方承担，由谁负责安排，都需要事先商定并加以落实。如果需要主办方配备相应的人员或承担部分费用要事先加以安排，以免在会议现场因为速记人员不到位而影响对会议的正常报道。

另外，要特别检查场地方的电力保障能力，注意避免因媒体设备用电过多而引发的电力故障。

（六）媒体中心

1. 工作人员

需要配备若干人员专门负责媒体中心的管理，以便解答媒体人员提出的相关要求并为其服务。

2. 工作内容

为使媒体人员能够更加顺利地完成新闻报道工作，召开某些重要的大型会议时需要设立媒体中心，为媒体人员提供便利，如为其传递信息提供网络设备、电脑、打印机和复印机等，提供会议新闻资料和服务相关信息，有时也会为其提供饮料和茶点，同时为媒体人员提供咨询服务。

3. 场地和设备需求

在会场选择适当的地点设立媒体中心，配备相应的桌椅、电脑、网络设备、网线、电话线、复印机、传真机、打印机、纸张、文具、茶点和饮料等。

4. 应注意的问题

需要提前制订媒体中心的工作方案，明确为媒体人员提供的服务项目及相关资料，指定专人负责具体的现场实施。负责媒体中心服务的人员应该对会议的组织情况和会议的日程安排有所了解，能够为媒体人员提供咨询服务。

考虑到会议的组织成本，对媒体中心的某些服务可以考虑有偿服务，如电话等，由使用者支付相应的费用。

第三章　现代大型会议注册咨询管理

第一节　会议注册管理

一、工作安排

（一）工作人员

会议注册主要由会议推广注册组负责完成，但要得到财务组、服务组等相关组的协助。负责会议注册的人员除推广注册组的工作人员外，还应该包括财务组的人员，并视情况配备相应的志愿人员。

会议注册和提供现场咨询服务是组织会议最重要的工作之一，从事这一工作人员的工作热情、工作效率、服务态度和服务质量将直接影响会议人员对会议的评价。

负责注册的人员要明确分工、岗位及工作流程，但更重要的是工作态度要热情、负责，能够及时解决会议代表注册中遇到的问题。

同时负责注册工作的人员应该对会议代表前期报名情况比较熟悉。

（二）工作内容

顺利完成会议代表的注册及其相关证件和资料的发放。会议注册实际上包括两个阶段：第一阶段是在对外推广宣传阶段对有意参会的人员进行网上和网下的注册，并向其发送参会确认函；第二阶段即在会议现场为已经进行前期注册或者现场临时报名的参会人员办理注册相关事宜。本章中主要涉及现场阶段的工作。

（三）工作流程

第一步，制订会议注册管理实施方案。负责注册的工作人员需要围绕如何开展注册工作制订管理实施方案，明确注册工作的原则和流程、注册的时间和地点、具体工作内容、相关人员及负责人员，以便于现场落实和检查。

第二步，实施会议注册管理。根据注册管理方案、工作流程和现场工作表的具体内容，逐一落实和完成注册工作。

二、制订会议注册管理实施方案

（一）会议注册原则

首先要确定会议注册的原则，要针对会议注册中可能遇到的问题，确定解决的办法。会议注册的原则要以书面形式体现出来，并让负责注册的人员学习和掌握。

会议注册原则涉及的问题主要包括：

1. 优惠价格注册

有些会议对在某一日期前注册的人员给予一定的价格优惠，因此需要确定优惠价格申请的截止日期，并确定如果邮寄过程中收到的表格晚到或者丢失时如何处理。

2. 同一机构多人报名的优惠

要明确优惠的价格幅度、最低报名人数要求及如果部分人员取消报名时如何处理。

3. 退　款

在报名表格中要注明允许退款的时间及其比例。

4. 部分参会

要确定参加部分会议或活动时如何收取费用，配偶或陪同人员参加部分会议或部分活动时，如何收费和相关的证件安排以及包括哪些餐饮活动。

5. 证件及活动请柬

确定如果参会人员丢失证件或活动请柬时如何处理。

6. 临时参会

对于临时要求参会或参加活动的人员如何处理。

（二）注册人员分类

对于参会人员可以有多种注册分类方式，具体如下：

1. 已交费人员与未交费人员混合注册

这种注册方式的好处是比较好检索参会人员名单，不管是否交费都按姓名的字母顺序进行检索，不利之处是已交费人员的注册等待时间会比较长。

2. 已交费人员与未交费人员分别注册

这样分别注册的好处是比较简便，不会因为未交费人员占用时间过长而使已交费人员需要更多的时间等待。

3. 中外参会代表分别注册

中外代表分别注册的好处在于可以安排懂英文的人员负责外方人员的注册事宜。

4.中外代表混合注册

这种方式下要求所有负责注册人员都要具备外语会话能力。

5.按字母顺序分段注册

将所有参会人员按字母顺序排列，然后分成几段，分别注册。

6.普通会议代表与贵宾、嘉宾、赞助商、演讲人分别注册

这样便于尽快办理贵宾、嘉宾、赞助商和演讲人的注册手续，并了解其到会情况。由于贵宾、嘉宾、赞助商和演讲人一般是免交会议注册费的，为其单独注册不管从礼宾接待的角度看，还是便于管理的角度看都是有益的。不利之处是增加了注册人员的需求。

7.媒体人员单独注册

媒体人员通常会在媒体注册台注册，并为其准备有别于普通参会者的资料。

（三）注册工作流程

会议现场注册主要包括领取会议证件、资料和物品，有时会涉及交费环节。会议注册工作流程一定要简洁、明了，使相关工作人员和会议代表都非常清楚整个注册的流程及相关要求。

1.流水式

此流程适用于人员混合注册。按流水式程序，所有代表排成一队，第一步先查会议代表是否已交注册费，如已交可转入下一流程，领取会议代表证和会议文件。如未交费，则先交费然后再领取代表证和会议文件。

2.分段式

有些会议则预先将人员分成两部分，已交费的，直接在已交费处领取代表证和会议文件，未交费的单排一队，先交费，然后再领代表证和会议文件。

3.多柜台式

有些会议则将多个注册台排成一排，参会代表排成一列，在任何一个柜台都可以查是否已交费，如交费就直接领代表证和资料，未交费则先交费再领取资料。

4.字母分段式

按参会者姓名的字母顺序排序分组注册。先查是否已交费，然后再发资料。

5.分地注册

个别非常重要的大型会议可在会议代表入住的不同酒店办理会议注册相关事宜，这样便利了会议代表，但需要投入更多的人员负责注册工作。

不管采用上述何种方式和流程，都要以便捷与会代表注册为首要因素。

（四）注册时间

一般而言，大部分会议代表在会前已经完成了会议的网上或者纸介注册的手续，到现场主要是领取相关证件和资料。

视会议的规模来设定会议现场注册时间，大型会议通常要提前一天开始注册，而半天的会议提前几个小时即可。为满足会议代表注册需求，如果是开几天的会议，通常也会在每天开会之前到当天结束会议之时指定专人负责会议注册相关事宜。

（五）注册地点

通常在会议场地外的大厅里设置会议注册台，但有些大型会议也可以在参会人员入住的酒店分别设立注册台。

（六）注册相关工作

在注册过程中涉及收费、证件和资料的发放，因此在制订注册实施方案时也需要和负责财务、准备证件和资料的人员沟通好工作中如何进行衔接和配合。

三、实施注册管理

（一）分类统计参会人员情况

根据已经选定的注册人员分类原则和工作流程对参会人员情况进行分类统计。对于已经报名注册人员名单依据其交费情况加以区别，如已交费、未交费、优惠价格参会、免费参会等，最好能够建一个数据库对其情况进行管理。主要内容可以包括参会人员名称、性别、职务、公司名称、联系地址、邮编、电话、传真、邮箱地址、护照号、交费情况（是/否）、注册情况（是/否）、陪同人员、饮食禁忌、入住饭店、交通安排等。

会议参会人员名单可以按字母顺序排列，注册时每到一个人在后面的是否已到会一栏中加以区别表示。对未预先登记注册的人员，也要准备一张表格，一般由其在现场填写，同时也要将其名单按顺序排列。

同时，基于注册信息，可以了解参会人员的背景情况和相关要求，以便于安排会议活动、实地考察、交通和食宿。并基于上述信息为参会人员制证、准备资料、分组等。

（二）配备相应工作人员做好前期准备工作

要配备相应的工作人员，提前对其进行培训，使其明确工作岗位和职责，了解会议现场注册的流程和方式，并对其负责的工作进行充分的前期准备。

1.财务人员

配备相关财务人员，负责现场收费相关事宜。财务人员要准备好会议注册用的收款所使用的设备、发票。

2.会议注册人员

准备好会议注册人员名单和数据库，熟悉前期网上注册和现场注册的流程，并且学习会议注册工作原则，了解现场注册中如何应对特别需求。

会议注册人员需要在会前给已经注册人员发送参会确认函和提醒函，并寄送会议前期的相关资料、抵达信息、相关设施和食宿安排的信息，有时也要提前寄送发票。

3.准备注册用相关物品

会议注册时需要用到许多物品，主要包括：

（1）证件盒：主要把代表证按字母顺序放在盒中，这样注册时便于寻找。

（2）计算机、打印机：便于对网上数据库进行管理，并将相关名单打印出来。

（3）计算器、移动 POS 机、发票、现金箱等：主要供财务人员收取费用时使用。

（4）会议日程、紧急联系人名单、地图、场地平面图、设施图等：供联络和咨询使用。

（5）纸、曲别针、订书机、剪刀、大头针、废纸篓等。

（6）留言板。

4.准备相关证件、资料和物品

会议服务组要提前将会议的相关证件、活动请柬和会议资料准备好，交给会议注册人员准备现场发放。对于临时参会人员，要为其准备空白的会议代表证，同时也要多备些会议资料以备不时之需。因此，在会议现场注册之前，会议服务组要与推广注册组保持密切沟通和联系，掌握会议代表名单以制证，了解代表数量以印刷和准备会议资料袋。

根据需要，可以为会议代表准备和发放笔记本、笔、纪念品及礼品等相关物品。

（三）*落实会议注册场地*

要根据会场的情况选择适宜的地方设置会议注册台，如果条件许可，最好设在会场外的大厅里，但要注意注册台的设立位置不要影响会议代表出入会场，同时要考虑与会议赞助商台、资料展示台、咨询台、媒体接待台、茶点供应台的平衡布局问题，并注意在需要设置注册台的地方备有接电脑和电话的连线。

注册台的具体地点要与会场所在酒店协商，有时在楼上开会，也可能会在一楼的大堂里进行注册。通常会考虑选择靠近一面墙的地方来作为注册的场地，这样在前面设立注册台，在靠墙的地方摆些桌子作为工作台，摆放证件和请柬等，下面作为存放资料包的场所。

（四）*设置会议注册台和相关标识*

注册台要使代表易于识别，并有足够的空间供其注册时使用。会议注册台要有明显的标志，如标明是会议注册台、会议注册处等。此外，还可以按照会议的注册流程，加上提示牌，如会议注册流程指示图、已交费代表注册处、未交费代表注册处、贵宾和嘉宾注册处、媒体注册处、代表证和资料领取处等。这些提示牌可以放在桌上，但最好悬挂于桌上，或者以立式指示牌方式摆在台前。总之，要使参会代表到现场后对到何处办理相关注册事宜一目了然。可以将已交费和未交费注册台分在两处摆放。在会议代表太多的情况下，也可设置诸如银行使用的隔离栏杆，让会议代表按顺序排队进行注册。

会议注册桌可根据尺寸安排 2 ~ 3 个注册人员就座，桌子可设裙围加以装饰，一般饭店都可以提供此服务。会议注册桌上可摆电脑、登记表（卡）、代表证等，并配备笔等相关用品，桌下可放会议资料袋等，使整个注册区域显得比较整洁。另外，桌上还可放一托盘，以收取代表名片。会议资料包或夹最好和代表参会证、请柬等分开来发放，如把代表证和请柬按字母顺序排列并放在盒子中，届时按字母顺序寻找，而资料包或夹则是通用的，这样做的好处是节省了在大堆资料中寻找个性化证件的时间，提高了工作效率。

（五）根据制定的工作流程现场实施注册

根据事先制定的会议注册工作流程实施会议现场注册。会议注册的地点和时间要明确，并且事先告知参会代表。负责注册的人员要在正式开展注册时间之前提前到场，做好相应的准备工作，有条不紊地开展现场注册工作。如果会议需要开几天，也允许会议代表按天或按场次来参加会议，要在会议期间长设注册台来处理会议注册相关事宜。另外，如果允许会议代表现场交费，要安排好是否可以用信用卡付费，是否收取支票和现金等相关准备工作，并出具相应的发票。

（六）提供会议注册特别服务

在会议注册时，会议代表可能会涉及临时报名、未交费用，或已交注册费但费用尚未到账等问题，也可能会问及其他参会相关事宜，对于这些需要特别处理的问题最好有专人负责解决，协助其解决报名、交费问题，尽快帮其了解会议日程的相关安排、会议场地相关情况，对其特殊的要求予以解答和处理。最好设专门的注册咨询台来负责此项服务，不要因为个别人的问题影响了整个注册流程。

此外，也可以为贵宾、嘉宾、媒体人员和演讲人员安排单独的注册台或者提供个性化注册服务。

（七）对参会人员情况进行核对，编制参会人员名单

主要内容包括姓名、性别、职务、单位名称、国别、电话、传真、邮箱地址。在会议前期注册的基础上，核实前来参会人员名单和相关信息，将最终的参会人员名单排列、打印，提供给参会代表，或者以电子方式在会后提供给参加会议的人员。

四、应注意的问题

（一）设置明显的注册指示牌

会议所在场地要明确显示会议的注册区域及行走路线，使参会者易于寻找，同时让酒店的前台和门口服务人员知道如何指引参会者到相关注册区域。

（二）注册程序简明易行

注册程序要简洁、有效，按何程序注册要让参会人员一目了然，能够省时省力。

（三）注册区域干净整洁

注册台要干净、整洁，发放资料和证件要摆放得井然有序。

（四）对注册情况有效管理

实际注册情况要随时加以记录，及时解决注册过程中出现的问题。

第二节　会议资料及用品管理

一、工作安排

（一）工作人员

会议资料及其用品一般由会议服务组来负责印刷或者采购，并且负责将其运到会议现场，交给会议推广注册组或者会议管理组发给会议代表。

负责会议资料及用品的人员需要掌握会议所需要的具体资料及用品清单，并明确其装袋、运送、管理和发送的工作程序。

（二）工作内容

负责为大会准备、运送、发放和管理资料和用品。

（三）工作流程

第一步，制订资料和用品管理实施方案。根据会议需要的资料及其用品制订现场实施管理方案，包括如何将已经准备好的资料和物品运到会场并发到参会人员手中，对会议期间需要临时采购或者补充的资料及用品如何进行保障。明确工作的流程、需要提及的时间和地点、具体负责人员等。

第二步，实施资料和用品管理。根据制订的管理方案，逐一完成对资料及用品的管理。

二、实施资料和用品管理

会议资料及用品分为三大部分，第一部分是开会前已经准备好的资料和用品，第二部分是会议期间新增的资料或需要新购的用品，第三部分是会议相关方发放的材料。对这三部分资料及用品要分别加以管理。

（一）会前已准备的资料及用品

通常会前已经准备好的资料及用品主要包括：

（1）参会人员证件

（2）会议相关活动请柬、门票

（3）会刊

（4）会议日程（如果未印刷成册或者有所调整的情况下）

（5）会议资料册或夹

（6）笔记本、笔

（7）展示指南

（8）参会人员名单

（9）场地图

（10）演讲稿

（11）主办方或支持方相关宣传材料

（12）赞助商宣传资料

（13）旅游信息

（14）纪念品

对于会前已经准备好的资料和用品，需要考虑以下环节：

1.运送资料和用品

要注意按时将会议资料及用品运送到会议现场。有时需要从其他场地运到会场，有时需要从会场的某一场所运到另一场所，将其交到会议注册人员的手中。需要注意的问题是事先要想好以何种方式运送资料，是先集中运到会场所在地，然后再装袋，还是装袋后再运到会场。另外，需要何种车辆运输，何时需要运到。资料的运输一定要由专人负责，并及时检查是否已经完成。

2.保管资料和用品

会议资料和用品的保管和发放要做到井然有序，以防出现资料不够或者用品短缺的情况。会议资料和用品通常会提前运抵会场，应该安排好资料和用品的存储地点，并指定专人进行管理。

3.资料和用品装袋

在资料及用品装袋前要列出装袋清单，明确需要装袋的资料及用品，同时也要明确何人、何时及何地完成资料和用品装袋，并且交给何人负责发送。

要特别注意的是，有时根据参会人员的不同，资料袋的内容也不尽相同，如给媒体的资料袋可能要装入新闻稿。因此，最好装袋人员按不同的类别分开装袋，如普通参会人员、媒体人员等。装袋时手中有一份需要装入资料和用品的清单，根据清单所列内容分类装资料和用品，并将其分别加以存放。装袋工作应该由专人负责和协调，事先准备齐所需装袋的资料和用品，选择好装袋的场地，配备相应的人员，按照一定的工作流程完成装袋工作。

4.资料和用品发放

装袋后的资料要及时交到负责会议注册人员的手中，并对资料袋的数目和内容进行交接，以免出现错发资料或者资料数目不清的情况。会议资料一般在参会代表注册时发放。但同时要注意落实对贵宾、嘉宾、演讲人的资料如何发放，例如，是在其注册时发放，还是直接将资料摆在会场为贵宾、嘉宾和演讲人预留的桌椅上，或者在其抵达会场时交到其手中。

部分会议用品，如纸和笔也可以摆放在会议桌上，而不用装在资料袋中。

（二）会议期间新增资料

会议期间新增的资料主要包括：

（1）会议新闻稿

（2）领导致辞或者演讲人讲稿（如果没有提前发放的话）

（3）会议通知

（4）参会人员名单（如最终参会人员名单或者新增人员名单）

对于会议现场新增的资料，也要建立相应的管理流程：

1.资料的审核

对于现场需要新增发的资料，事先要进行规划。如果需要现场发送的话，要明确由何人负责对资料内容进行审核，包括什么样的资料能发，并对所发资料的内容检查核对。

2.资料的印刷

要确定资料的印刷数量及要求，并且在事先进行规划。如果需要大批量印刷（300本以上），可以找一家印刷厂由其传统印刷；如果数量较少（200本以下），可以进行数码印刷，也可以在会议现场秘书处中配备高速复印机进行复印。

在举办重要的会议期间，要制订资料印刷的备份方案，以确保资料能够及时印出来。此外，在会议现场所设秘书处中要配备打印机，以便随时打印一些文稿。

3.资料的发放

对于会议现场新增的资料要制订相应的发送方案。例如，可以直接摆放到会场桌上或者放在会议的资料台上，由会议主办方工作人员通告参会人员自取。对于演讲人的讲稿，有时也可以在会后通过电子方式传递或者放在会议的网站上，由参会人员自行下载。

（三）会议相关方资料

对于会议相关方，如会议主办、协办等单位发放的资料，即相关宣传资料，可以摆在会议的资料台上发放，并且指定人员进行管理，由其解答与会者提出的相关问题。要注意对会议资料进行有效管理，以防止一些不应该摆放的资料出现在资料台上。

三、应注意的问题

会议资料和用品的准备及管理中应注意：

1. 会议资料和用品的份数要准备充分，发放时要有序进行。

2. 为解决现场资料的印刷问题，可视情况备 1～2 台高速复印机，以便提高工作效率；会议资料的发放要由专人负责，并制定相应的工作流程以确保工作的有效进行。

3. 为避免参会人员受到不必要的打扰，参会人员名单中一般不列其联系地址，主要包括姓名、职务、单位名称、传真和邮箱地址。

4. 为确保万无一失，参会人员的证件和请柬最好放入信封中，可以附上参加相关活动的说明函，与资料袋分开发放。

5. 有时为更好地为会议代表服务，也可将周边商业、旅游信息或相关注意事项的通知放在代表的房间中，而在注册时只发放会议相关资料及用品。

第三节　会议证件管理与现场咨询服务

一、会议证件管理工作

（一）工作安排

1. 工作人员

会议证件是参加会议的凭证，必须严格管理，以确保会议的顺利进行。由安保组、推广注册组和礼宾组等相关人员对证件进行管理。

负责证件管理的人员应该工作作风严谨，有较强的安全保卫意识，能够严格执行证件制作和发放的相关规定，以确保会议代表顺利参会及会议的安全。

2. 工作内容

主要包括从制证、发证到验证的管理工作。

3. 工作流程

（1）制订证件管理实施方案。基于发证和验证不同环节的具体工作内容制订实施管理方案，明确相关工作的工作流程及负责人员。

（2）实施证件管理。根据证件实施管理方案，逐一实施证件管理。

（二）实施证件管理

会议的证件主要包括贵宾、嘉宾、演讲人、配偶/随行人员、会议代表、工作人员、技术人员、媒体、赞助商、志愿人员等相关人员的证件和车证等。对其管理主要包括制证、发证和验证三个环节。

1. 临时制证

在会议前期筹备过程中已经完成了大部分会议代表的制证工作，到会议现场需要考虑的是如何为临时注册人员制证或者为丢失证件的补证。

为应对突发需求，要事先确定对于临时参会人员、丢失证件的人员如何为其在现场临时补办证件，如可以制作一些空白的证件，临时填写上参会人员的姓名或者插入参会人员的名片。

2. 发　证

在发证过程中，要制定相应的发证工作流程并指定专人负责，根据不同的情况将证件及时交到参会人员手中。例如，贵宾证及其车证要由专人负责发放，并确保在会议开始前送达。工作人员、技术人员和志愿人员的证件可以通过各工作小组发放，嘉宾、演讲人、赞助商、会议代表及其随行人员的证件可以在会议注册时发放，记者证可在媒体人员前来注册时发放。

3. 验　证

在验证过程中，首先要明确相应的验证要求，并将其告知相关参会人员。例如，参加宴会活动时，由于可能邀请会议代表配偶或者其随行人员一同出席，因此可能只凭请柬就可以出席，并不一定要相关证件。而参加会议时则一般需要佩戴相关证件才能出入会场。

（三）应注意的问题

对于证件的制作及管理主要注意以下问题：

（1）证件的设计要突出会议的特色并易于识别；

（2）会议证件要留样并谨防假冒，必要时可以进行编号管理；

（3）要注意证件的保管，有序发证；

（4）及时、妥善解决临时制证或证件遗失需要补办等相关问题；

（5）验证人员要严格把关，以确保会议安全、有序地进行。

二、现场咨询服务

（一）工作安排

1. 工作人员

可以由负责会议推广注册的人员在会议期间负责咨询工作，因其对会议的日程及相关活动比较熟悉。此外，接待组人员可以就有关人员接送机、参观旅游活动等相关事项提供咨询服务。

负责咨询服务的人员要熟悉会议日程和各种活动安排，要了解会议场地布局及会议为参会人员提供的后勤保障服务，并且要了解酒店或周边交通的情况。如果是国际会议，负责咨询服务的人员应该具备外语会话能力。

2. 工作内容

在会议现场设立咨询服务台，对会议代表提出的问题及时予以回答并协助其解决遇到的问题。

3. 工作流程

第一步，制订咨询服务实施方案，确定现场咨询服务时间、地点、内容及具体负责人员；第二步，实施咨询服务管理，按照已经制订的咨询服务实施方案对现场咨询服务进行管理。

（二）实施咨询服务管理

1. 准备咨询服务相关信息和资料

负责会议咨询服务的人员可以准备一些会议日程、场地图、交通、餐饮、游览、商务中心、机票预订等相关信息，以便在会议现场能够及时解答参会人员提出的问题。

2. 咨询服务落实到人

根据会议的日程安排预先排定咨询服务的时间和人员，特别是在会议进行期间，负责咨询服务的人员要坚守工作岗位。

3. 提供特殊服务

为应对会议期间的突发事件及参会人员的特殊需求，应该建立如何应对突发事件及特殊需求的机制。明确发生突发事件及特殊需求时向何人汇报或者向哪些机构或者人员寻求协助。应该提前备妥相应的联系人员名单和联系方式。

（三）应注意的问题

在提供现场咨询服务时，要注意：

（1）服务态度热情、主动。

（2）尽可能熟悉会议的相关日程及相关服务。

（3）熟悉会议组织结构和相关负责人员。

（4）遇到相关问题时知道需要通过哪种渠道询问和联系。

第四章 现代大型会议财务安排

第一节 会议财务工作安排与支出预算

一、工作人员

财务工作由财务组人员负责，但是需要各小组配合。各小组需要根据其负责的具体工作提出相应的开支预算，由财务人员进行汇总后报秘书处审批。

二、工作内容

财务工作主要包括制定会议预算、对会议的收入和支出进行管理。财务组需要制订会议财务收支管理办法并监督各小组执行，以便有效地控制会议的费用支出。

在会议筹备阶段很难对会议所需经费做出精确的估算，要确定解决会议所需费用的基本原则，即要确定解决会议经费的基本来源。首先要确定会议是公益性的还是商业性会议，经费来源主要依靠行政经费还是要通过商业运作来解决。

会议预算包括预期的收入和支出两部分。不管是商业性或非营利性的会议，合理地制定预算和有效地控制费用支出都至关重要。而在经费运作和管理过程中，要注意解决经费的现金流问题，同时要注意节省经费开支，扩大赞助费和注册费的经费收入来源。

三、工作流程

1.会议支出预算

首先要制定会议的支出预算，由各小组根据其工作分工，将相关费用初步测算出来，在此基础上汇总成会议的总预算。

2.会议收入筹划

确定会议的注册费、赞助费和广告费的收取标准，在此基础上测算会议的预期收入；基于对会议成本和收入的测算，对各支出项进行检核和调整，减少不必要的支出，确定会议的基本预算。

3.会议财务管理

制订会议财务收支管理办法，由财务组负责对会议的收入和支出进行管理。

4.赞助和广告

赞助和广告是会议经费来源最重要的组成部分，需要制订相应的赞助和广告方案，并指定专人负责落实。

四、会议支出预算

制定会议预算先要计算会议的成本，即需要支付多少费用。会议成本主要由固定成本和可变成本两部分构成。其中固定成本是不管参加会议的人员多少都需要支出的成本，而可变成本将依据参会人员的多少而变化。

（一）固定成本

固定成本主要包括：

1.场地租赁费

根据会议规模大小，要租赁的场地包括：主会场、分会场、贵宾室、宴会和酒会场所，有时还包括秘书处、新闻采访室、赞助商室、演讲人休息室、新闻中心、工作间等，其中安排宴会和酒会时所使用的场地费一般可以免交。此外，有时也可以要求饭店提供免费的贵宾室和工作间，但具体情况因酒店不同而异。

2.设备租赁费

会议设备可以由酒店提供。如果酒店提供的设备不能满足会议的设备要求则需要另行租赁，主要包括音响设备、视频设备、灯光设备、同传设备和办公设备，有时还需要预订发言提示器、媒体设备接口等相关设备。

3.设计及制作费

场地布置的设计和制作因会议的需求不同而异。一般性设计主要包括会议背景板和指示牌的设计和制作，重要会议有可能涉及整个会议舞台，包括演讲台、注册台、赞助商展示台、会议资料台、新闻采访室、会场前厅、会场外宣传品等的设计和制作，此外还有可能包括会场布置用的花草等。

4.人员相关费用

（1）演讲人相关费用：需要支付演讲人的费用主要包括交通费、食宿费和演讲费，具体支付何种费用视会议具体情况而定。有时不需要另外支付演讲费，只要免除演讲人的会议注册费即可。对于有利于演讲人或其所在单位或公司宣传的会议，有时还需要演讲人提供费用来支付举办会议所需的部分成本。

（2）贵宾和嘉宾招待费：有时可能需要为特别邀请的贵宾免费提供食宿、交通及机场贵宾室租用费等。邀请一些嘉宾参会有时也需要免除会议注册、餐饮等费用。接待重要贵宾或者演讲人可能还需要支付宴请费。

（3）翻译费：包括会议口头翻译和会议资料翻译所需费用。如果异地聘请同声传译或翻译前往其他城市为会议翻译时，还要考虑翻译人员的交通和食宿等费用。

（4）技术及保障人员相关费用：有时需要支付相关技术人员，如摄影师、摄像师、速记员的劳务费。重大的国际会议需要请相关部门派人员进行会议的安全保障，同时进行食品安检、急救和电力保障等，因此会涉及一定的人员和设备方面的费用支出。

（5）工作人员相关费用：如果需要异地办会，需要考虑相关工作人员的差旅、交通、食宿和通讯等费用。即使在当地举办会议，也要考虑工作人员当地交通和通讯等费用以及需要住会时的食宿费用。此外，有时还要考虑相关工作人员的劳务费。需要志愿人员时，也要支付相应的交通和伙食等费用。如果需要临时雇用工作人员时，还要考虑支付其相应的工资。

5.宣传推广费

会议网站设计及维护费、新闻发布会的场地租赁、会议资料印刷和发送、媒体相关费用，甚至包括广告宣传等相关费用以及对内外联系、传递资料涉及的通讯（传真、电话）和邮递费。

6.会议管理或服务费

即会议组织或服务费，这一部分比较难以计算。因为有些机构组织会议，由内部人员承担会议的组织工作，其人员工资不作为会议的直接成本加以计算。在会议组织过程中，通讯费、交通费等相关费用均会有所增加，但往往将其作为日常业务经费处理。此外，组织会议的工作人员一般都是额外承担会议的组织工作，在会议筹备期间工作量会增加，还要加班，同时办公设备的使用量也会加大，而这些成本往往在会议预算中没有充分体现出来。而专业的会议公司，其人员的费用和成本支出中能够较好地体现此项费用。

在组织重大的会议时，有时需要聘请专门的会议公司人员协助会议的管理及组织，因此需要支付相应的管理费或者服务费。

（二）可变成本

可变成本主要包括：

1.餐饮费

主要包括欢迎酒会和晚宴、告别酒会及晚宴、午餐、晚餐和茶歇。此外，还包括贵宾室、赞助商室、新闻中心、秘书处等地的茶水供应以及工作人员和志愿人员的餐饮费。

2.住宿费

如果不是由参会代表自行支付住宿费，还要考虑会议代表住宿所需费用。

3.代理费

如果请一些公司或机构协助赞助会议或招募赞助商，需要支付一定比例的代理费，通常代理费根据机构组织的具体数目或赞助的费用按一定比例提取。

4.会议代表交通费

如果会议组织单位负责安排会议代表的接送机，或者在组织文体活动、参观游览或需要安排距离较远的活动场地间的转换时，需要租车来解决会议代表的交通，则需要支付相应的交通费。

5.会议活动费

如果安排文艺演出需要支付场地和演职员的劳务费。如果安排高尔夫球赛需要支付场地费，安排参观游览时也要支付相应的门票等费用。

6.会议资料和用品制作费

会议资料包括前期宣传资料和相关物品，如信封、信纸和邀请函等以及举办会议时所需的会刊、演讲稿印刷、资料手提袋、资料夹、笔和本、台卡、胸卡、会议标识或徽章、接机牌、车证、行李标签、宴会请柬、桌签和菜单。如果准备将会议录音或录像进行剪辑、制成光盘，还要考虑后期制作费。

7.相关税费

会议经费运作中需要按照国家财政税费标准支付相应的税费。

8.不可预计支出

预算时应留有一定的费用（约占总预算的10%）用以支付不可预见的一些项目支出。（见表6-1）

表6-1 会议费用预算检核表

场地租赁费					
序　号	项　　目	分项描述	数　量	单　价	费　用
1	场地	主会场			
		分会场			
		酒会场地			
		宴会场地			
		展示场地			

续　表

		场地租赁费			
序　号	项　目	分项描述	数　量	单　价	费　用
1	场地	贵宾接待室			
		新闻采访室			
		新闻中心			
		演讲人休息室			
		赞助商室			
		秘书处			
		储藏室			
	小计				
		餐饮费			
2	餐饮	欢迎酒会			
		欢迎晚宴			
		告别晚宴			
		午餐			
		晚餐			
		茶歇			
		接待室饮料			
		工作人员餐			
	小计				
		设备租赁费			
3	视频设备	投影机			
		投影屏幕			
		矩阵系统			
		监视器			

设备租赁费					
序　号	项　　目	分项描述	数　　量	单　价	费　用
4	音频设备	全频音箱			
		功放			
		均衡器			
		24 调音台			
		滤波器			
		抑制反馈器			
		无线领夹式麦克			
		无线手持麦克			
		有线桌式鹅颈麦克			
		有线立式麦克			
		DVD			
		MD 机			
5	传译设备	无线发射机			
		无线翻译器			
		翻译间			
		耳机			
6	灯光系统	筒灯 PAR1000			
		成像 ETC			
		追光灯			
		H 型灯架			
		可控硅			
		控制台			

续　表

设备租赁费					
序　号	项　目	分项描述	数　量	单　价	费　用
7	办公设备	传真机			
		打印机			
		复印机			
		电话、网络			
8	胶卷及冲印				
9	录像带				
10	录像带转接费				
	小计				
会议用品及印制品					
11	资料手提袋				
12	会刊 演讲稿印刷				
13	背景板				
14	会议资料后期整理				
15	笔、本				
16	文件夹				
17	胸卡				
18	行李标签				
19	车证				
20	宴会请柬 宴会菜单				
21	宴会桌签台卡				
22	签到指示牌				
23	会场指示牌				

会议用品及印刷品					
序　号	项　目	分项描述	数　量	单　价	费　用
24	赞助商展位布置				
25	赞助商易拉宝				
26	礼品				
27	贵宾胸花				
28	场地布置用花草				
	小计				
人员相关费用					
29	演讲费				
30	演讲人招待费				
31	会议代表交通费 会议代表住宿费				
32	贵宾招待费				
33	嘉宾招待费				
34	笔译费				
35	口译费				
36	安保费				
37	摄影师劳务费				
38	摄像师劳务费				
39	速记费				
40	工作人员差旅费				
41	工作人员劳务费				
42	工作人员交通费				
43	工作人员通讯费				

续　表

人员相关费用					
序　号	项　目	分项描述	数　量	单　价	费　用
44	志愿人员交通费会议活动费				
45	会议管理或服务费				
	小计				
宣传推广费					
46	新闻发布会	场地费，记者劳务费，胸花，饮料等，背景板			
47	会议宣传册邀请函				
48	宣传费	广告、网站			
49	信封				
50	信纸				
51	邮费				
52	电话费				
53	传真费				
54	代理费				
	小计				
税　费					
55	营业税				
56	个人所得税				
57	不可预见费				
	小计				
费用总支出					
	合计				
预期总收入					
58	注册费				

续 表

预期总收入					
序 号	项 目	分项描述	数 量	单 价	费 用
59	赞助费				
60	广告费				
	合计				
预期盈余					
	盈余				

第二节 会议收入筹划与财务管理

一、会议经费来源

在确定会议所需经费的基础上，要进行会议经费的筹划，解决会议所需经费的来源问题。会议经费的解决途径主要包括以下几种。

（一）行政或者内部经费

通过行政渠道或者组织方内部解决部分或全部所需经费。此种解决办法仅限于少数政府部门主办、交办的会议或者组织方支付费用的会议。

（二）国外经费

某些举办会议的国际组织或者会议的国外合作方有时可以协助解决或者承担部分会议相关费用。

（三）会议注册费

向会议代表收取注册费以支付会议相关费用。

（四）商业赞助和广告

通过商业策划来招募赞助商和广告商等解决部分所需经费，国外商业协会的会议通常依赖赞助商来弥补会议经费的不足。

（五）合作方式

通过与相关政府部门或机构合作，解决会议的场地，或者通过与相关机构或媒体合作节省部分代表招募或媒体宣传费用。

（六）销售会议资料

有时可以通过出售会议资料或会议录音等方式获取部分收入。

（七）展览展示费用

通过组织展览或展示活动获取部分费用。

（八）演讲费

根据会议的性质不同，有些宣传、推广性质的会议可以由演讲人支付会议的相关费用，而听众可免费参加。

二、会议注册费的计算方法

会议注册费可通过计算或从参会代表的角度来评估获得。在计算会议注册费时一定要留有余地，以免出现参会代表人数未能达到预期人数的问题。同时，要考虑对提前注册的人员给予一定的价格优惠。

（一）会议规模计算方法

会议注册费可用净固定成本除以参会代表人数再加上人均可变成本的方式计算出来。所谓净固定成本即不包括广告、赞助和展示所能负担的费用时需要支出的成本。在此计算过程中，比较难确定会议代表人数，如果以前开过会还好估算会有多少人参会，如果是第一次组织，会议代表人数可选择可使收支相抵的人数，也就是说有多少人参会才能打破收支平衡点，开始使会议赢利。在估算人数时要留有余地，通常要将预期人数减少 1/3 作为计算的人数。

（二）市场导向的估算方法

以潜在会议代表人数计算所获得的注册费也许会和参会代表能够接受的价格不符，有时会比较高，那么就要看可以在哪些方面节省经费、在哪些方面可以获得经费补充。但实际上，计算出的费用有时会低于参会代表心目中的市场价值，有时候投入更多的宣传费用也许会吸引更多的人员参会，但运作需要经费，而将费用定得过高，也要承担相当大的风险。

三、会议财务管理

（一）会议现金流

组织会议通常需要资金的前期投入，因为会议注册费要在临近开会时才会到账，而会议前期需要印刷宣传材料、设立网站、预约会议场地和设备等，都需要资金的支持。因此，要计算好会议前期需要多少经费投入并设法解决前期的经费问题，如通过申请行政经费、国外机构经费、赞助等方式予以解决。同时，也要确定会议后期需要多少经费，并知道何时通过何种方式来获得。

（二）控制经费开支

制定会议预算是为了更有效地控制会议的实际经费开支。

控制会议经费开支的第一点要经常检查各项经费是否已超出预算范围，并对有可能出现的问题加以预防，这样才能够在会议预算的范围内有效地组织会议，提高会议的赢利水平。

控制经费开支的第二点是要精打细算，因为在筹备会议时有很多因素可以影响会议的开支，如会议举办的地点。在本地举办会议就比在外地开会节省工作人员的差旅费和住宿费。选择场地时，同一家酒店在旺季和淡季的价格也会有很大差异。不管是预订设备还是餐饮，经过比较和挑选就可以有效地降低成本。印刷和制作相关物品也是一样，进行多家比较，挑选价格合适、服务优良的厂商合作不仅可以保证质量，同时也能减少成本开支。

有效控制经费要注意的第三点是预算人员和开支人员要分开，如果由同一个人既负责预算又负责开支，就有可能出现预算不准确、支出得不到有效控制的问题。而由不同的人员负责审核各项开支情况，就有可能把开支尽可能控制在预算的范围内。

同时要注意，如果要减少开支，最好在做预算的时候就把不必要的开支数额降下来，不要等发现经费不够时再做调整。而且在做预算时比较容易进行各项费用间的平衡和调整，也容易把相关费用预算降下来。

要有效地控制开支，必须建立严格的财务收支管理办法，明确由财务组负责对大会财务进行统一管理，建立专门账户，单列核算。会议有关的收入，包括会议代表注册费、赞助费、广告费以及其他收入，均需纳入为会议开立的专门账户。非财务组人员不得自行收受与会议有关的任何收入。财务组要会同各组制定详细的支出预算，然后汇总成全盘预算，报组委会秘书长批准后执行。各小组在批准的预算内发生的费用，由各组负责人签字、经秘书长复签后，由财务组报销。超出预算的部分必须由小组负责人提出后，经财务组审核、报秘书长批准后执行，但必须在全盘预算范围内掌控。如需对经批准的全盘预算做出调整，应由管理组提出，秘书长核签后报相关领导批准。

第三节　会议赞助和广告

举办商业性的大型会议或研讨会，赞助和广告是必不可少的一部分收入来源。赞助和广告的方式多种多样，组织者可根据其具体情况来决定。

一、工作安排

（一）工作人员

赞助方案可以由会议管理组负责起草，经会议组委会审核批准后，报财务组备案后，交由推广注册组负责开展对外招商工作，赞助相关款项由财务组负责收取。

（二）工作内容

制订赞助方案，包括赞助条款、赞助商等级划分、对赞助商资格要求、对赞助商的回报条款。策划如何招募赞助商、落实对赞助商的承诺、安排其参会相关事宜。

（三）工作流程

1.确定赞助商的类别

根据会议的需求，确定会议赞助商的分类标准、每类的赞助金额及回报条件，准备赞助方案。

2.开展招募工作

基于确定的赞助商的类别和金额，对外联系赞助事宜，与潜在赞助商进行沟通，听取其对会议赞助的意见和建议。

3.签订赞助合同

在协商一致的基础上，由会议组织方与赞助方签署赞助合同，明确双方的责权利，就赞助款的金额、赞助回报及纠纷的解决等进行明确的规定。

4.履行赞助合同

赞助商根据合同向会议组织方提供相应的赞助，会议组织方根据其承诺兑现对赞助商的回报条款。

二、赞助商的类别

（一）独家或多家赞助

首先，要决定是由独家还是由多家来提供赞助，独家赞助的优势在于只同一家赞助商打交道，减少了协调多家赞助商的难度，但要求的赞助金额通常较大。多家赞助的好处在于对每一家所需提供的赞助数额有所降低，但不利之处是需要做大量的协调和联系工作。如果是多家赞助的话，一般会将赞助商根据赞助金额的多少划分成不同的等级并冠以不同的名称，如特级、一级、二级赞助机构或"钻石赞助商""白金赞助商"和"黄金赞助商"等。

其次，也可以按照全程赞助、主会场赞助或分会场赞助的名称来加以区别，将其分别称为"特别支持赞助""全程协办赞助""主会场协办赞助""分会场协办赞助"或"××会议赞助"等。有时不直接体现赞助字样，以特别鸣谢合作伙伴的方式体现。此外，也可根据情况设置一些单项赞助，如晚宴赞助、午餐赞助、茶歇赞助、代表证赞助、资料袋赞助、分桌赞助等。

（二）赞助方式

赞助可以是资金赞助，也可以提供实物赞助或服务赞助，具体采用哪种方式完全取决于主办单位的需求及与赞助商协商的结果。

根据赞助方式的不同可以划分为不同的赞助商，如资金赞助商、实物赞助商或服务赞助商。资金赞助商是按照赞助的金额来向会议提供资金方面的赞助。而实物赞助商则按照会议的需求为会议提供会议用品方面的赞助。例如，提供会议文件夹、文件包、计算机、音视频设备、纸笔、礼品、鲜花、食品等。但以物品方式提供时，一定要确保所提供的物品符合会议代表的身份，如以食品赞助时更要当心，以防因质量问题或其他问题危害与会者的健康。此外，也可以通过会刊等宣传资料为相关公司进行广告宣传，确定各类广告的价目表。服务赞助商根据会议的服务需求，提供相关服务而获得对其公司的宣传。例如，提供会议接待、注册、印刷资料、邮寄资料、对外宣传、网站宣传、翻译、现场服务。以服务方式提供时，也要明确服务的具体内容和要求。

（三）赞助方案

在赞助方案中，要提供会议的背景情况，包括会议名称、举办的时间、及地点、会议目的、演讲嘉宾、会议人员及人数、会议的初步日程，然后要列明赞助的项目、金额及回报条款。

对赞助商的回报方式也是多种多样的，会议主办者要根据会议的经费、场地和形象问题等加以综合考虑。回报的方式主要包括：

1. 在会议背景板、会刊、网站、桌卡上进行宣传，如刊登其名称或 LOGO，或进行网站链接；

2. 提供赞助商台或将赞助商资料或其提供的纪念品装入资料袋中发放；

3. 在宴会厅或会场外设置宣传台或宣传展板，或悬挂赞助商旗帜；

4. 请其派代表参加会议的特别活动，如在宴会主桌上为其安排位置或以其名义保留桌子；

5. 由会议组织单位在会议上感谢赞助商，或以展板或易拉宝方式鸣谢赞助商；

6. 在会议或宴会活动中请赞助商介绍演讲贵宾或在会议中演讲；

7. 参加领导或主办单位会见活动；

8. 为其提供贵宾室；

9. 享受一定的免费参会名额；

10. 提供会议代表名单和会议资料。

一般而言，特别重大的大型会议在会场内的背景板上不体现赞助商名称，主要以通过在场外提供赞助商台、宣传台，在会刊或网站上刊登广告等方式体现，同时可给予赞助商一定的免费参会名额，在举办宴会上可以给赞助商在主桌就座的礼遇或为其保留一桌，由其邀请目标客户群一同就餐，为其提供赞助商休息室。商业性会议往往给予赞助商更高的回报，除上述提及的回报外，可能会安排其在主会场背景板上显示其公司名称或LOGO，为其在场内设置宣传板、悬挂旗帜；安排其在宴会、会场上发言或开幕式时在主席台就座；安排相关媒体对其进行专访；安排其与国内外贵宾会见与交流，或介绍演讲嘉宾，或者为其提供其他个性化服务。

案例导引：××会议赞助方案（背景板）

××会议赞助方案

一、赞助机构分类

（一）分级赞助机构

特级赞助机构（钻石级，限1家，××万元，冠名晚宴）

一级赞助机构（白金级，限2家，每家××万元，冠名午宴）

二级赞助机构（黄金级，限5家，每家××万元）

三级赞助机构（白银级，限8家，每家××万元）

（二）单项赞助机构

茶歇（4次，每次×万元）

代表证赞助机构（×万元）

资料袋赞助机构（×万元）

礼品赞助机构（×万元）

分桌赞助（×千元）

（三）广告赞助

会刊广告（16开铜版纸）

目录前页（不含封二）　　　　　　　　　　×万元人民币/页

彩色内页（不含封二、目录前页和封三）　　×万元人民币/页

黑白内页（不含封二、目录前页和封三）　　×千元人民币/页

（以上价格不含设计费和翻译费）

二、赞助机构资格

诚信及有影响力的企业

三、各类赞助回报条款

（一）特级赞助机构

1. 参加出席论坛的相关领导人或主办方领导的会见及合影（若安排，仅限 1 名）

2. 公司领导人在晚宴中享受入座贵宾席的待遇（仅限 1 名）

3. 晚宴中为其保留一桌席位（价值×××元人民币），可邀其他参会代表共进晚餐

4. 享受 3 个免费参会名额（含公司领导人的名额，价值×××元人民币）

5. 主持人在大会开幕式或闭幕式中特别致谢

6. 冠名一次重要晚宴（招待全体代表），体现在会刊活动安排、晚宴背景板及其他相关宣传中；在晚宴中介绍或感谢演讲人

7. 在会刊封底上刊登整版彩色广告（价值×××元人民币）

8. 在会刊正文刊登 2 页赞助机构介绍（中英文对照，价值×××元人民币）

9. 在大会官方网站鸣谢页中出现赞助机构 LOGO 或名称，并与赞助机构网站链接

10. 在大会场内外背景板、合作媒体的报刊上得到鸣谢

11. 在大会期间组织媒体采访赞助机构领导

12. 在一个 A 类时段（首日上午茶歇期间）播出赞助机构宣传片（5 分钟）

13. 在大会茶歇区提供专用宣传展位一个（9 平方米，价值×××元人民币，由赞助机构负责布置）

14. 在大会资料袋中派发赞助机构资料（资料由赞助机构提供）

15. 得到经编辑的大会影音资料及参会人员名单

16. 赞助机构领导可享受接送贵宾待遇，可参与贵宾活动，在贵宾区落座

17. 由主办单位联合签发赞助荣誉证书、感谢信及赠送礼品

（二）一级赞助机构

1. 参加出席论坛的相关领导人及主办方领导的会见及合影（若安排，仅限 1 名）

2. 公司领导人在晚宴中享受入座贵宾席的待遇（仅限 1 名）

3. 晚宴中为其保留一桌席位（价值×××元人民币），可邀其他参会代表共进晚餐

4. 享受 2 个免费参会名额（公司领导人的名额，价值×××元人民币）

5. 主持人在大会开幕式或闭幕式中特别致谢

6. 冠名一次午宴（招待全体代表），体现在会刊活动安排、午宴菜单或请柬及其他相关宣传中；在午宴中介绍或感谢演讲人

7. 在会刊封二或封三中刊登整版彩色广告（价值 XXX 元人民币，早签约者优先选择）

8. 在会刊正文刊登 1 页赞助机构介绍（中英文对照，价值 XXX 元人民币）

9. 在大会官方网站鸣谢页中出现赞助机构 LOGO 或名称，并与赞助机构网站链接

10. 在大会场内外背景板、会刊及合作媒体的报刊上得到鸣谢

11. 在大会期间组织媒体采访赞助机构领导

12. 在一个 A 类时段（首日上午茶歇期间）播出赞助机构宣传片（5 分钟）

13. 在大会茶歇区提供专用宣传展位一个（9平方米，价值×××元人民币，由赞助机构负责布置）

14. 在大会资料袋中派发赞助机构资料（资料由赞助机构提供）

15. 得到经编辑的大会影印资料及参会人员名单

16. 赞助机构领导可享受接送贵宾待遇，可参与贵宾活动，在贵宾区落座

17. 由主办单位联合签发赞助荣誉证书、感谢信及赠送礼品

（三）二级赞助机构

1. 参加出席论坛的相关领导人或主办方领导的会见及合影（若安排，仅限1名）

2. 公司领导人在晚宴中享受入座贵宾席的待遇（仅限1名）

3. 享受1个免费参会名额（价值×××元人民币）

4. 主持人在大会开幕式或闭幕式中特别致谢

5. 在会刊中刊登1页整版彩色广告（价值×××元人民币，早签约者优先选择）

6. 在会刊正文刊登1页赞助机构介绍（中英文对照，价值×××元人民币）

7. 在大会官方网站鸣谢页中出现赞助机构LOGO或名称，并与赞助机构网站链接

8. 在大会场内外背景板、会刊及合作媒体的报刊上得到鸣谢

9. 在一个B类时段（下午茶歇期间）播出赞助机构宣传片（5分钟）

10. 宣传资料可免费放在大会资料台上

11. 在大会资料袋中派发赞助机构资料（资料由赞助机构提供）

12. 得到经编辑的大会影音资料及参会人员名单

13. 赞助机构领导可享受接送贵宾待遇，可参与贵宾活动，在贵宾区落座

14. 由主办单位联合签发赞助荣誉证书、感谢信及赠送礼品

（四）三级赞助机构

1. 参加主办方领导的会见及合影（若安排，仅限1名）

2. 公司领导人在出席会议各种社交活动时，优先安排座次（但次于特级、一级、二级赞助机构待遇）

3. 享受1个免费参会名额（公司领导人的名额，价值×××元人民币）

4. 在会刊中刊登1页整版内页彩色广告（价值×××元人民币，早签约者优先选择）

5. 在会刊正文刊登1页赞助机构介绍（中英文对照，价值×××元人民币）

6. 在大会官方网站鸣谢页中出现赞助机构LOGO或名称

7. 在大会场内外背景板、会刊、合作媒体的报刊上得到鸣谢

8. 宣传资料可免费放在大会资料台上

9. 得到经编辑的大会影音资料及参会人员名单

10. 赞助机构领导可享受接送贵宾待遇，可参与贵宾活动，在贵宾区落座（但次于特

级、一级、二级赞助机构待遇）

11. 由主办单位联合签发赞助荣誉证书、感谢信及赠送礼品

（五）茶歇赞助

1. 参加主办方领导的会见及合影（若安排，仅限1名）

2. 在茶歇区的指示牌上显示赞助机构的企业 LOGO 或名称

3. 享受1个免费参会名额

4. 赞助机构名称在会议日程中加以体现

5. 宣传资料可免费放在大会资料台上

6. 得到大会的参会人员名单

7. 赞助机构领导可享受接送贵宾待遇，可参与贵宾活动，在贵宾区落座（但次于特级、一级、二级和三级赞助机构待遇）

8. 由主办单位联合签发赞助荣誉证书、感谢信及赠送礼品

（六）代表证赞助机构

1. 在代表证上体现赞助机构名称

2. 享受1个免费参会名额

3. 得到大会的参会人员名单

4. 在资料袋上体现赞助机构名称

5. 享受1个免费参会名额

6. 得到大会的参会人员名单

（七）资料袋赞助机构

得到会刊若干本（数目另行确定）

（八）礼品赞助机构

1. 在资料袋上体现赞助机构名称

2. 享受1个免费参会名额

3. 得到大会的参会人员名单

（九）分桌赞助

在大会举办的欢迎晚宴或告别晚宴上以赞助单位名称邀请代表就餐

（十）广告赞助

根据确定的广告页价位在会刊的相关位置刊登广告

四、赞助联络、协议签署及付款

赞助联络事宜由主办方指定人员或机构全权负责，赞助方与相关人员或机构协商一致后，赞助协议将直接由赞助方和论坛主办单位代表共同签署，赞助回报执行以双方最终签署的协议为准。协议签署后3天赞助方支付总金额的50%作为保证金，另外50%于

××××年×月×日前汇至论坛主办方指定账号。

五、工作进度安排

5月31日：确定主要赞助商的选择目标

7月5日：完成赞助招募和保障方案

7月15日—22日：制作诚征赞助函

8月—11月：征求分级赞助商、单项及广告赞助商

11—12月：落实对赞助机构的回报条款，接待赞助商

六、负责人×××

三、招募赞助商

（一）招募方式

一般有直接和间接两种招募方式，直接招募即由主办单位人员直接与相关机构或公司联系，商谈赞助相关事宜。间接招募主要通过中介公司或者协办方与相关机构或公司商洽会议赞助相关事宜，由主办单位负责支付中介公司或者协办方相应的代理费。采用间接招募方式时，会议组织者应对中介公司或者协办方有明确的授权并掌握赞助事宜商谈进展情况，特别是对赞助商所承诺的回报条件严格把关，以免因为中介公司或者协办方沟通不力而引起赞助商的不满。

（二）对外联系

根据已制定的赞助条款，选择适宜的目标对外进行宣传，围绕赞助事宜进行沟通和前期联系，选定相应的赞助商。

首先列出潜在赞助商名单，然后逐一进行联系。可以先与其进行口头沟通，再提供相关资料并进行面谈，解答其关心的问题。

在联系赞助商时，先要提供会议的基本情况，主要包括：

1. 会议组织者相关信息

会议主办方名称、地址、联系电话、传真、邮箱及联系人。

2. 会议基本情况

会议名称、举办的时间及地点、会议目的、会议主题、会议日程、背景情况、拟邀请的演讲人、预期参会人数、会议的媒体宣传及影响力等。

3. 赞助方案

赞助价值、项目、回报条款、实物或服务赞助项目、赞助事宜联络人及付款方式等。

四、签订赞助合同

在与赞助商协商一致的基础上还要与赞助商签订合作协议，明确双方的合作条件，合同中应包括：会议的时间和地点、赞助金额、支付方式和时间、回报条款、展位或资料台的尺寸、广告的尺寸、发布位置及频率、广告和资料的提交时间和具体要求、免费参会人数、在会议活动中的相关安排、联系人及联系方式，然后由双方代表签字。

五、履行赞助合同

赞助商要基于赞助合同按时提供资金、物品或相关服务，并按要求提供宣传所需的资料。主办方则要基于赞助合同制订对赞助商的服务方案，逐一落实对赞助商承诺的条款，指定专人负责落实赞助商宣传、广告、展示台设计或参加会议等相关事宜，保持与赞助商的联系。相关负责人员最好对照相关条款列出何时需要提交何种资料，何时需要提供何种服务，并随时检查对赞助商的服务是否已落实到位。

第五章　现代大型会议邀请与接待

会议邀请与接待工作直接面向全体会议成员和采访记者，为他们提供全面服务，在程序上前后相互衔接、关联，是会议组织管理过程中的重要环节。

第一节　会议通知和邀请

一、通知和邀请的含义和意义

（一）通知和邀请的含义

会议主办者向拟参加会议的成员以及采访记者发出会议的举办信息，通知或邀请他们到会，称为会议的通知和邀请工作。理解这一含义必须把握以下三点：

1.发出通知和邀请的主体是主办者。也就是说，应以主办者的名义发出会议通知或者邀请，其他机构未经特许无权发出会议通知或邀请。会议组委会或筹委会由主办者组建并对主办者负责，可以代表主办者向与会者发出会议通知或邀请。

2.举办需要对外宣传报道的会议时，通知、邀请的对象不仅包括会议成员，还包括拟邀请的媒体记者。

3.通知的对象和邀请的对象属于两种不同性质的对象，不能混淆，只是为了方便表述才统称为会议通知和邀请工作，实际操作时应当加以区别。受主办者领导或管理的会议成员或者具有法定、当然资格的会议成员，属于通知的对象，书面通知时应当以"通知"或"公告"作为文种。不受主办者领导或管理的会议成员，属于邀请的对象，书面邀请时应当以"邀请函""请柬"或"海报"作为文种。

（二）通知和邀请的意义

通知和邀请工作对于会议的组织和管理意义重大，具体表现在以下几个方面：

1.体现主办者召集会议的权利

谁主办，谁召集，这是会议的一般规则。除了主办者，其他会议成员无权召集会议。

2.履行主办者的告知责任

对于一些法定性会议来说，参加会议是会议成员的基本权利。主办者向会议成员告知会议信息，是一种法定的责任，是对会议成员权利的尊重。不告知、漏告知或者延误告知的行为都是错误的，甚至是违法的。

3.传递会议活动的有关信息，告知有关注意事项

这可以让参会对象做好充分的思想准备和物质准备，安排好工作，按时参加。

4.确保会议规格

会议出席对象的层次决定会议的规格，而会议的规格直接影响到会议的影响力和品牌形象，因此高层次嘉宾的邀请是会议邀请工作的重中之重。邀请工作做得细致到位，高层次嘉宾的出席才会有保证。

5.增加与会人数

举办营利性会议或者宣讲性会议（如学术报告会），与会者多多益善。做好通知和邀请工作，让会议信息广为人知，就能起到增加与会人数的作用。

6.向与会者提供参会凭证

会议通知、请柬和邀请函常常是会议成员参加会议的凭证，在国际会议中还是会议成员办理签证的必备文件。

7.征集会议提案和交流文件

举办法定性会议，可以通过会议通知向会议成员征集提案、议案、书面建议以及对开好会议的意见。举办学术研讨或经验交流性质的会议，可以通过会议通知征集论文、研究报告或者需要在会议上进行交流的文件。

8.反馈参会信息

通过会议通知、邀请函的回执，可以反馈参会者的基本信息，如姓名、性别、单位、职务、抵达时间、返程要求等，为会议的接待工作提供依据。

二、通知和邀请的方式

通知和邀请的方式多种多样，各有特点和适用范围。做好会议的通知和邀请工作，必须正确区分各种通知和邀请的方式。

（一）按通知和邀请信息的载体形态分类

1.口头形态的通知和邀请

当面通知和邀请、电话通知和邀请等均属于口头形态的通知和邀请。口头通知和邀请具有方便、快捷、即时的优点，但容易遗忘。其一般用于召开紧急会议或事务性会议，或用作在书面信息发出后的跟踪通知。如需要试探性邀请对方，也可先采用口头的方式。

2.书面形态的通知和邀请

书面通知和邀请是指用纸质文书发出的通知和邀请。这需要书写、打印、分发、传递，手续较多，工作量较大，时间也较慢，但比较严肃、庄重，而且具有备忘和凭证的作用。重要的会议应当发送书面形态的举办信息。

3.电子形态的通知和邀请

这是指通过短信、微信、电子邮件、网站发出的通知和邀请，具有快捷、方便、灵活的特点，但需要手机、计算机和网络设备的支持。

4.会议形态的通知和邀请

这是指通过新闻发布会、情况通报会或动员布置会的形式向社会公众或有关方面发布会议的举办信息并发出通知和邀请。这种方式具有传播面广、影响力大的特点，常用于大型会议活动。

5.广告形态的通知和邀请

这是指通过电视、广播、报纸、刊物、招贴等广告媒介向社会公众或有关方面发布会议的举办信息并发出通知和邀请。这种方式同样具有传播面广、影响力大的特点，但成本较高，一般用于营利性会议。

（二）按通知和邀请的性质分类

1.预备性通知和邀请

其作用主要是请与会者事先做好参加会议的准备。凡需要事先征求与会者的意见，或者需要与会者事先提交论文、报告、答辩和汇报材料，或者先报名然后确定与会资格的会议，应当先发预备性通知或邀请函。

2.正式性通知和邀请

正式性通知和邀请具有法定性和庄重性的特点，对会议活动的内容、形式、时间、地点、与会者及其资格、经费的表述必须明确。重要会议的通知和邀请应以书面形态发出，其他会议的通知和邀请也可视情况采用口头或电子邮件等形式发出。一般的会议只需发一次正式性通知或邀请，而需要广招会员的会议或者营利性会议，如贸易洽谈会等，则往往需要连续发布正式的通知或邀请。

（三）按通知和邀请文书的文种分类

1.通知

通知适用于主办者同会议成员之间具有上下级关系，或者是管理与被管理、指导与被指导关系的会议。具体的发送对象是：

（1）会议的当然成员或法定成员。如各种社会组织召开的理事会议、董事会议、委员会议、常务会议、办公会议以及各种代表大会的会议成员，都具有与会的当然资格或法定资格，对这些与会者只能使用通知。

（2）本组织内部的工作人员。凡组织内部召开工作性会议一律使用通知。

（3）下级所属单位。凡要求下级单位或个人参加的会议，应当使用通知。

（4）受本机关职权所管理的单位。如行政主管部门在自己的职权范围内召集有关企事业单位开会，应当使用通知。

2. 邀请函

邀请函一般用于横向性的会议活动，具有礼仪性，发送对象是不受本机关职权所制约的单位以及个人。召开学术研讨会、咨询论证会、技术鉴定会、贸易洽谈会、产品发布会等，由于参加的对象属于不受本机关职权所制约的单位以及个人，因此应当使用邀请函。

在会议活动中，邀请函与通知是两种不同性质的文种，不可混淆。二者的不同之处在于：邀请函主要用于组织者与参会者之间关系平等的会议，发送对象是不受本机关职权所制约的单位和个人，不属于本组织的成员，一般不具有法定的与会权利或义务，是否参加会议由邀请对象自行决定；而会议通知则用于组织者与参会者存在隶属关系或工作上的管理关系，或者与会者本身具有参会的法定权利或义务的会议，对于这些会议的对象来说，参加会议是一种责任，因此只能发会议通知，不能使用邀请函。学术性组织举行年会或专题研讨会时，要区别成员与非成员。对于组织成员应当发会议通知，而邀请组织外的成员参加则应当使用邀请函。邀请记者采访会议，也应当使用邀请函。

3. 请柬

请柬是一种专门邀请客人参加仪式性、交际性、招待性活动的会议文书。大型会议、展览、节事活动的开幕式和闭幕式，大型工程的开工和竣工仪式，社会组织的成立开业典礼，重要项目的签字仪式，以及各种宴会、晚会等活动，邀请上级领导、知名人士、兄弟单位代表参加，应当使用请柬。

邀请函与请柬都属于邀请客人参加会议活动的礼仪性文书，但适用的情况不同，其区别主要有两点：一是适用场合不同。邀请函多用于以口头交流为主要方式的会议活动，如邀请有关专家出席咨询会、论证会、研讨会，邀请记者和有关方面参加新闻发布会等，应当使用邀请函。而举行各类仪式和交际、招待活动，如开幕式、闭幕式、签字仪式、开工典礼、宴会等，则应当使用请柬。二是规格不同。如举行学术会议，对一般的与会者使用邀请函，而邀请上级领导、兄弟单位代表、社会名流参加开幕式，则应当使用请柬。

4. 海报

海报是一种公开性的、广而告之的会议邀请文书，通常采用招贴的方式，邀请对象具有不确定性，主要用于可以自由参加的会议活动，如学术报告会、论文答辩会等。

5. 公告

公告用于会议通知和邀请时，主要有两种情况：一种是根据公司法的规定，股份公司召开股东大会时，必须公开刊发公告，向全体股东发出召开股东大会的信息；另一种情况是当邀请的对象遍布各地，无法一一通知和邀请时，亦可使用公告。

6.广告

会议广告主要通过媒体广告、新媒体广告或者户外广告的形式发布，具有宣传范围广、辐射力强的特点，用于欢迎海内外和社会各界人士广泛参与的会议活动。

以上六个文种的适用场合和适用对象各不相同，不能混淆。例如：上海某科研机构经过多年努力，研究出一项新技术。为了使这项技术能得到专家的权威认定，该机构领导决定在正式申报专利前召开一次技术鉴定会，参加的对象包括本单位内部参加该项目研究的主要工作人员、国内其他研究机构和高校的有关专家、上级主管部门的领导。考虑到与会者的身份不同，而且与本单位的关系也不同，在发出会议通知时作了如下区分：发给上级主管部门领导人的用"请柬"，发给有关专家及媒体记者的用"邀请函"，而对本单位的与会人员则一律发"会议通知"。

三、通知和邀请文书的内容要素及其表述

除了户外广告的形式外，以其他形式发布的通知和邀请文书的内容要尽可能详尽、明确，一般应当载明以下几个方面的内容：

（一）会议的名称

会议的名称是通知和邀请文书中的关键性内容，显示位置和视觉效果一定要突出，要在标题和开头部分中写明，而且一定要写全称。如果名称较长，正文中第一次出现名称时必须写全称，后面用括号注明"以下简称××会议"。

（二）主办者

通知和邀请文书中一定要写明主办单位，既宣传主办单位的形象，也明示主办者的法律责任。主办单位名称一定要写全称或规范化简称。联合主办的会议，要写明每个主办者的名称。必要时还可简要介绍组委会、筹委会、执委会等组织管理机构的设置情况以及协办、支持、承办单位的名称，以显示组织阵容的强大。

（三）往届会议的情况

对历史较长的会议活动来说，往届会议的情况也是优势性资源。简要而又恰到好处地介绍往届会议的情况，有助于激发、提高通知和邀请对象的兴趣，增强其参会的信心和决心。

（四）会议的内容

会议的内容包括会议的目的、宗旨、主题、议题、议程、报告人及报告题目等信息。

（五）会议的形式

会议形式的表述分为两种情况：其一，属于单一性活动的样式，如座谈会、报告

会、新闻发布会、电视电话会等，且已经在会议名称中写明活动样式的，不必另外再写。名称中没有写明活动样式的，应当专门加以说明。其二，如果举办大型综合性会议，由于配套性活动较多，要分别说明每项配套性活动的形式及其内容。

（六）参加对象

参加对象的表述有以下几种情况：

1.通知或邀请的对象是单位的，应写明主送单位名称，并在正文中写明参加会议的人员的具体条件，如职务、级别、年龄等。参加对象需要逐级推荐的，要说明推荐的程序。有的会议为了达到一定的规模，通知中还规定每个单位参加会议的人数。

2.通知或邀请的对象是个人的，直接写个人称呼。参加对象如资格不同，应分别用"出席""列席""旁听""特邀"等词语来对应，不能搞错。一般对正式成员和特邀成员用"出席"一词，列席成员用"列席"一词，旁听成员用"旁听"一词。会议成员之间不作资格区分的，可以一律用"出席"一词。区分有困难或较敏感的，也可一律用"参加"一词。

3.举办洽谈会、学术报告会等广泛邀请并自由参加的会议活动，通知或邀请对象不确定，不写主送单位名称和个人称呼。正文中可根据会议的性质、类型规定参加对象的范围和条件。

（七）会议的时间

通知和邀请文书中要具体写明报到时间、会议正式开始和结束时间、会期。如会前需举行预备会议，还要说明预备会议的具体时间。时间表述应具体写明年、月、日、时、分。为方便与会者对照日期与星期，日期后面应注明星期几。

（八）会议的地点

会议的地点应具体写明举办地的地名、路名、门牌号码、楼号、房间号码、场馆名称，必要时画出交通简图，标明地理方位及抵达的公交线路，以方便与会者。

（九）参会费用

如需向与会者收取费用，要说明收费项目的名称（如会务费、注册费、资料费、食宿费等）、数额以及支付方式。如果费用是由主办者和与会者分担的，要写明分担的项目名称和各自分担的数额。

（十）报名的方式和截止日期

会议活动如需履行报名手续，应说明应提交哪些文件、材料，报名的时间、地点。有截止时间规定的，一定要写明截止日期和具体时间。书写时要注意"截止"和"截至"这两个词的区别。"截止"的意思是"到某期限停止"，"截至"的意思是"停止于某期限"。如"报名日期截至12月5日"也可表述为"报名截止日期为12月5日"，但不可写为"报名日期截止12月5日"或"报名日期截至12月5日止"。

（十一）其他专门事项

其他专门事项因"会"而异，如学术性会议的论文撰写和提交的要求，重要会议的入场凭证（如"凭入场券入场""凭本通知入场"），国际性会议所使用的正式语言和工作语言，会议期间观光旅游活动的安排，以及组织者认为必须说明的其他事项。

（十二）联络方式

如主办单位或会议组织机构的地址、邮编、银行账号、电话和传真号码、网址、联系人姓名等，均为联络方式。

以上内容要素可根据会议的实际情况做适当的增减。

四、通知和邀请文书的格式与写法

（一）正式文件式通知和邀请的格式与写法

重要会议的通知，应当使用正式文件的格式撰写和标印，并通过正式文件的传递渠道发送，其主体部分的结构要素和表述方法如下：

1. 标题

正式文件式通知的标题有以下几种写法：

（1）由主办者名称、会议名称和"通知"组成。标题中标明主办者的名称有助于突出主办者形象，并方便查找检索。基本格式为：

××（主办者名称）关于召开（或举行）××××会议的通知

（2）由会议名称和"通知"组成，用于多家单位联合主办的会议。由于主办者较多，都写入标题会使标题显得臃肿，可将主办者写入正文。基本格式为：

关于召开（举行）××××会议的通知

2. 主送机关

正式文件式通知一般都发给单位，故必须写主送机关，写法有以下几种：

（1）统称：通知和邀请对象是所有下属单位的，可以写统称，如"各省、自治区、直辖市人民政府"，"各直属院校"。

（2）单称：又叫特称，只需特定单位参加的会议，可分别在每份通知上写明具体单位的名称，如"×××公司"。

3. 正文

会议通知的正文部分可以按通知的内容分成若干层次和段落，一般分为开头、主体（指文章结构的主体，与文件格式中的主体属于不同的范畴）和结尾。这三部分有各自的表达功能，开头部分写明会议的背景和目的，然后用"现将有关事项通知如下"过渡到主体部分。主体部分写明通知的具体事项。事项较多的，可分项标号以使层次分明。结尾处写明联络信息和联络方式，也可用"特此通知"收尾或者省略结尾。

4.落款

这是指会议的主办单位落款。标题中写明主办单位的，只需在成文日期上加盖公章，无须再标明主办单位。联合主办的会议，通知的标题中未写明主办单位的，每个主办单位都要落款并应当加盖公章，有时也可以以组织委员会、筹备委员会或秘书处的名义落款、盖章。

成文日期。正式文件式通知和邀请须写明具体的年、月、日。

（二）信函式通知和邀请的格式与写法

以信函的格式写作的会议邀请函，既可以制作成书面形式（纸质文书）邮寄发送，也可以在报刊或网上公开发布。其主体部分的结构要素和表述方法如下：

1.标题

由会议名称直接加"邀请函"组成。如：

××××× 国际学术研讨会邀请函（书）

要注意的是，"邀请函"三字不能拆开写成"关于邀请参加 ×× 会议的函"，因为"邀请函"属于专用文种，与公文的"函"在性质上不同。

2.称呼

邀请函的称呼有三种写法：

（1）个别发给与会单位的邀请函，应当写单位名称。由于邀请函是一种礼仪性文书，称呼中要写单位名称，不宜泛称（统称）"各单位"，以示礼貌和尊重。

（2）发给个人的邀请函，应当写个人姓名，前冠"尊敬的"敬语词，后缀"先生""女士""同志"等。

（3）网上或报刊上公开发布的邀请信，可省略称呼，或统称"尊敬的客户"等。

3.开头应酬语

写给个人的邀请函，在称呼下面、正文之前应当写"您好"。写给单位的，则可省略应酬语。

4.正文

正文应写明邀请的具体事项。会议邀请函正文的结构安排与会议通知大致相同。邀请函的正文一定要写明"特邀请您（贵公司）参加会议"之类的话，以照应称呼。正文的语气要委婉、恳切、得体。

5.祝颂语

要根据邀请对象的身份以及与对象之间的关系选择合适、得体的祝颂语。祝颂语一般可写"此致敬礼"，在正文下方空 2 字写"此致"，再另起一行顶格写"敬礼"。写给单位的邀请函，祝颂语也可省去不写。

6. 署名

邀请函的标题一般不标注主办单位名称，因此应在祝颂语的右下方署主办单位名称并加盖公章。写给个人的邀请函，还可以由主办单位的领导人亲自签署姓名，姓名前应写明职务。

7. 成文日期

邀请函应在署名之下写明具体的年、月、日。

案例导引：会议邀请函例文

××市社会科学院
"知识经济与可持续发展战略"学术研讨会
邀请函

尊敬的×××先生：

您好！

以知识资本和知识产品的高增值为标志的知识经济的兴起，使知识成为最具扩展能力的资本和最具市场潜力的产品。为了探讨知识经济与可持续发展战略，我所定于2017年2月6日至10日在海南省海口市召开"知识经济与可持续发展学术研讨会"，特邀请您出席。现将有关事项告知如下：

一、会议主题

知识经济与可持续发展

二、主要议题

1. 知识经济与人才发展战略

2. 知识经济与我国现代化进程的互动关系

3. 我国的科技、教育和经济如何应对知识经济的挑战

三、会议的参加范围和规模

本次会议邀请全国各社会科学研究机构、各高等院校的专家学者参加，会议规模约300人。

四、会期和日程安排

会期5天（含报到时间1天），2月6日报到，2月7日上午开幕。

会议日程安排（略）

五、会议地点

海南省海口市××路××号××宾馆（电话：×××××××××）。

六、有关事项

1. 与会者须提交论文，在 2017 年 1 月 20 日前邮寄或传真给会议秘书处 1 份，也可用电子邮件提交，由会议学术委员会审评确定大会交流的论文。

2. 与会者的交通费、食宿费一律自理，另交会务费 ××× 元人民币。

3. 与会者务必将"报名表"填妥后同论文一起邮寄或传真给会议秘书处。

4. 2 月 6 日在海口机场全天接站。

联系人：×××

联系地址：×××××××××××××

邮编：××××××

电话：×××××××

传真：×××××××

电子邮箱：（略）

×× 市社会科学院（章）

2016 年 10 月 12 日

（三）请柬式通知和邀请的格式与写法

请柬的书写具体有两种格式：

1. 固定式

既可以按统一格式批量印制请柬，也可以用市场上销售的具有统一格式的请柬填发。这类请柬应当有信封，以示郑重。请柬的正文一般不用标点，也不提邀请对象姓名，而是将其姓名写在信封上，切不可将邀请对象的姓名写在文尾"恭请"的后面。最后填写主办单位名称并盖章，也可由主办单位领导人签名。

2. 书写式

这是指根据会议的具体要求和邀请对象的实际情况，专门拟稿打印的请柬。打印后要装入信封发送。具体格式如下：

（1）标题：一般仅写"请柬"二字，居中。重要的仪式性活动，也可采用活动名称 + 请柬的格式，但活动名称前不能加"关于"二字，写成"关于 ×××× 的请柬"。

（2）称呼：请柬称呼的写法和要求与信函式邀请函相同。

（3）正文：请柬正文写明活动目的、主办单位、内容、形式、时间、地点等。由于请柬发送的对象都是上级领导、兄弟单位、知名人士等，因此，语气一定要恭敬、委婉、恳切，用词应当准确、儒雅，不能采用"请准时出席"一类命令式的语气用词。请柬中所提到的人名、国名、单位名称、节日和活动名称都应用全称。正文之后另起一行前空 2 字写"恭请""敬请"，再另起一行顶格写"光临""驾临"等。如"恭请光临"

与前文一气呵成，不分段，也可以以"此致敬礼"作为祝颂语。"此致"前空2字，"敬礼"另起一行顶格书写。

（4）具名：以单位名义邀请的，具单位名称并盖单位公章，以示郑重。以领导人名义发出的请柬，由领导人签署，以表诚意。

（5）成文日期：请柬应写明发出的日期或领导签署的日期。

（6）附注：如果要确切掌握出席情况，可在请柬下方注上"请答复"字样，涉外请柬用法文缩写"R.S.V.P."。如只要求在不出席的情况下答复，则注上"Regrets only"（因故不能出席请答复），并注明回电号码。附注中也可说明桌次、从几号门进入等事项。

（四）海报式通知和邀请的格式与写法

海报一般采用在公共场所公开张贴的方式广为传播，格式设计美观、醒目。

1. 标题

标题一般写"海报"二字。如果是系列性活动，也可把活动名称写在"海报"之上。

2. 正文

正文要写明活动的名称、主题（报告的题目）、报告人姓名和身份、时间、地点等内容要素，结尾处还应写上"欢迎踊跃参加"之类的话。由于海报常常是随手书写的，许多人习惯使用一些简称，稍不注意会造成误解，因此，要注意简称的规范性和通用性。

3. 落款

落款应写明主办单位名称。如正文中已写明主办单位，也可省去落款。

4. 发文日期

海报的发文日期一般写实际张贴的日期。为避免误解，发文日期应当具体，避免写成"即日"。由于海报的时效性较短，也可不写发文日期。

案例导引：海报参考格式及例文

海峡两岸关系系列学术报告会

海报

主题：ECFA框架下海峡两岸关系的走向

报告人：××大学台湾研究所主任、博士生导师×××

时间：×××××××

地点：×××××××

主办：××大学政治学系

欢迎全校师生踊跃参加

（五）公告式通知和邀请的格式与写法

公告用作会议通知时，其格式由标题、正文、落款和成文时间四部分组成。

1. 标题

标题一般由主办单位名称、会议名称和公告文种组成。

2. 正文

正文一般包括会议的名称、目的、宗旨、内容、程序、时间、地点、参加范围、参加办法、联系方式等内容要素，表述要简洁明了、条理清晰。公告的最后可用"特此公告""现予公告"等词结尾，也可省去结尾用语。

3. 落款

落款应写明主办单位名称。

4. 成文时间

公告应写明具体的发文日期。

案例导引：公告例文

上海××××股份有限公司
关于召开创立大会暨首届股东大会的公告

上海××××股份有限公司创立大会暨首届股东大会定于 2017 年 2 月 22 日在×××大酒店召开。

一、会议主要议程：

1. 听取关于公司设立和发展前景的报告

2. 审议通过公司章程

3. 选举产生公司董事会和监事会成员

4. 审议通过公司××××年度财务决算报告和××××年度财务预算报告

二、出席大会股东资格

1. 持有本公司 A 股社会法人股 1 万股以上（含 1 万股）的法人股股东和持有本公司 A 股社会个人股 1 千股以上（含 1 千股）的社会个人股股东。

2. 凡 A 股社会法人股持股权不足 1 万股、A 股社会个人股持股权不足 1 千股，可分别按社会法人股每 3 万股、社会个人股每 1 千股自行协商产生一名代表，也可委托授权其他股东代表代为行使权利，股东代表不能出席大会可委托代理人出席。委托授权书样式附下。

3. 以上股数均按面值 10 元 1 股计算。

三、出席大会手续办理

凡符合出席大会股东资格者请于 2017 年 2 月 10 日、11 日 13∶30—17∶00 前往 ××× 大酒店 ×× 大堂办理出席会议登记手续（法人股股东凭单位介绍信及本公司股票认购缴款收据，个人股股东凭本人身份证及本公司股票认购缴款收据办理手续）。

联系人：×××

电话：×××××××

传真：×××××××

地址：上海市 ××× 路 ×× 号

邮政编码：200020

上海 ×××× 股份有限公司
2017 年 1 月 30 日

附委托授权书（略）

（六）表格式通知的写法

表格式通知具有清晰明了的特点，用于组织内部召开的例会。

案例导引：表格式通知参考格式及例文

×××× 公司总经理办公会议通知

日期	星期		时间	地点
2017/2/4	周一		上午 9∶00—11∶00	11 楼第 1 会议室
主持人	总经理王 ××			
出席			列席	
张 ××	区 ××		朱 ××（销售部）	贾 ××（公关部）
王 ××	赵 ××		厉 ××（财务部）	
李 ××	钱 ××		齐 ××（保卫部）	
会议议程	1.×××××××××××× 2.×××××××××××× 3.××××××××××××			

（七）备忘录式通知的格式与写法

备忘录格式的会议通知内容较为简单，仅用于事务性会议或例行性会议，起提醒和备忘的作用。在格式上，可用"会议通知"作为标题，正文部分只需列明会议名称、时间、地点即可。

案例导引：备忘录式通知参考格式及例文

会 议 通 知

×××同志：

　　兹定于××月×日上午9：00—10：30在××会议室举行××××会议，请准时出席。

××××办公室

2017 年 2 月 5 日

五、回执、报名表和申请表

（一）回执、报名表和申请表的作用

1.便于预计人数

寄回回执、报名表和申请表的对象一般具有参加会议的意向，会务工作机构可以以此为依据，预计参会的人数，做好接待的准备。

2.便于反馈信息

通过回执、报名表和申请表，可以收集和反馈参加对象的基本信息和要求，以便安排好接待工作。比如，对象的性别、年龄和职务不同，住宿的安排就不同。又如，通过回执可以了解与会者抵达和离会的时间及乘坐的交通工具，以便安排人员和车辆接站，及时预订回程票。如果会议期间还举办展览活动，通过申请表可以掌握参展商的基本要求，便于有针对性地提供服务。

3.便于确定资格

有些重要会议在确定与会资格之前，先要履行报名和申请程序，主办者根据报名表和申请表提供的信息，依照会员条件或与会的要求确定与会资格。

4.确认收到通知

法定性会议（如董事会会议、代表大会）为了保证会议通知发到每一位会议成员手中，要求对方收到通知后在回执上签字、盖章并寄回，相当于履行签收的手续。

（二）回执、报名表和申请表的区别

回执、报名表和申请表都具有收集或反馈通知和邀请对象信息的作用，而且都作为附件同通知、邀请函等一起发出，它们之间的区别在于：回执不仅可以反馈通知和邀请对象的信息，同时还具有确认对方收到通知的作用。报名表和申请表的制发对象事先往往是不确定的，需要履行报名手续才能确定。如果通知的对象本来就具有与会资格，就只能发回执，不能发报名表和申请表。比如，举行董事会会议，秘书向董事们发会议通知的同时，可以要求对方填写回执并寄回，但绝不能用报名表和申请表代替回执。代表大会亦如此。但如果举行招商投资说明会或各种洽谈会，受邀对象可以自由决定参加与否，这种情况既可以附寄回执，也可以附寄报名表或申请表。按规定必须通过报名、申请程序来确定与会资格的会议或展览活动，就要求对方填写报名表或申请表。

（三）回执、报名表和申请表提交的方式和内容要素

回执、报名表和申请表提交的方式有电子邮件、传真、邮寄和网上登录，内容要素一般包括：

1.参加对象的基本情况

以个人名义参加会议的，填写个人姓名、性别、年龄、服务单位、所任职务、职称、民族，必要时可要求随寄个人简历。以单位名义参会的，必须写明单位的法定名称、参加人员名单（包括参加人员的基本情况）。

2.抵离情况

需要接机、接站的，可要求参加对象填写抵达的时间和乘坐的交通工具。需要预订回程票的，应写明预订回程票的具体要求。

3.论文选题

学术性会议可要求通知和邀请对象提交论文或研究报告，在回执或报名表上填写论文或研究报告的题目，以便会议学术机构掌握情况。

4.联系方式

要求通知和邀请对象填写工作单位地址、邮编、电话、传真以及个人手机、电子邮箱等信息。

5.其他事项

如会议费用的缴付方式、参展事项、住宿和观光要求等。

（四）回执、报名表和申请表的格式与写法

回执、报名表和申请表的格式可以根据提交的方式确定。要求以电子邮件、传真、邮寄的方式提交的，格式如下：

1.标题

标题写明会议的名称和"回执"或"报名表""申请表"。

2.正文

正文采用表格的形式，以便于填写。正文中最好设"备注"一栏，可让通知和邀请对象说明特殊情况。

3.具名

以个人名义参加的，由个人签名；代表单位参加的或按单位组团参加的，署单位名称并加盖公章。

4.填写日期

要求通知和邀请对象填写具体日期。

案例导引：回执和报名表参考格式

××××学术研讨会回执

姓名		性别		年龄	
民族		职务		职称	
工作单位				联系电话	
通信地址				邮政编码	
回程票预订	（请写明回程票的时间、班次、到站和具体要求）				
拟提交论文的题目					
备注					

填表日期：　年　月　日

中英工商峰会报名表
（请务必将中英文信息填写完整）

单位名称（中文）		
单位名称（英文）		
所属行业及业务范围（中英文）		
出席人员姓名 （每单位限报1人）	职务（中文）	职务（英文）
届时四个分组会议将同时举行，请从以下选择一项		

1. 高端装备制造业		是□	
2. 信息技术及数字经济		是□	
3. 金融服务		是□	
4. 低碳经济		是□	
联系人		电话	
传真		手机	
E-mail			
详细邮寄地址及邮编			

请加盖单位公章

注：请填妥报名回执并于 11 月 5 日前传真至 ×××××××××。

六、通知和邀请工作的基本要求

（一）符合规定

会议通知和邀请对象的主体是会议成员。在确定通知和邀请的范围、对象资格时，凡法律、法规、规章和会议规则有规定或者会议的组织领导机构已经明确的，必须严格遵守，任何人都不能擅自扩大或缩小范围，变更通知和邀请对象的资格。

（二）讲究礼仪

发出会议通知或邀请，往往是主办者在向特定对象表达友好善意。一个邀请电话、一次当面邀请、一封请柬或者邀请函，虽然语言简短，却渗透着主办者的一片热忱和欢迎之意，具有礼仪性。会议通知和邀请的礼仪表现在以下几个方面：

1. 邀请的名义要与邀请对象相对应。比如邀请重要嘉宾，邀请函和请柬应当以主办方或组织领导机构最高领导人的名义发出，并由最高领导人亲自签署姓名。

2. 正确使用通知和邀请文书的文种。不同的通知和邀请文书的文种具有不同的功能，适用于不同的对象。比如，邀请社会名流出席仪式类会议活动，就必须使用请柬，而不能用通知或者邀请函。

3.请柬和邀请函的语言要恭敬、得体、儒雅。例如，请柬和邀请函的称呼应当前置敬语词"尊敬的"，称呼对方应当用"您"。要多使用具有书面语体的礼貌用语，以显示温文尔雅。

（三）灵活运用多种方式

会议通知和邀请方式多种多样，有当面邀请、电话通知、传真电邮、邮寄快递、招贴广播、刊登广告等，每一种方式各有特点。会务工作人员要根据会议的性质、参加的范围、时间的缓急和保密要求，选择恰当的方式做好通知和邀请工作，必要时可以同时使用两种以上的方式，以提高通知和邀请的有效性。

（四）注意发送的准确性

1.重要会议的通知和邀请文书当面送达时，应请对方签收。由其他人代为签收的，通知人事后要追踪落实，确保通知到通知和邀请对象。通过传真或电子邮件发送的，应请对方收到后及时回复。

2.采用邮寄快递方式的，填写信封时，要仔细核查信封上的收信人姓名或收信单位名称与通知和邀请文书上的对象是否相符，不能"张冠李戴"。

3.凡个别通知和邀请的对象，都要仔细核对名单，避免遗漏和重复发送。

（五）把握好通知和邀请的时机

1.根据会议的性质和要求确定发送通知和邀请文书的时间。如举办国际学术会议，其通知和邀请文书至少提前半年发出，以便与会者有足够的时间做好论文交流和办理护照、签证的准备。举办全国性学术会议，至少提前三个月发出通知和邀请文书。

2.掌握好会议信息发布的连续性。对一些需要公众广泛参与的会议活动，应当有计划、连续性地发布会议信息，以强化公众的印象。

3.举行重要会议，通知和邀请文书发出后，在召开之前，应再用电话逐一提醒与会者。

第二节　会议接待概述和准备

一、会议接待概述

（一）会议接待的含义

会议接待是指围绕与会者的迎送和吃、住、行、游、乐等方面所做的安排，是会务工作的重要组成部分。

（二）会议接待的作用

在会议活动中，接待的作用有以下几个方面：

1. 为会议活动提供保障

规模较大或者会期较长、需要住宿的会议活动都离不开接待工作。会议接待通过妥善、周到、细心的安排，给与会者提供各种方便，解除他们的后顾之忧，使他们事事称心、处处放心，全身心地投入会议活动，从而保障会议顺利进行，提高会议的效率，实现会议的目标。

2. 树立良好的社会形象

会议接待的过程也是主办者对外宣传、树立良好社会形象的过程。会议接待人员热情友好的态度和礼貌优雅的接待风度，接待活动的合理安排和顺利进行，这一切都会给与会者留下美好而又难忘的印象，有助于树立主办者良好的社会形象，提高主办者在与会者和公众心目中的地位。出色的国际会议活动的接待，还有利于提高一个城市甚至一个国家的国际声望。

（三）会议接待的特征

1. 广泛性

会议接待的对象十分广泛。就一次具体的会议来看，接待对象不仅有正式成员（正式会员）和列席成员（非正式会员），还有特邀嘉宾，甚至还有与会者的随行人员、前来采访的记者和其他旁听者；不仅有本单位的领导和群众，还可能有上级机关和主管部门的领导。国际性会议活动的接待对象更为广泛，不同国家和地区、不同民族、不同宗教信仰和文化礼俗、不同意识形态的与会者聚集在一起，构成一个复杂的接待对象群体。会议接待对象的广泛性特征要求会议的接待工作既要照顾大多数与会者的共性，又要兼顾少数人的特殊性。

2. 礼仪性

现代会议接待，特别是国际性会议接待，要非常注重礼仪和礼节。比如，接待仪式要体现庄重性，接待方式要符合国际惯例，接待规格要符合对等性，接待人员的言谈举止要符合一定的礼节。接待中的礼仪和礼节既反映了东道主对与会客人的基本态度，同时也在一定程度上体现了东道主的文明水准。因此，会议接待人员一定要掌握对内和对外接待的基本知识和方法，熟悉各种国际礼仪和礼节，努力提高自身的文化和礼仪修养，通过会议接待向与会者、社会、世界展示主办者文明礼貌的风采。

3. 服务性

接待的过程就是服务的过程。会议接待要为与会者（有时还包括随行人员、记者等）提供满意的服务，为他们提供一些方便、解决一些困难，为他们全身心参加会议活动创造安全、舒适、称心的会议环境。

（四）会议接待的原则

1.热情友好，细致周到

在会议接待中，接待人员既要有热情友好的态度，处处替与会者着想，事事为与会者提供方便，尽可能满足与会者的需要和愿望，使他们有一种宾至如归的亲切感，又要有细致、周到的工作作风。会议接待工作环节多、涉及面广，有时一个小小的差错就可能引起客人的误会或不愉快，影响会议活动的顺利进行，甚至产生不良的政治影响，造成一定的经济损失。因此，会议接待人员应当充分意识到接待工作的重要性，以饱满的热情认真做好每一项接待工作，通过周到的服务，保证会议活动的顺利进行。

2.一视同仁，平等对待

现代会议接待对象的广泛性特征决定了接待人员必然要接待来自不同的国家、地区或组织，不同的种族或民族，具有不同的意识形态、宗教信仰、风俗习惯的与会者。由于与会者的身份、职务不同，接待规格可能会有区别，但在接待态度上要一视同仁、平等对待。比如，举行迎送仪式、确定会议中的礼宾次序，要按照国际惯例或者约定的规则。任何针对国别、种族、性别的歧视，都必然会引起会议气氛和相互关系的紧张，不利于会议目标的实现。

3.俭省节约，倡导新风

接待费用占会议成本的绝大部分，因此勤俭办会的关键之一就是会议的接待要注意俭省节约，无论是对内还是对外、对上还是对下的接待，都要坚持这一原则，反对讲排场、摆阔气、奢侈铺张、大吃大喝。

4.加强防范，确保安全

会议接待，安全第一。没有切实的安全保证，就不会有成功的会议。会议接待的安全包括饮食安全、住地安全、交通安全等。要制订有效的预案，采取严格的防范措施，消除一切安全隐患，确保会议顺利进行。

二、收集与会者的信息

充分收集与会者的情况，是有针对性地做好会议接待工作的必要前提。

（一）收集与会者信息的范围

1.与会者的基本情况

与会者的基本情况包括他们的国别、地区、所代表的组织机构、参加人数、姓名、性别、年龄、身份、职务、民族、宗教信仰、生活习俗、健康状况等。

2.参会的目的、意图和背景

参会的目的、意图决定与会者在会议期间的立场和态度，也是制定接待方针的基本依据之一，主办方应当通过多种途径了解和掌握并收集相关的背景信息，加以综合，以便有针对性地做好接待工作。

3.过去参加会议的情况

比如，了解和掌握与会者的参会次数，历次参会的动机，对哪些问题感兴趣，在接待方面曾经提出过什么要求和希望，同哪些人关系密切，参加过哪些项目，达成过哪些协议等。

4.抵离时间和交通工具

要准确掌握与会者抵达和返离的具体时间和交通工具，以便安排人员和车辆到机场、码头、车站迎接和送别。

（二）收集与会者信息的途径与方法

1.汇总回执、报名表和申请表

汇总回执、报名表和申请表，是了解和掌握与会者信息的主要途径和方法，据此可以了解与会者的职业、身份、职务、性别、年龄、民族等基本信息，预计参加人数，掌握与会者的组成结构和分布情况等信息。这些信息数据对于做好会议接待工作具有十分重要的价值。

2.查阅历次会议活动的档案资料

历次会议活动的档案资料中保存了以往会议接待的记录，这对于掌握与会者的基本信息，了解其立场、观点、态度的变化以及其生活起居的特点有很大的帮助。

3.请有关部门提供情况

为了全面了解与会者的情况，也可请有关部门协助提供一些情况。比如，举办国际性会议活动，可通过外国驻华使馆或领事馆了解与会国国旗悬挂的规则、特殊的礼仪与礼节等。

三、拟订会议接待方案

对重要会议，会务工作机构应当事先制订接待方案。接待方案经会议领导机构批准，即成为会议接待工作的依据。

（一）会议接待方案的表现形式

会议的接待方案有三种表现形式：第一种是在会议总体方案中对各项接待工作做出框架性安排，不形成独立文件；第二种是形成独立的综合性接待方案，作为总体方案的附件，内容涉及会议期间所有的接待工作；第三种是形成独立的专项接待方案，专门对特定对象或特定配套活动的接待工作做出安排，如记者接待方案、开幕式接待方案等。

（二）会议接待方案的基本内容

1.接待工作的对象和指导思想

会议接待工作的对象和指导思想是相互关联、相互制约的。会议接待对象众多，可按身份、资格、区域、民族、与会目的、与主办单位的相互关系加以区分。接待对象不同，接待的具体目的和要求也会有所区别。因此，会议接待方案要对接待对象进行分析，为制定具体的接待要求、规格、方式提供依据。

会议接待的指导思想即接待工作的总原则，又称接待方针，应当根据会议的目标和会议领导机构对接待工作的要求以及接待对象的具体情况确定。

2.接待规格

接待规格实际上是指与会者所受到的礼遇规格的高低，体现主办者对与会者的重视和欢迎程度。接待规格要依据会议活动的目标、任务、性质、接待方针并综合考虑与会者的身份、地位、影响以及宾主双方的关系等实际因素来确定。确定接待规格要适当。涉外会议的接待规格应严格按有关外事接待的规定执行。会议的接待规格主要表现在以下几个方面：

（1）迎接、宴请、看望、陪同、送别与会者时，主办方出面的人员的身份。具体可以分为三种情况：一是高规格接待，即主办方出面人员的身份高于与会者，以体现对会议的高度重视和对与会者的高度尊重；二是对等规格接待，即主办方出面人员的身份与与会者相等；三是低规格接待，即主办方出面的人员的身份比与会者低。低规格接待只适用于会议中的事务性接待，如与会者前来了解会议的安排时，可由专门的会议工作人员负责接待。

（2）会议过程中主办方安排宴请、参观、访问、游览、娱乐活动的次数、规模和隆重程度。活动次数越多、规模越大、场面越隆重，说明规格越高，反之则越低。

（3）主办方确定的与会者的食宿标准。食宿标准越高则规格越高，反之则越低。

3.接待内容和具体措施

会议接待的内容包括接机接站、现场引导、报到签到、食宿安排、欢迎仪式、设宴款待、看望拜访、会见会谈、翻译服务、文艺招待、参观游览、联欢娱乐、票务预订、返离送别等方面。接待内容的安排应当服从于整个会议活动的大局，并有利于与会者的休息、调整，使会议活动有张有弛、节奏合理，同时也能够为会议活动创造轻松、和谐的气氛。接待的具体措施包括接待人员的组织与培训、接待事务的联系与落实、确保接待对象安全的措施等。

4.接待流程

接待流程应当写明每项接待活动的具体时间、活动名称、地点、接待方的出面人等事项。接待流程安排应当服从会议日程的整体安排，并在会议日程表中反映出来，以便与会者了解和掌握。

5.接待分工

每项接待工作必须落实到部门和每个接待人员，大型会议的接待工作可在组委会下面设专门的接待工作机构，如报到组、观光组、票务组、保卫组等，分别负责各项接待工作。

6.接待经费

接待经费是整个会议经费的构成部分，包括与会者的食宿、交通，与会者参观、游览、观看文艺演出，赠送与会者礼品等方面的费用。接待方案应当对接待经费的来源和支出做出具体说明。

（三）会议接待方案的格式与写法

1.标题

会议接待方案的标题有两种写法：

（1）由会议名称＋"接待方案"组成，适用于大型会议的接待方案。如：

太原市招商旅游年暨纪念建城 2500 年系列活动接待方案

（2）由活动名称＋接待对象＋"接待方案"组成，适用于接待大型会议活动中的特定对象。如：

××博览会记者接待方案

2.主送机关

直接报请上级批准的接待方案，应当写明上级机关的名称。如作为请示的附件上报，由于请示中已写明主送机关，则方案中不必再写主送机关。

3.正文

会议接待方案正文的开头部分可先用一段文字说明制订该方案的目的和依据，如"为做好××会议的接待工作，根据《××会议总体策划方案》的基本原则和要求，制订本方案"，然后转入主体部分。主体部分一般采用序号加小标题的结构体例分别写明接待方案的各项内容。直接上报请求批准的接待方案，结尾处要写"以上方案妥否，请审批"等字样。作为请示或会议总体方案附件的接待方案可省去结尾。

4.附件

接待方案如有附件，要写明附件的名称和序号。

5.落款或署名

上报审批的接待方案署提交部门的名称。如果接待方案是由会议策划人员拟写的，也可由其具名。接待方案经审批后也可以以审批机关的名义发布，或由审批机关批转下发。

6.成文日期

接待方案应写明提交的具体日期。经批准发布实施的方案，也可写批准的日期。

案例导引：接待方案例文

××市首届招商投资洽谈会接待方案

一、指导思想

本次招商投资洽谈会是我市建市10年来首次举行的大型涉外投资招商活动。届时，预计有500多个国内外企业和政府组织前来参加，接待人数预计达2000多人，接待工作任务相当重。为了确保洽谈会的成功，接待工作一定要高标准、严要求，以热情、友善、真诚、周到的服务，使国内外来宾感到满意，从而赢得来宾的信任，树立我市文明城市的形象，体现我市良好的投资环境。

二、接站

在机场、火车站设立接待站，由专人负责接待。重要来宾抵达时，拟安排市领导迎接。

三、食宿安排

××宾馆、××饭店等10家星级饭店负责安排来宾的食宿。

四、招待活动

××月××日开幕式当天，举行欢迎晚宴，由市长主持，市委书记致欢迎词。

××月××日和××月××日分别由市政府和市对外友好协会出面举行招待酒会。

××月××日在××大舞台为来宾举行专场文艺招待演出。

××月××日下午闭幕式后，举行欢送宴会，由常务副市长主持，市长致欢送词。

五、安全与交通

市公安局负责大会期间场馆安全保卫工作，确保场馆附近交通畅通。

市公用事业管理局负责大会期间接待用车。

六、翻译服务

为满足大会期间的翻译需要，由市外办负责抽调50名英、日、法三个语种的翻译人员。

七、经费

以上接待工作所需接待经费××万元。详细预算见附件。

××市首届投资招商洽谈会组委会

××××年××月××日

四、选派和培训接待人员

（一）接待人员的选派

会议接待人员是接待工作的具体实施者，是会务工作人员的组成部分。但是，会议接待人员与其他会务工作人员有一个工作方式上的区别，这就是直接面对所有的与会者，代表主办者直接为与会者提供全方位的服务。因此，组织好一支接待队伍对于搞好会议的接待工作意义重大。

就一个特定的会议而言，会议接待人员的组成包括：

1. 主办单位领导人

主办单位领导人是会议接待工作的最高责任者，对整个接待过程负有领导和指导的责任，负责确定接待的指导思想，制订和审批接待方案，必要时亲自出面接待。

2. 翻译人员

涉外会议或有少数民族代表参加的会议，要选派外语或少数民族语言翻译人员。翻译人员应当政治上可靠、业务上过硬。

3. 陪同人员

会议活动中安排参观、考察、游览活动的，要选派身份合适的人员陪同。专业性较强的参观考察，还应当选派懂业务的人员讲解介绍。

4. 现场接待人员

如接机接站人员、礼仪引导人员、会场服务人员等。

5. 会务工作机构的业务人员

涉及会议专门业务问题的接待，需要会务工作机构的有关业务人员出面或者参与。

（二）接待人员的培训

会议接待人员的礼仪素养和接待技能直接关系到接待的质量。在一些大型会议活动中，在接待工作第一线的往往是从各单位临时抽调的人员或者是由在校的学生和普通市民组成的志愿者，较缺乏大型活动接待的经验和知识。因此，组织接待人员进行业务培训，提高他们的业务水平，是做好会议接待工作的重要前提。接待培训的内容非常广泛，通常包括以下几个方面：

1. 本次会议的基本知识，包括会议的宗旨、目标、性质、特点、规则、议程、日程和程序等。

2. 接待对象的基本情况。接待的对象往往是多方面的，对象不同，接待的要求也不同，因此会议接待工作人员要根据具体的接待对象学习和掌握有关的接待知识和接待技能，以便有针对性地做好接待工作。

3. 相关的接待知识。相关的接待知识包括世界历史地理，各国风俗习惯，国际礼仪规范，举办城市的交通、购物、观光信息，场馆内各种设施的功能、使用方法和位置等。

4.接待技能。接待技能包括服饰仪表、语言沟通、接机接站、引导指路、签到报到、翻译介绍、陪同出行等。

五、准备接待物品

（一）礼仪用品

会议礼仪用品种类繁多，应根据会议的性质和实际需要准备。常见的礼仪用品有敬献用的鲜花（花束、花篮、花环、花圈），佩戴用的胸卡、胸花、绶带，剪彩用的彩球、彩带、金剪等。

（二）茶水点心

茶水以及茶具是会议期间必备的物品。必要时还可准备一些点心和饮料，供与会者在茶歇时食用和饮用。

（三）交通工具

会议接待部门要配备一定数量的轿车、客车，保证会议接待用车。也可通过签订用车合同，把用车服务承包给信誉良好的出租公司。对所配备的车辆应进行安全检查，对司机应进行安全教育，确保行车安全。

（四）会议礼品

会议期间，主办者常常会赠送一些礼物给与会者作为纪念。准备礼物应注意以下几点：

1.符合规定。世界上很多国家对赠送或接受礼品有法律规定，因此，赠送给与会者的礼物必须符合这些规定。

2.体现民族特色和地方特色，或者体现主办者的形象，具有纪念意义和象征意义。

3.尊重受赠人的习俗和爱好。

六、落实好食宿、安全保卫和新闻报道工作

会议开始前，要根据已经获得的与会者的信息、经费预算标准以及与会者的特殊要求，安排好就餐，预订好住房。如果安排宴请，要事先根据接待规格和人数，确定宴席的标准、地点和席数。

举办大型会议活动，要事先与卫生部门和交通管理部门联系，安排好公共卫生防疫和交通指挥、疏导工作。

对有重要人物参加的会议活动，应同安全保卫部门联系，做好安全警卫工作。

重要会议或者有重要对象参加的会议，如有需要，还要与新闻单位联系，准备采访和发布新闻消息。

第三节　接站与引导

一、接站

（一）接站工作的含义和意义

会议接待人员前往机场、码头、车站迎接与会者，这项工作统称接站，也可分别称为接机、接船、接车。接站是跨区域和国际性会议接待工作的第一道环节。优质的接站服务会给与会者提供极大的方便，对初次到访的与会者来说尤其如此，使他们一抵达会议举办地，就有一种宾至如归的亲切感。

（二）接站工作的程序及其要求

1.掌握迎接对象的信息

会议接待人员要事先了解迎接对象的姓名、身份、国别、人数、抵达的具体时间以及乘坐的交通工具，以便安排相关的接站工作。

2.确定迎接规格

接站前要根据迎接的对象确定相应的迎接规格。有重要人物前来参加会议活动，主办方应当指派有相应身份的人士前往机场、码头、车站迎接。迎接对象的身份高于主办方领导人身份的，主办方领导人应亲自前往迎接，也可委派接待官员接站，自己在会场或酒店门口迎接。必要时也可在机场、车站、码头组织一定规模的群众性欢迎队伍。

3.通知迎接人员

迎接人员一定要提前到达迎接现场。

4.竖立欢迎标志

与会者集中抵达时，在出口处以及交通工具上要竖有醒目的接待标志，如"热烈欢迎参加×××会议的海内外来宾"。

5.随时更新抵达信息

由于飞机、火车误点时常发生，接站人员要随时更新与会者抵达的信息，避免漏接。

6.热情介绍

与会者到达时，迎接人员应迎上前去自我介绍，表示欢迎。如果领导人亲自迎接重要的与会者，且双方是初次见面，可由接待人员或翻译人员进行介绍。通常先向来宾介绍主办方欢迎人员中身份最高者，然后再介绍来宾。主客双方身份最高者相互介绍后，再按先主后宾的顺序介绍双方其他人员。这种介绍有时也可以由主办方身份最高者出面。介绍时要注意以下几点：

（1）按职务和身份的高低顺序进行介绍。

（2）被介绍人的姓名、职务、职称、学衔要准确、清楚。

7.主动握手

见面、介绍的同时双方要握手。主人主动、热情的握手会使对方感到亲切和感受到主办方的诚意。

8.献花

对重要的与会者可安排献花。献花必须注意以下几点：

（1）选择适当的花系和花语。一般以红花色系与紫花色系为佳，选择的花语以代表"友谊、喜悦、欢迎"的花材为主。对外籍与会者献花要尊重对方的风俗习惯，花的品种和颜色要根据不同的对象来选择。

（2）花束要整齐、鲜艳。

（3）安排好献花人选。一般安排女青年献花。如来宾夫妇同时抵达，一般安排少年儿童（一男一女）献花。女少年向男宾献花，男少年向女宾献花。有时也可由主办方领导人亲自上前向来宾献花，以表示最诚挚的欢迎。

9.陪车

陪同来宾乘车时要注意座位次序。小轿车座位的礼宾次序通常为"右为上、左为下，后为上、前为下"，即小轿车的后排右位为上座，安排坐来宾；后排左位为次座，安排坐主办方领导人；接待人员坐在司机旁的座位上。三排座位的轿车，最后一排为上座，中间一排坐翻译或秘书。接待人员单独陪来宾乘车时，坐在来宾的左侧。上车时，接待人员应打开右侧车门，请来宾从右侧门上车，自己从左侧门上车，避免从来宾座前穿过。如来宾上车后坐到了左侧，则不必请来宾挪动座位。来宾如有行李，接待人员应主动接过，在后车厢中放妥。陪车中，接待人员应主动与来宾交谈，介绍会议的安排情况、当地的资源环境和风土人情等。到达目的地后，接待人员应当先下车，为来宾打开车门用手挡住门框上沿，协助来宾下车，并主动提行李。

二、引导

（一）引导工作的内容和意义

会议引导工作的内容有三个方面：一是为与会者指路，二是为与会者引座，三是在仪式性活动中协助主礼嘉宾完成签字、剪彩、揭幕、颁奖、启动信号等仪式。引导工作的服务区包括会场和住地。做好引导工作的意义在于：

1.为与会者提供方便

指路引座，看似小事，但却能及时为与会者提供方便，使他们感到亲切。

2.展示礼仪形象

在仪式性活动中，引导工作具有强烈的礼仪性。礼仪引导人员身着鲜艳统一的服装，微笑服务，是会场上一道亮丽的风景线。

3.确保重大仪式顺利进行

在仪式性活动中，礼仪人员的一项重要任务是协助领导人或嘉宾签字、剪彩、颁奖、授勋、通车、奠基、揭幕、揭牌、植树、启动信号等仪式的顺利进行。比如，在签字仪式中，礼仪人员充当助签人，帮助签字人员翻揭文本，指明签字处、吸墨并传递文本。在剪彩仪式中，礼仪人员要为剪彩嘉宾托好彩球，递上剪刀。可见，礼仪引导工作是仪式性活动圆满成功的重要保障。

（二）引导工作的要求

1.做到全程全场服务

整个会议期间，与会者对引导服务的需求随时随处都会发生，因此引导工作必须贯穿于会议的全过程，覆盖到会议全场以及住地。

2.实行全员服务

设专职引导人员（即礼仪人员）是做好引导工作的有效措施，但由于引导工作随时随处都会发生，因此每一位会务工作人员都应当履行引导的义务，实行全员引导服务。

3.做到礼貌服务

引导人员要注意自己的仪容、仪态，注意观察与会者的服务需求，主动询问是否需要帮助，语言要文明礼貌，态度要温和亲切，符合礼仪规范。

4.实现有效服务

引导人员要熟悉会议的具体流程，了解会场和住地的布局以及各种配套设施的情况，要重点掌握各种仪式的实施环节和技术要求以及主席台领导人座次的安排。必要时事先进行排练，确保提供准确、有效的引导服务。最好能掌握本地的交通、旅游、购物等情况，以备与会者随时咨询。国际性会议的礼仪人员还要能够熟练使用外语。

第四节　报到与签到

一、报到

（一）报到的含义和作用

与会者抵达会议现场或住地时，向组织者出示有效证件、办理登记手续、确认已经到会的手续称为报到，又称现场注册。报到的主要作用体现在以下两个方面：

1. 通过登记注册与会者的信息，便于组织者掌握与会者实际抵达的情况，以便做好相应的接待工作。

2. 通过汇总与会者的信息，建立与会者的数据库，为编制会议通讯录、总结评估会议、日后查考提供依据，为举办往后各届会议提供信息支持。

（二）报到工作的流程

1. 查验证件

查验证件的目的是确认与会者的参会资格。需查验的证件包括会议通知书或邀请函，有时也可要求出示单位介绍信、身份证和其他有效证件。

2. 注册信息

注册信息有两种方式：一种是由参加对象（包括媒体记者）手工注册，在报到注册表上填写个人和单位的有关信息，然后装订成册；另一种是先由参加对象手工填写个人和单位信息，然后由工作人员用计算机信息系统进行注册。由于实际到会的情况和根据回执或报名表统计的信息常有出入，因此最后的统计信息应当以报到时注册的信息为准。

报到注册表应该精心设计，信息要全面，填写要方便，必要时也可附带一些简便的问卷题目。报到注册表的结构与写法如下：

（1）标题：写明会议的名称和文种，如"报到注册表"或"注册登记表"。如果配套活动较多，与会者分别参加其中某项活动的，或者参加者数量较大，需要分类别报到注册的，可在标题中写明类别。

（2）正文：正文一般采用表格的形式。一般可设姓名、性别、年龄、学历、专业、职务、职称、国别（地区）、工作单位名称、单位性质、通信地址、邮编、电话、传真、电子邮箱、房间号码、报到时间、报到地点、报到编号、随行人员等项目。以上项目可根据实际需要选择设计制作。

3. 接收材料

与会者随身带来的需要在会上分发的材料，应当由会议工作人员统一接收，经审查后再统一分发。这样做一方面可以防止与会者在会场上自行分发从而影响会议秩序，另一方面也可以防止材料未经审查可能造成的政治、外交和法律上的不良后果发生。

4. 发放文件

除了提前分发的会议文件外，其他文件应当在与会者报到时一并发放。现场分发会议文件要注意以下几点：

（1）会议的主要文件及会务管理性文件，如工作报告、议程、日程安排、作息时间表等，要尽可能在与会者报到时分发。

（2）保密文件要履行签收手续。需要清退的会议文件要发放文件清退目录，要求签收者妥善保存，会议结束时退回。

（3）事先做好分发文件的各项准备。比如，将需要分发的文件按正式代表、列席代表、特邀代表、记者等不同身份分装，做到人手一袋，便于分发。

5. 预收费用

如需收缴会务费、食宿费、资料费等费用，报到现场要安排人员负责。如大会安排观光旅游项目，在报到时还要办理登记和收费手续。

6. 安排住宿

要根据与会者的身份和要求，在现有的条件下合理安排住宿。住宿安排好后，接待人员应当在登记表上标明每个与会者的房间号码，以便会议期间联系。

（三）报到工作的要求

1. 分工明确

会议报到工作头绪较多，如检查证件、登录信息、接收文件、分发文件、预收费用、安排住宿等，每项工作都要事先明确分工、责任到人。

2. 准确细致

会议报到工作直接面对每个与会者，接待的要求又因人而异，必须区别对象，按不同的资格、身份，提供有针对性的接待服务。检查证件、登录信息、分发文件、预收费用等工作还必须非常仔细，不能出现差错。

3. 服务到位

报到现场应有会议报到处的明显标志，并备有沙发和茶水，以便与会者集中报到时临时休息。报到工作人员态度要热情，语言要礼貌，要主动向与会者介绍会议的各种注意事项，耐心回答和解释与会者提出的各项问题。房间确认后，应派人帮助与会者提携行李，引导与会者入住房间，并向与会者介绍房卡的使用方法。如果与会者报到时已近会议开幕或者就餐时间，也可直接引导其进入会场或者餐厅。

二、签到

（一）签到的含义和作用

签到是指与会者每次出席会议进入会场时在专门的表单上亲自签字，证实已经到会的手续。

签到和报到都是指与会者到达会议举办地时所办理的手续，但二者属于两个不同性质的接待环节。二者的区别是：报到是指与会者在到达会议活动所在地时所办理的登记注册手续，但不一定证明其参加每一次具体的活动；签到则是与会者在进入会场时签名或刷卡，证明他参加了这一次具体会议活动。在一些法定性会议上，签到是一种法律行为。会期较短、无须集中接待的会议活动，一般只需办理签到手续，而会期较长、具体活动较多、需要集中接待的会议活动，不仅要求与会者签到，而且还要办理报到手续。

会议签到具有以下几个方面的作用：

1. 统计实到人数

实到人数往往是确定法定性会议有效性的必要条件。签到能够精确统计参加会议的人数，因而是法定性会议不可缺少的环节。一般的会议活动通过签到，统计出实到人数，可以为会议人气指数分析和效果评价提供依据。

2. 检查缺席情况

与会者的缺席，会影响会议精神的全面贯彻落实。签到能够准确反映缺席情况，以便及时通知有关人员到会，或通知缺席对象另行补会，防止会议精神在这些单位得不到及时传达和贯彻。

3. 留作纪念

庆典仪式、纪念性和追悼性会议活动的签到簿可以珍藏，留作永久的纪念。

4. 作为历史凭证

与会者的亲笔签名是第一手签到记录，是其参加会议活动的书面证明，可为日后的查考提供历史凭据。

（二）会议签到的方式

1. 簿式签到

这是指与会者在工作人员事先准备好的簿册上签名，以示到会。簿式签到宜于保存，也具有纪念意义，常常用于各类庆典和仪式。会议活动规模较大、与会者较多并且集中到达时，可采取分头、分册签到的方式，以避免签到时出现拥挤的现象，影响会议活动按时进行。签到簿的封面或扉页上应当写明会议活动的名称、时间和地点，以便将来查考。有重要领导和嘉宾出席，可制作专门的签到簿，请他们题词留言。

2. 表式签到

这是指与会者在工作人员事先准备好的表格上签名，以示到会。通常情况下，会议活动都可以采用这种方式签到。签到表是重要的会议出席情况的记录，具有法定性。签到表上的会议基本信息要齐全，不能拿一张空白的纸让与会者随便签到，这样会给统计人数、检查缺席情况以及日后查考带来很多麻烦。

3. 电子签到

这是指采用电子签到系统签到。入场时，只需将签到卡放在签到机感应板上或采用非接触式扫描，电子签到系统会自动记录并显示与会者的信息，并自动统计出席、缺席等一系列数据。

（三）签到表（簿）的格式

1. 封面

需要收藏纪念的签到簿可设置精美的封面，标明活动名称、签到簿（签名册）、主办单位、时间、地点等信息。

2. 标题

不设封面的签到表（簿）必须写明标题。普通的会议写"会议签到表"即可。重大的会议还应当写明会议的名称。经常性的会议，标题可以固定化，如：

××××办公会议签到表

3. 正文

正文一般制成表格，内容项目包括：

（1）会议名称：如标题中未写明会议名称，表格中必须写明。

（2）主办单位名称：标题中未显示主办单位名称的，必须在表格中写明。

（3）举办时间：写明举行会议的具体时间，要精确到时和分。

（4）举办地点：写明会场名称。

（5）应到单位名称或应到人姓名：应到单位名称或应到人姓名可事先填写或打印好，右侧留出签字的空格，由与会者在相应的空格内对号签名。这样做既可使缺席情况一目了然，又便于统计参加人数。会议如有正式代表与列席代表之分，应当分栏签到。

（6）签到时间：有的会议组织者还要求签到时注明签到时间，以便掌握签到者实际到会的确切时间。

案例导引：签到表参考格式

×××××× 会议签到表

时间	年　月　日　时　分		
地点			
出席	签名	列席	签名
张维		李明	
王永康		李伟	
王善祥		钟杰书	
施福社		×××	
×××		×××	
×××		×××	

注：用于会议名称固定的例行性会议

会议签到表

会议名称			
主办单位			
时间		会议地点	
出席单位	签名		
×××			
×××			
×××			
×××			
×××			
×××			

注：用于需按单位签到的会议

第五节　看望、拜访与合影

一、看望与拜访

（一）看望与拜访的作用

会期较长的会议，与会者和记者报到安顿好以后，主办方领导人及时出面看望或拜访，表示欢迎、感谢和慰问。这既是一种礼节，同时能够利用会议活动即将开始的机会，进一步同与会者进行沟通交流，增强会议的凝聚力，为会议活动的成功再添一块基石，因而也是会议活动的一种领导艺术和手段。看望和拜访是有区别的。看望是高级别人员会见低级别人员，而拜访是低级别人员会见高级别人员或同级别人员之间会见。

（二）看望与拜访的安排及其要求

1. 确定出面人

看望的出面人可按看望、拜访对象的身份来安排。身份高的，应当由主办方的领导人亲自拜访。其他对象，也可适当安排领导人亲自出面看望或拜访。如领导人抽不出时间，可委托其他有一定身份的人士前去看望、拜访。规模较大的会议活动，可安排多位领导人分头看望、拜访。

2. 安排时间和地点

看望、拜访的时间一般安排在报到之后、会议开始之前为宜，也可以安排在会议活动的前半段，但不应安排在即将结束时。看望、拜访的地点大致有三种安排方法：第一种是到与会者住宿的房间看望、拜访，气氛比较轻松随和；第二种是到会议分组讨论的会场看望，也可将领导看望和领导参加分组讨论结合起来；第三种是专门安排会客室进行会见，这用于拜访较重要的与会者。

3. 通知

领导人看望、拜访之前，工作人员应先口头或电话通知对方和己方的陪同人员。重要领导人出面的看望、拜访，可列入会议的日程表。

4. 翻译和记录

领导人看望、拜访与会者时，要有秘书或翻译陪同。秘书或翻译除向与会者介绍领导人和做好翻译工作外，还要做好记录。对领导人在看望、拜访时所做的指示要及时办理。

二、合影

（一）会议合影的作用

会议期间主办方领导和与会者之间或者会见、会谈期间宾主之间合影，既可以表示友好、增进友谊、珍藏纪念，也可以通过公开发布照片对会议、会见和会谈活动进行宣传报道。

（二）合影位置安排

1. 国内会议合影时，主办方身份最高领导人位居前排中间，其他人按身份高低先左后右、一左一右向两侧排列。合影人数较多时，应准备阶梯形合影架，使后排高于前排。

2. 国际会议合影时，主办方身份最高领导人位居前排中间，其他人按身份高低先右后左、一右一左向两侧排列。身份相同时，按以下情况处理：

（1）与会者代表国家或组织出席会议的，按国名或组织名称首个字母的顺序排列，一般情况下以英文为准，国际组织内部举行的会议则以该组织规定的官方文字为准。

（2）与会者以个人名义出席会议的，可按资历或姓名首个字母的顺序排列，也可由主办方确定排列的原则。

3. 国际性双边会议或会谈合影时，按主左客右的原则，以面向摄影机为准，主人居左，主宾居右，宾主双方其他人员按身份高低交叉排列。如合影人数为单数，也可由主方领导人居中，主宾居右，第二主宾居左。两端应由主方人员把边。如果主客双方交叉排列后出现客方人员站在边上的情况，应当将两端主客双方人员的位置对换，以确保由主方人员把边，但人数较少时，则不必如此。

4. 双边会议、会见、会谈后如安排主人夫妇和主宾夫妇合影，位置的排法有多种方式：一种是按主左客右的惯例，主人夫妇居左，主宾夫妇居右；另一种是主人和主宾共同居中，主左客右，但双方的夫人交叉排列；还有一种是将主宾夫妇排在中间，主人夫妇排在外侧。

第六节　安排食宿、旅行活动和作息时间

一、安排饮食

（一）安排饮食的要求

1. 饮食卫生

饮食安排，卫生第一。只有清洁卫生的饮食才能使与会者吃得好、吃得满意。会议接待部门要按照有关食品卫生的要求和规定，采取有力措施，严格管理和监督，确保饮

食安全，从而保证会议活动的顺利进行和圆满结束。

2.规格适中

会议活动中的饮食一定要根据经费预算确定的就餐标准来安排。饮食标准应当由会议的领导机构确定，并贯彻勤俭节约的原则，反对大吃大喝和铺张浪费。

3.照顾特殊

与会者中如有不同饮食习惯的少数民族代表、外宾或其他有特殊饮食要求的代表，要特别予以照顾，尽可能满足他们的需要。

（二）安排饮食工作的程序

1.制订饮食工作的方案

会期较长的大型会议活动，要事先依据会议活动总体方案制订一套详细的饮食工作方案，主要内容包括：

（1）就餐人数。就餐人员包括与会者和工作人员。

（2）就餐标准。就餐标准要分解到早、中、晚三餐的具体支出。

（3）就餐时间。就餐时间要同会议活动的作息时间综合起来考虑。

（4）就餐地点。如果人数较多，要多安排就餐地点。

（5）就餐形式。就餐形式包括自助餐、个人分食、同桌共食等。

（6）就餐人员组合方式。就餐人员一般有两种组合方式：一种是自由组合，这种方式便于与会者利用就餐机会进行更加广泛的交流；另一种是按会议的固定编组就餐，这种方式较便于管理。

（7）就餐凭证。可以印制就餐券会前分发给与会者，也可以凭会议证件就餐。在住地宾馆就餐的，可凭房卡就餐。

（8）保证饮食安全的具体措施。

2.预订餐厅

餐厅的选择要考虑以下几点因素：

（1）餐厅大小是否能够容纳会议全部就餐人员；

（2）餐厅的卫生条件是否达到规定的标准；

（3）餐厅与会场和代表住地的距离是否适当；

（4）饭菜品种和质量能否满足要求，价格是否合理。

3.印制和发放就餐凭证

就餐凭证应在与会者报到时分发，并同时告知就餐时间、地点、形式、组合方式。

4.统计就餐人数

就餐人数的统计要尽可能准确，统计偏多会造成浪费，偏少则会影响部分与会者的就餐。就餐人数的统计一般以会议签到的人数为依据。如会议不实行签到，则必须现场清点人数或先由各小组分别统计，然后汇总。

5.商定菜谱

会务接待部门要十分重视菜谱的确定。要在经费预算的框架内，与有关餐厅商定一份科学、合理的菜谱，并尽可能满足某些与会者的特殊饮食需求。

6.餐前检查

就餐之前，要对饭菜质量、份数、卫生状况等进行必要的检查，如发现问题，应及时解决。

7.餐后反馈

与会者就餐后，要注意听取他们对饭菜质量以及餐厅服务态度的意见，以便及时改进服务。

二、安排住宿

（一）安排住宿的要求

1.住地相对集中

住地相对集中，一是有助于会议期间的信息沟通和事务联系，从而有利于加强对会议的领导与管理，二是有助于休会期间与会者之间进行非正式的沟通和交流。

2.距离会场较近

会议活动的住地要尽量靠近会场，最好是会场和住宿房间在同一个宾馆，这样既可以方便与会者，又可以节省时间和交通费用。

3.设施齐全，确保安全

住地的生活设施要齐全，消防和安全设施的性能要可靠，确保住地安全。

4.合理分配，照顾特殊

房间的分配有时较为敏感，因此要事先制定一套较为合理的房间分配标准。职务和身份相同的与会者，其住房标准要大体一致，以免产生误解。自费参加会议并对房间有特别要求的，应当尽可能予以满足。

5.规格适中，勤俭节省

在会议活动费用中，住宿费用往往占很大比例。因此，贯彻勤俭办会的原则，关键之一是尽量节省住宿费用。要根据会议的实际需要来确定所住宾馆的规格，不要盲目追求高规格，动辄租借豪华宾馆。

（二）住宿安排工作的程序

1.制订住宿安排工作方案

大型会议活动的住宿安排需要事先制订方案，内容一般要包括所住宾馆的地点、规格、费用、房间分配原则等。

2.统计住宿人数

住宿人数的统计可分为两步，第一步根据会议通知或邀请函的回执、报名表、申请表统计到会的大致人数，并据此预算预订的房间数量；第二步是统计实际报到的人数，这一数字比较准确，是最后落实房间和床位的依据。住宿人数应当包括需要住宿的记者、与会者的随行人员以及会务工作人员。

3.分析与会者的情况

在预订和分配房间之前，还要仔细分析与会者的基本情况，如与会者的性别、年龄、职务、职称、专业以及生活习惯、相互关系等。一般情况下，应当适当照顾女性、年长者和职务较高者。如果安排两人一间房间，专业相同或相近的与会者同住一间，会有利于他们之间进行交流。与会者如果带随行工作人员，可将他们安排在一起或相邻的房间，以便于他们开展工作，但有专门规定的除外。

4.确定预订房间的数量

预订房间的数量既要考虑与会者的人数和他们的具体情况，同时也要考虑会务管理和服务的实际需要。比如，有时会务工作部门需要在宾馆设立值班室或临时办公室，或者与会者需要在宾馆内举行会见、会谈，就应当适当预订若干会客厅。如果分组讨论的地点安排在宾馆内举行，还应预订适当数量的会议室。

5.落实宾馆和房间

落实宾馆和房间除了注意上面提到的几点外，还要考虑以下几点：

（1）该宾馆的房间数量能否容纳会议活动的住宿人数。如果是大型会议活动，住宿人数较多，一个宾馆容纳不下，还要预订多个宾馆，但宾馆之间的距离要尽量靠近，距离太远会给会务管理和服务工作带来诸多不便。

（2）房间的布局是否集中。房间过于分散不便于会务管理和服务。

（3）房间内的生活设施是否齐全并且完好。

（4）房间价格是否合理。

（5）适当多预订房间，留有一定的余地，以便遇到特殊情况时可以随时调剂。

6.分发房卡

与会者办理报到手续并确认房间后，工作人员应将房卡同其他会议文件一并交付，同时告知房卡退还的方式。

三、旅行活动

（一）工作安排

1.工作人员

会议相关的旅游或参观活动由会议接待组负责，但是需要会议推广注册组在代表注册时协助收集会议代表拟参加的活动人数，或者由会议接待组直接负责会议代表参加活动的报名和接待事宜。

会议的旅游或参观活动也可以委托旅行社负责，但会议组织方要指定专人负责协调相关事宜。

2.工作内容

首先要确定为会议代表及其配偶或者随行人员安排什么样的旅游或参观活动，同时确定活动安排的时间、相关费用及组织方式，并指定专人负责落实。

3.工作流程

第一步，确定旅游需求：根据会议的安排，确定旅游或者参观活动的具体需求；第二步，旅游服务商选择及预订：根据旅游需求，选择相应的服务商并预订其服务；第三步，会议代表旅游预订：将预订的旅游项目信息提供给会议代表供其选择参加。

（二）确定旅游需求

1.旅游需求的种类

（1）会议日程中的旅游或参观活动。有时旅游或参观活动可以作为正式会议日程的一部分，根据会议的主题来选择参观的地点，并且与会议日程中的其他活动有机结合在一起，例如在招商引资相关会议中安排参观工业园区或开发区。

（2）选择性的旅游或参观活动。作为会议正式活动的补充，可以根据会议所在地的旅游资源或产业情况，在会前或者会后安排旅游或参观活动，例如提供 2 ～ 3 条旅游或参观线路供会议代表选择。需要提供旅游或参观的线路、沿线参观的景点或单位、出发和抵达的时间、费用情况（是否含门票和餐饮）。

（3）会议代表配偶或随行人员的活动。如果会议代表携带配偶或随行人员参会的话，也可以考虑为其配偶或随行人员单独安排旅游或参观活动。

2.旅游活动时间安排

旅游活动可以安排在会议期间，作为会议活动的一部分，也可以安排在会前或者会后，会议代表配偶及随行人员的活动可以在会议期间另行安排。

3.旅游相关费用

如果旅游活动作为会议的正式组成部分，应该在收取会议注册费时一并加以考虑；如果作为可供会议代表选择的项目，可以列出相应的费用表，供会议代表自行选择。为会议代表配偶或者随行人员单独安排的旅游活动通常需要另行收费。

在确定旅游需求时需要考虑成本核算，可以在提供相应的旅游项目信息时，提醒报名人员提供该旅游服务需要的人数限制，包括最低及最高人数限制。

4.服务提供方式

会议组织方可以与旅游服务供应商直接协商预订相应的旅游项目，然后提供给参加会议的人员，也可以请旅游服务供应商作为会议的合作伙伴，请其直接与会议代表协商旅游活动的安排。

（三）旅游服务商选择和预订

根据确定的旅游需求，选择相应的服务商。通常可以与相应的旅行社联系，和其沟通会议期间的旅游需求并且就旅游服务达成一致的意见并签署旅游服务合同，也可以邀请相关旅行社作为会议的旅游项目服务供应商，让其直接与会议代表联系，而会议组织方并不需要与服务供应商签署合作协议。如果是组织参观工业园等活动时，一般由会议组织方直接与拟参观的部门联系，但是也需要预订相应的车辆来接送参加活动的人员。

负责旅游或者参观接待的车辆需要配备司机和导游，会议组织方应该指定专人负责整个旅游或参观事宜的总协调工作。

（四）会议代表旅游预订

在确定旅游或参观活动的具体项目后，将相关信息提供给会议代表及其配偶或随行人员供其报名参加。可以在会议注册表中包含参观和旅游安排的选项，包括线路、时间、地点和相关费用，明确费用的涵盖范围，如果需要支付额外的费用时，注明需要支付的费用名称及数量。也可以单独使用参观旅游注册表供会议代表填写。

（五）应注意的问题

1.选择合适的旅游或参观路线

要对会议代表及其配偶或随行人员的情况进行初步的分析，了解其有可能感兴趣的旅游或者参观活动。例如会场所在地点的著名景观、与会议内容相关的工业园区或者机构。

2.做好相应的应变计划

根据参加旅游活动的人员报名情况，及时调整旅游活动的安排，有时报名人数比预期的要多，需要增加预订的车辆，而报名人数太少时，有可能会导致取消预订的旅游或参观安排，为降低临时取消所产生的负面影响，可以在旅游或参观活动报名表中说明届时能够成行将取决于报名人数的多少，或者注明需要的最低报名人数。还必须为旅行者购买保险，以防不测。

3.妥善安排旅游或参观活动

在安排旅游或参观活动时，要多从参加者的角度出发去考虑其实际需求，例如如何解决上卫生间的问题，有时由于参加活动的人数过多，卫生间的数量不够用。如何解决参加人员的就餐问题也是需要考虑的。另外，如果安排参观活动的话，例如安排参观技术园区或开发区，安排的介绍时间不要过长，否则会使参观的人员感到非常疲倦而产生厌烦情绪。如果参观者包括国际会议代表，介绍时需要安排英文翻译，准备的资料最好也有英文介绍，而不是只有中文介绍。

四、安排会议作息时间

（一）会议作息时间的构成

会议作息时间是会议举行期间全体与会者生活起居和参加会议活动必须共同遵守的具体时间安排，一般由会务工作部门提出并经会议领导机构同意后印发作息时间表。

会议作息时间由以下几部分构成：

1. 就餐时间

就餐时间包括每天早、中、晚三餐的时间。

2. 开会时间

开会时间包括每天上午、下午会议开始、结束和会间（茶歇）时间。

3. 辅助活动时间

如晚上的娱乐活动时间。

（二）安排会议作息时间的要求

1. 服从会议任务的需要

会议作息时间是为完成会议的任务服务的，因此，服从会议的任务需要是安排会议作息时间的首要原则。当会议任务紧迫时，可以适当增加开会时间。

2. 劳逸结合

安排作息时间，一方面要有利于提高会议效率，另一方面也要保证与会者的休息时间，使他们有充沛的精力参加会议活动。

3. 及时通知

会议作息时间表应在与会者报到时就分发到手。作息时间如有变化应及时通知到人。

（三）会议作息时间表的格式与写法

1. 标题

标题由会议名称加"作息时间"或"时间安排"组成。

2. 有效日期

有效日期是指会议的起始和结束日期，位于标题之下居中，写明年份和开始、结束日期，外加圆括号。

3. 正文

会议作息时间表一般以时间为线索，写明就餐、开会、休息以及辅助活动的具体时间。

4. 说明或备注

如有特殊的时间安排，可以专门列出说明项或备注加以具体说明。

5.落款

落款一般写"××会议秘书处"。

6.发布日期

案例导引：会议作息时间表参考格式

××××国际学术研讨会作息时间

（2017 年 5 月 5 日～8 日）

7：00—7：45	早餐
8：00—9：45	举行会议
9：45—11：15	茶歇
11：15—12：00	举行会议
12：00—12：45	午餐
12：45—14：00	午休
14：00—15：30	举行会议
15：30—16：00	茶歇
16：00—17：30	举行会议
17：30—18：30	晚餐
18：30—21：30	电影、座谈、娱乐、自由活动

会议秘书处

2017 年 5 月 4 日

第七节　会议证件管理

一、会议证件的作用和种类

（一）会议证件的含义和作用

会议证件是会议期间供与会人员、会务工作人员、记者以及其他相关人员佩戴、出示和使用的书面凭证，其作用主要有：

1.便于安全管理

会议证件是表明会议期间各种人员身份的凭证。所有人员佩戴证件，凭证入场，对于加强现场安全管理，维护现场秩序，保证会议活动期间的人身安全、信息安全极为重要。

2. 便于搞好接待

会议证件写明会议活动期间各种人员的姓名、身份、国别、单位，不仅便于加强现场人员管理，也便于工作人员有针对性地做好接待工作。会场中一旦出现意外情况，还可以凭证件及时同有关方面联系。

3. 便于交流联系

会议证件上注明的信息还有助于与会者相互辨认、联系和交流。

4. 便于加强监督

会务工作人员佩戴证件，一方面能起到强化服务意识的作用，另一方面也便于接受与会者监督，切实提高服务质量。

5. 便于统计人数

使用电子证件，可以及时统计实到会议的总人数和各类人员的数量，为分析预测和评估会议效果提供数据支持。

6. 便于留作纪念

能够参加一次高规格的会议活动，对于与会者来说是一种荣誉。会议证件能使这份荣誉成为一种永恒的记忆，起到纪念的作用。

（二）会议证件的种类

（1）出席证：出席证只能发给正式的会议成员。

（2）列席证：列席成员的证件称为列席证，与出席证相区别。

（3）旁听证：旁听成员的证件只能称为旁听证，同列席证应有区别。

（4）来宾证：来宾证用于特邀代表。

（5）记者证：记者证用于经批准或应邀前来执行会议采访任务的记者。

（6）工作证：工作证用于会务工作人员。

（7）随从证：随从证用于与会者的随从人员，如秘书、翻译、保镖等。

二、会议证件的内容和式样

（一）会议证件的内容要素

1. 会议名称

证件上的会议名称必须写全称。人代会、党代会、职代会等法定性会议通常使用比较严谨的字体，如黑体、标宋体等。其他会议活动可以使用具有艺术性的字体，如楷体、魏体。

2.会徽

会议如有会徽，如党徽、国徽，可将其印在证件上。

3.姓名

会议证件上应写明持证人的姓名，要写现名，不能写曾用名，外国人应写外文姓名。

4.照片

为了便于检查、结识和监督，会议证件上应当印有持证人的照片，照片应半身、免冠。

5.证件类别

会议证件应根据持证人的身份、资格标明"出席证""列席证""工作证""记者证"等，要用较大的字号醒目标注。

6.所在代表团或工作单位名称

以国家或地区名义派出的代表团，会议证件上应写国家或地区的名称，单位派出的代表写单位名称，以个人身份参加的写明其国籍。

7.证件编号

为便于登记、查找和管理，证件应统一编号。

8.举行日期

会议证件应标明会议的起始和结束日期，一般置于会议名称下方居中。

9.举行地点

会议证件应标明会议的举办城市名称。

10.持证须知

为了加强证件管理，可以对持证人提出一些要求，如"不得转借""凭证入场"以及相关的安全注意事项等，一般印在证件的背面。

以上要素可根据会议性质和证件管理的需要加以选择。

（二）会议证件的式样及制作要求

1.会议证件的式样通常设计成长方形的胸卡或襟牌，横式、竖式均可，大小要适中，质地要牢固，要能反复多次使用。

2.会议证件的设计格调要与会议的性质相适应。比如，庆祝会、代表大会的代表证可以采用红色衬底，以体现喜庆的气氛，学术性会议可以采用蓝色衬底，以示高雅。

3.涉外会议活动的证件每个项目可用中文和外文两种文字标注，中文在上，外文在下。承办国际组织的会议，证件上的文字要以该组织的官方文字为主。

4.不同种类的证件一定要采用不同的底色、字体、图案等进行明显的区别，以便于识别和管理。

第八节　返离工作

一、返离工作的含义和作用

所谓返离，即闭会后与会者的返回离会。返离工作包括预订与会者的返程票、费用结算、清场检查、文件清退和告别送行等方面的工作。返离工作是会议接待工作的最后一道环节，是会议接待工作有始有终、善始善终的体现。

二、返离工作的具体内容

（一）预订返程票

返程票是与会者最为关心的问题之一，因为这直接关系到与会者能否按时返回单位开展工作。提前做好这项工作，能解除与会者的后顾之忧，使与会者安心参加会议活动，有利于提高会议活动的效率。预订返程票要注意以下几点：

1. 在汇总回执、报名表和申请表的同时，详细了解并登记与会者对回程的交通工具（飞机还是火车）、返程日期、航班或车次、舱位或坐卧等级、目的地等的要求。

2. 根据初步统计的信息，同票务公司或有关部门联系订票事宜。

3. 与会者报到时，要求其确认订票要求。如有变化要及时与票务公司联系更改。如无变化，则当面交割回程票，做好交割记录。

（二）结算费用

报到时如预收了有关费用，在与会者离会之前，应按实际花费予以结算。结算时要列清每项开支，多退少补。如预收时曾出具收据，则应以收据换正式发票。

（三）清场检查

与会者离会时可能会在会场或房间里遗忘一些物品和文件，接待人员要仔细检查，一旦发现，应及时归还。属于保密文件和物品的，按保密规定处理。

（四）文件清退

要求清退的文件，在会议结束时或与会者离会前办理好清退手续。

（五）告别送行

如同接站一样，与会者离会时也要热情欢送，具体方法是：

1. 会议组织机构的主要领导人尽可能安排时间出面告别。告别的形式可以是到与会者住宿的房间走访告别，也可以是会议闭幕后在会场门口道别。身份较高的与会者还应当由领导人亲自到机场或车站送行。

2.安排好车辆，将与会者送至机场或车站。与会者行李较多时，接待人员要主动为其提拿。

3.进入机场、站台和码头送行的，当飞机、列车、轮船启动后，欢送人员应挥手向与会者告别，直至对方的视线看不见欢送人员。

第九节　会议接待人员的礼仪素养

一、仪容与举止

接待人员的仪容要求整洁、大方、得体。男士应当适时理发，修剪指甲，衣着整洁，参加涉外活动应着西装并打领带。如出席隆重的活动，应着深色的西式衣裤，上、下身颜色要一致，室内活动不能戴帽子。无论天气如何炎热，不能当众解开纽扣、松开领带、脱下衣服。女士应当化淡妆，但衣着不要千篇一律，不可袒胸露肩和穿超短裙。礼仪人员可着统一的礼仪服装。

举止应当文雅、庄重、大方。站立时身体不要歪靠一旁；不能坐在桌子上与客人交谈，坐时不要跷腿摇脚，坐在沙发上不要半躺；走路时脚步要轻，遇急事可快步行走，但不可慌张奔跑。在会议、会谈、会见中，会务工作人员如有急事通知与会者，不应大声叫喊，而应当轻轻走上前去耳语或递纸条告知。引导与会者时，应走在右侧稍前的位置，并侧着身体走路，拐弯时应用手示意，进门时应为客人打开门并让客人先进。平时和与会者同乘电梯、进门或入座时，应主动谦让。

二、约见

在会议活动中，主办方的领导往往需要出面看望与会代表，会务工作人员也常常因联系安排会议活动约见或拜访与会方的代表或随行人员。在主方的办公地点安排会见，主人应当提前在办公室或会见厅门口迎候。在第三地安排约会，主人应提前到达现场迎候。拜访和看望对方，应事先用电话约定，并按时抵达对方住所。过早抵达会使对方因准备未毕而难堪，迟迟不到则会因让对方等候过久而显失礼。因故迟到应向对方表达歉意。因故不能应邀赴约、取消或推迟约会，应尽早有礼貌地通知对方，并以适当的方式表达歉意。抵达时如无人迎候，进门前应先按铃或敲门，按铃时间不宜过长，敲门不应过急过重。经主人允许后方可入内。无人或未经主人允许，不得擅自入内。一般情况下，尽量不要在休息时间打扰对方。如因事情紧急，不得不在休息时间约见对方，应在见面时先致歉意并说明理由。谈话应在室内进行，但主人未邀请进入室内，则可退到门外进行谈话。无论是礼节性看望还是工作性拜访，谈话的时间都不宜过长。告别时应有礼貌并感谢对方的接待。

三、称呼

国内会议接待，可称呼对方的职务、职称、学衔，也可称"同志""先生""女士""小姐"。涉外会议接待，对外国人的称呼应根据对方的习惯。一般对男子称"先生"，对已婚女子称"夫人"，对不了解婚姻状况的女子或未婚女子称"小姐"。有时也可以称呼对方的职务、职称、学衔、爵位，如"××大学校长斯特朗博士""杰克法官"。

四、介绍

会务工作人员需同与会者当面联系时，应先自我介绍。陪同领导人看望、拜访与会者时，应先将领导人介绍给对方，再将对方介绍给领导人。如前去看望与会者的领导人较多，可按身份高低的次序逐一介绍。在其他活动场合介绍他人时，应先了解双方是否有结识的愿望，不要贸然行事，尤其是涉外活动，更应谨慎。介绍时，应先把身份低、年纪轻的介绍给身份高、年纪大的，把男士介绍给女士。

介绍时互递名片，应用双手递接名片，名片不能倒递或反递。

五、握手

握手除了对客人表示欢迎、欢送外，还具有祝贺、感谢或相互鼓励的意义。年轻者对年长者、身份低的对身份高的，应稍稍欠身，也可用双手握住对方的右手以示尊敬。一般应由主人、年长者、身份高者、女士先伸手，客人、年轻者、身份低者、男子应先问候对方，待对方伸手后再与其握手。当多人同时向你伸手时，不要用双手交叉与人握手。握手时双目应注视对方，微笑致意，或者致以欢迎和问候。

六、致意与交谈

遇到与会客人，应说"您好"或点头微笑致意；对方主动问好，一定要礼貌回应。

与人交谈时，要表情自然，语言平易近人，表达得体，距离适中。说话时可适当做些手势，但不宜过多，动作幅度不要太大，不能摇头晃脑，更不能用手指指点点、拉拉扯扯、拍拍打打。

与会者相互交谈时，接待人员不要凑前旁听。如有要事需与某人说话，应待别人说完，不宜随便打断别人。与人交谈时，目光应注视对方，以示专心。谈话中遇有急事需要离开，应向对方打招呼，表示歉意。

对第三者参与谈话，应表示欢迎。多人谈话时，要照顾在场的所有人，不能只与一两个人谈话或只谈个别人知道或关心的事。如有人谈到一些不便谈论的问题，不应对此轻易表态，可转移话题或故意答非所问。谈话内容一般不要涉及疾病、死亡等不愉快的事情。与外国人谈话不要随便询问对方的履历、收入、家庭财产、衣饰价格等私人生活方面的问题，也不应随便询问外国妇女的年龄、婚姻状况。对方不愿回答的问题不要究根问底。对方对问题流露出反感时，应表达歉意或立即转移话题。不要随便同外国人谈论对方国内的政治、宗教、民族矛盾等问题。谈话时若要问候对方，应根据客人的习惯进行问候。对外国人一般不问"你吃饭了吗""你到哪里去"，而应使用"早安""晚安"等问候语。告别时可根据不同的对象选择不同的告别用语，如"很高兴与你相识，希望再有见面的机会""望今后多加联系"等。

七、迎送

举行仪式性活动时，礼仪人员分别站立于门的两侧，面带微笑，迎接与会者的到来。领导和贵宾进门后要主动上前引路，将其引至预定的座位。

会议结束时，礼仪人员应在门口立岗送客，面带微笑道别。会议颁奖或邀请嘉宾上台，由专门礼仪小姐引领。

八、帮助

要主动观察与会客人是否需要帮助。如看到与会客人迷路时，要主动为其指路。客人需要帮助时，要主动询问"您需要什么帮助吗"或"我能为您服务吗"。看到客人的行李较多或行动不便，要主动上前帮助提携行李或搀扶客人。

九、斟茶

给与会客人斟茶时应右手扶杯身，左手托杯底，双手奉上，并且要面带微笑。给主席台上的领导和贵宾添茶，应绕到领导右后方，不可站在领导前面，背向台下观众。提供茶水服务的顺序要根据会议的性质和会场情况确定。如果是给国内会议的主席台的领导和贵宾倒茶，应当从中间身份最高的领导人开始，先左侧后右侧按座位顺序斟茶。主席台上人数较多时，可安排两位礼仪人员从中间向两侧提供斟茶服务。如果举行双边会见或者会谈，斟茶的顺序为先主宾后主人，然后按顺时针方向提供服务。

第六章　现代大型会议信息服务

第一节　会议信息收集

一、什么是会议信息

信息是事物在相互作用中所"刻画"出的记录，会议信息就是与会议有关的所有资料的统称。会议信息通常表现为会议通知、会议简报、会议纪要、会议报道以及会议的传达提纲、要点等形式。

二、会议信息的作用

（一）利用信息保证会议的顺利进行

在会议活动的过程中，信息无时无处不在。要善于把握和利用信息，完善会议的各项工作，如策划会议、把握到会情况、进行情况反馈等。

（二）利用信息进行会议沟通

会议的过程就是沟通、协调的过程，要充分利用信息，实现有效的沟通。信息沟通工作十分繁杂，必须做到心中有数、件件落实。

（三）利用信息进行催办

会议形成的文件信息是会议取得的重要成果，是会议精神贯彻落实的重要依据。利用信息加强催办，可以使领导全面了解会议精神的贯彻落实情况，了解办理过程中出现的新情况、新问题，并根据实际需要采取必要的措施，及时解决会议事项办理中遇到的困难和问题。

三、会议信息的分类

（一）按照会议信息的作用划分

1. 与会者信息

与会者是根据会议的目的、性质、议题以及议事规则确定的，他们是会议活动的主体，是会议活动成功与否的重要因素。与会者的有关信息可以方便会议的沟通协调，利于实现会议的目标。与会者的信息主要包括以下几方面：

（1）与会者的基本情况信息：包括与会者的国别、地区、所代表的组织机构、人数、姓名、性别、年龄、身份、职务、民族、宗教信仰、生活习俗、健康状况等。收集与会者基本情况信息的途径与方法主要是汇总回执和报名表。

（2）与会者的背景信息：包括与会者的与会目的及意图、过去参加会议情况、过去和现在的立场与态度以及其他背景材料。这些信息决定了与会者在会议期间的观点和态度，会务工作人员应当通过各种途径和渠道了解和掌握，以便有针对性地做好接待工作，确保会议期间的有效交流。

（3）与会者的抵、离信息：要准确掌握与会者抵达和离开的时间和所乘坐的交通工具，以便安排人员和车辆到机场、码头、车站迎接和送别。

2. 会议指导性、宣传性信息

（1）指导性信息：包括有关的方针、政策，有关的法律、规章，上级单位的工作部署性文件和有关要求等。这些信息能正确指引会议的方向，明确会议的主题，因而具有极其重要的作用。

（2）宣传性信息：主要是指传达会议情况、宣传会议精神、扩大会议影响力的文件信息，包括会议纪要、会议公报、会议简报、会议消息以及配合会议宣传的广告等。

3. 会议议题性信息

会议议题性信息是指需要列入会议议程，进行讨论、研究并解决问题和工作的文件信息。会议议题性信息有工作规划、计划、报告、预算决算、各项决议的草案等。秘书收集这类信息并及时向领导传递，帮助领导制定切合实际的会议议题和议程，从而使会议的目的更具有针对性和现实意义。

4. 会议主题内容信息

会议主题内容信息是在会议期间围绕会议目标和任务形成的文件信息，是会议的中心文件，包括开幕词、闭幕词、讲话稿、代表发言材料、经验介绍材料、专题报告、会议总结报告等。

5. 记录性、结果性文件信息

（1）记录性文件信息：是指在会议过程中记载会议情况和进程的文件，如大会记录、会谈记录、会见记录等。

（2）结果性文件信息：是指经过谈判、协商、审议、表决、签署而形成的会议文件，是记载会议结果的书面文件，包括各种决议、决定、纪要、公报、合同、协议、条约、协定、备忘录、声明、宣言、计划、纲领等。

6. 会议的程序性文件信息

程序性文件信息是为规范会议成员的行为、保障会议活动有序进行而形成的文件信息，包括议事规则、会议议程与日程安排表、会议时间安排表、选举程序及表决程序安排表等。

7. 会议交流性文件信息

会议交流性文件信息主要形成于总结性、交流性、研讨性会议，在会议中发挥宣传、交流作用，包括事迹报告、经验介绍、学术论文、会议简报等。事迹报告、经验介绍和学术论文一般由与会者或与会单位撰写提供，由会议组织者根据会议目的和主题进行筛选、修改、核查。会议简报则由会议秘书编写，经审定后印发。

8. 会议参考性信息

会议参考性信息是围绕会议议题和议程所收集的背景性、资料性信息。包括下级单位、人民群众、新闻媒体围绕即将召开的会议所形成的意见、建议、要求以及动向，国内外同行的经验和教训，帮助说明和阐述会议文件的有关资料等。例如，调查报告、可行性分析报告、统计报表、技术图纸或图表、典型材料、有关参考文书等。

会议参考性信息有助于会议领导和与会者全面掌握情况、开拓思路，为形成正确的决定和决议提供可靠的依据。

9. 会议管理性信息

会议管理性信息是对会议活动进行有效管理的文件信息，包括会议通知、会议须知、出席证件、作息安排表及保密规定、会议主席团名单、委员会名单、与会者名单、票证、签到簿、文件清退表等。及时、准确地收集会议管理方面的信息，对于做好会议的筹备工作意义重大。

（二）按照会议信息的保密性划分

1. 保密性会议信息

保密性会议信息是指内容涉及商业秘密或国家机密，暂时不宜公开的文件信息。

2. 内部性会议信息

内部性会议信息是指内容涉及会议的主办单位和与会单位内部的事项，或者涉及正在酝酿而尚未决定的事项，暂时不宜对外公开，只能在会议内部传达、阅读和使用的会议文件信息。

3. 公开性会议信息

公开性会议信息包括在会议上通过的决定、决议、规章等。这类会议信息可以通过新闻媒介或以张贴的方式公开发布。

（三）按照会议信息的传递方式划分

1. 会议讲话信息

会议讲话信息是指与会者以个人或集体的名义在会议上口头宣读的信息，如开幕词、闭幕词、祝贺词、欢迎词、祝酒词、工作报告、发言稿等。会议讲话信息往往是会议文件的主体部分。

2. 会议书面信息

会议书面信息是指只以书面形式交流、不作口头发言的会议信息。有些会议因时间有限，与会者可以用书面文件代替口头发言。

3. 会议声像信息

会议声像信息是指将讲话事先制成录音或录像，然后在会议上播放的信息。随着会议传播信息技术的不断提高，声像信息越来越多。

四、会议信息的收集内容和收集原则

（一）会议信息的收集内容

会议信息的收集工作包括会前、会中和会后三个方面。会前会议信息的收集指根据会议主题和目标，对相关资料进行调研、征集；会中会议信息的收集指对与会人员情况、会上提出的意见和建议的收集；会后会议信息的收集指对所使用的部分文件资料以及会议期间形成的文件的收集。收集的会议信息既可供领导者参考，又可供会议参考交流。

（二）会议信息的收集原则

会议信息的收集要本着"准确、及时、全面、适用"的原则，通过会议的正式报告、研讨会上的讨论发言、与会者的议案以及会下的广泛交谈，随时获取有价值的信息。

五、收集会议信息的渠道与范围

（一）收集会议信息的渠道

1. 会前调研。通过网络、报纸、杂志和广播电视等收集与会议主题有关的第一手资料。

2. 向全体与会人员收集文件。

3. 向会议的有关工作人员收集文件，如会议的记录人员、文书起草人员等。

4. 从公司在各地的销售点、代理商、客户等处了解对此次会议的反馈情况。

（二）收集会议信息的范围

1. 围绕确定召开会议的必要性收集信息，如关于召开会议的请示、指示等。

2. 会议管理性文件。如会议通知、日程与议程安排表、会议须知、保密规定以及会议主席团名单、委员会名单、与会者名单、签到簿等。

3. 提交会议审议批准的文件。如工作规划、计划、报告、预算决算、行政法规及各项决议的草案等。

4. 会议期间使用的文件。如开幕词、闭幕词、领导人讲话稿、大会发言材料（包括典型经验介绍材料、专题报告）、会议总结报告等。

5. 会议参考性文件。如调查报告、可行性分析报告、统计报表、技术图纸或图表等。

6. 会议记录、简报。

7. 会议宣传性文件。如会议纪要、新闻报道等。

8. 会议的照片、录音、录像等资料。

（三）会议信息的加工方式

1. 综合加工：把各种相关的信息有机地结合在一起的过程。

2. 提炼加工：从各种信息中摄取所需要的信息深加工的过程。

3. 推导加工：依据已知消息，运用逻辑推理得出新结论的加工过程。

六、会议信息收集的方法

1. 收集会议文件资料。一般小型内部会议，由于参加会议的人数较少，人员又比较熟悉，可以在宣布会议结束的同时，由主持会议的领导提出要求，请与会者将需要退还的文件留下。也可由秘书人员在会场门口随时收集。大中型会议收集文件，应提前发文件清退目录，先由与会者个人清理，再由召集人收齐交大会秘书处。对个别领取会议文件后未到会或提前离会的人员，应当及时采取个别催退的办法。

2. 召开会议，集中收集。召集掌握信息的人员进行座谈或汇报，集中收集信息。

3. 个别约谈。在会议进行中或结束后，通过个别访谈的方式向有关人员收集信息。

4. 调研或征集。一般在会前，可以用这种方式对与会议内容有关的情况进行摸底。

在收集会议文件时，要注意以下几个要点：

（1）收集会议文件的责任应落实到人。

（2）收集会议文件应当与分发会议文件一样，履行严格的登记手续，并认真检查会议文件是否有缺件、缺页、缺损的情况。如果发现此类情况，应尽快采取补救措施。

（3）收集会议文件要及时，不得延误，以免造成文件的遗失。

（4）注意做好保密文件的收集工作，做到不失密、不泄密。

七、会议媒体

（一）接待新闻媒体的基本原则

（1）掌握会议信息的保密度，做到内外有别；

（2）媒体报道中的重要观点和提法，要经领导审定，以免造成差错或失误；

（3）撰写新闻报道稿及为新闻媒体采访会议提供服务都要全面周到、积极主动；

（4）会议结束后，秘书要为召开媒体沟通会提供必需的信息资料，使会议领导能更好地向新闻媒体介绍会议情况、回答记者的提问。

（二）与媒体沟通的方法

对媒体进行研究和细分，是与媒体进行有效沟通的前提和基础。与媒体沟通可采取面谈、电话、文件、网络或新闻发布会等形式来实现。同时，要与媒体记者保持互动。无论是正面的还是负面的新闻报道，都要在第一时间对作者进行反馈。

（三）接待新闻媒体的程序

在会议的过程中，会议服务人员应该尽量为媒体人员的活动提供方便。接待采访会议新闻媒体的程序如下所述。

1.媒体人员登记

一般来说，应将参会的媒体人员与一般与会者以及工作人员进行区别，而且登记的地点要与一般与会者的登记地点进行区分，登记时要为媒体人员提供特殊的工作证。

2.为媒体人员提供简单的会议材料

大多数媒体人员都喜欢自己决定采访哪些人、报道会议的哪些新闻。因此，会议主办方可以为他们安排一个介绍会，简单说明会议整体情况，着重指出可能引起媒体人员兴趣的人和事件，并向他们提供简单的会议材料，让他们从全局上进行把握。

3.安排拍照和新闻发布会等传统活动

会议主办方应该为静态拍照和动态录像准备一个专门的场地。如果录像是为了电视报道，会议主办方应该为活动安排特定的日期，以免错过播出时间。会议秘书还应该为摄影师提供所有参加拍摄的人员名单。

如果有新闻发布会的话，会议主办方要为新闻发布会提供应有的准备，每个与会者都应该事先知道新闻发布会的日程安排，以及是否可以在会上提问等。

4.安排媒体沟通会

媒体沟通会是一种非正式的新闻发布会，参加的媒体在发布新闻时将不直接引用采访者的话或者提到其姓名。媒体人员应该被明确告知该活动是不是媒体沟通会，虽然媒体沟通会规定了一些限制，但是许多媒体人员还是希望参加，因为他们可以从中得到一些非常重要的信息。

如何妥善处理新闻媒体的负面报道是秘书人员需要考虑的一个问题。总的原则是要以负责任的态度出现在公众面前对舆论进行疏导，具体注意事项有以下几点：

（1）快速做出反应；

（2）联合或聘请专业公关公司处理危机；

（3）让负责人出面；

（4）对未知的事实不要推测；

（5）不要隐瞒事实真相；

（6）为媒体采访敞开大门；

（7）统一口径，频繁沟通。

第二节　会议信息传递、利用与反馈

一、会议信息的传递和利用

（一）什么是会议信息的传递与利用

我们召开会议，最基本的目的就是传递信息。会议信息的传递与利用就是借助一定的载体，通过一定的渠道，将会议组织与活动过程中产生的各种信息传递给需要者的过程。

会议信息传递和利用具有面广、直接、灵活和高效的特点，它们在会前、会中和会后都要进行。

（二）会议信息传递与利用的渠道

1.会议通知的下发：做出会议决定后，就应将会议通知以当面告知、打电话、发传真、发电子邮件等方式传递给与会者，以确保通知信息准确迅速地传递。

2.会议文件的分发：会议文件可以在会议召开之前分发给与会者，也可以在会议召开时分发。

3.会议有关情况的沟通：在会议组织与进行的过程中，有许多事项需要沟通与联系，包括会场内外、与会者之间、上下级之间的沟通等。

4.会议新闻的发布：可以是会议的综合信息或会议的专题新闻、典型报道，形式可以是邀请记者旁听编发会议新闻、秘书起草后以会议公报形式公布于众或召开记者招待会等。

（三）会议信息传递与利用的方法

1.口头传递与利用

最直接的形式是面谈，包括报告、发言、讲话、交谈、辩论、咨询、表态等，这是会议成员传递信息、交流思想、表达观点的主要手段，也是会议信息传递与利用的主要形式。这种形式的特点是传递信息速度快。

口头传递与利用的形式还有电话交谈，这种形式具有传递信息速度快的特点，但也有深度不够、容易遗漏等缺点。

2.书面传递与利用

包括文本和表格两种形式，文本如会议通知、会议备忘录、会议记录等，表格如签到表等。书面传递的特点是对信息内容的表达充分完整，减少个人情绪、观点等因素对信息准确性的影响，还可以多次复制和远距离传递信息。

3.声像传递与利用

包括两种形式，一种是直接播放录音或录像，另一种是以录音、录像作为书面传递的补充，供日后利用。这种方法的特点是形象直观，具有真实性、感染性和生动性。

4.传真传递与利用

利用传真机传递与利用信息，其优点是速度快、不受时空限制；缺点是保密性差、对设备要求高。

5.电子邮件传递与利用

这种方法的主要特点是效益高、节约办公费用，但容易对信息不做筛选而无限量发放，使对方不得要领。

6.邮寄传递与利用

采用这种方法时要保证地址填写准确无误，对方收到后要进行确认。

（四）会议信息传递与利用的要求

1.传递准确的信息

准确性是信息传递的命脉。不真实的、错误的、不客观的信息会直接影响会议进程，降低会议的效率，严重的会影响会议做出的决定。

2.迅速及时传递信息

迅速及时是信息传递的根本，滞后的信息再真实、再准确也会失去利用的价值，严重的还可能影响会议的效率，造成不可挽回的后果。

二、会议信息反馈

（一）什么是会议信息反馈

信息反馈是信息管理工作的一部分。会议信息反馈是指将各种会议信息产生的结果反馈给会议的组织者，从而使信息对工作产生调节和控制作用。

会议信息反馈是会议信息管理工作的重要组成部分。在会议开始前、即将结束时或结束后，定期将信息以各种形式反馈给信息的输出者，是提高会议组织水平、实现会议目标的有效途径。

反馈包括正反馈和负反馈，正反馈反映正确做法，负反馈反映工作失误，二者都会成为进一步做好工作的基础。因此，会议信息的反馈要喜忧兼报。

（二）会议信息反馈的内容

1. 反馈会前信息

在会议召开之前，要及时反馈会议的策划、宣传、筹备和组织方面的信息，以便及时地掌握会议的进展情况，了解与会者的态度和会议组织者在人、财、物等方面的问题和实施情况。

2. 反馈会中信息

在会议召开的过程中，应及时捕捉会议的动向，使会议的目标能够如期完成。反馈的方式有召开联系员会议、阅读各种会议记录和会议简报、和与会者座谈等。

3. 反馈会后传达落实的情况

会后对会议精神的传达和落实是会议工作产生实效的关键所在。可以通过座谈会、电话和问卷等形式对会后精神的传达和落实情况进行全面的反馈，并在此基础上进行修正。

（三）会议信息反馈的工作程序

1. 布置会议信息收集工作。在会议筹备之初，就要对会议有关人员布置收集会议反馈信息的任务。

2. 会议信息的收集渠道的选择和建设。通过组织渠道、人际渠道建立广泛的信息网络，同时根据会议内容与特点选择主要的信息收集渠道。

3. 建立定期的会议信息反馈制度。确定会议信息反馈的周期或时限，保证会议信息的时效性。

4. 做好会议信息的反馈汇报工作。对会议精神和决定的执行情况应定期以书面或口头形式向领导汇报。

5. 抓好会议反馈信息的落实工作。根据领导听取汇报后的指示或根据反馈的结果，对下一步的修正工作进行跟踪与落实。

（四）会议信息反馈的形式与方法

1. 会议信息反馈的形式

（1）正面指导反馈：这种反馈是积极的、正面的反馈，是一种正面的强化指导，即一般意义上的表扬，其特征是肯定行为价值、描述特定的行为。

（2）建设性反馈：这种反馈是一种劝告指导，即一般意义上的批评。建设性反馈要非常注意方式，既要达到反馈的目的，又不能伤害别人的自尊。

2. 会议信息反馈的方式

（1）口头反馈：包括一个人向大家反馈或一对一反馈两种形式。

（2）书面反馈：这种反馈方式的优点是形式上更正式，反馈的内容有据可查。

（3）会议反馈：通过召开座谈会、传达会、恳谈会等将信息反馈给与会者。

第七章　现代大型会议选举、评选和表决工作

第一节　选举、评选和表决工作概述

一、选举、评选和表决的含义

（一）选举和选举工作的含义

1.选举的含义

选举是指选举人根据少数服从多数的原则以及选举的有关规则，以投票、举手等方式对担任特定职务的人选进行差额遴选的过程。选举的对象主要有两类：一类是各种组织的领导机构和领导人，如国家机关、社会团体的领导机构和领导人等；另一类是各类代表，如我国的党代表、人民代表、职代会代表，外国的议会议员等。选举既可以作为会议的一项议程，也可以单独举行，成为一次选举性的活动。

2.选举工作的含义

所谓选举工作，是指选举活动的组织者围绕选举活动所开展的一系列工作，包括选举目的、任务和规则的制定，候选人的推荐和确定，选举人的登记和审查，选举活动的安排和实施，选举结果的统计和公布等。选举工作统称为"选务"。

（二）评选和评选工作的含义

1.评选的含义

评选是指评选人根据少数服从多数的原则以及有关评选的规则和标准，以投票、举手等方式在特定范围内评比、推举、遴选最佳和最劣对象的过程。评选活动有两种，一种是以评选特定对象为目的而开展的活动，如评选劳动模范、五好家庭等活动；另一种是穿插在特定的会议、展览和综合性活动中的配套性活动，如大型商品博览会中举办的优秀品牌评选活动。

评选的对象广泛，以下介绍部分评选对象：

（1）组织：如评选优秀企业、先进班组、文明家庭等。

（2）人物：如评选劳动模范、先进工作者、形象大使、世界小姐等。

（3）事件：如评选新闻事件等。

（4）项目：如评选最佳工程项目、遴选资助的科研项目等。

（5）形象：如评选卫生城市、驰名商标、信誉等级等。

2.评选工作的含义

所谓评选工作，就是评选活动的组织者围绕评选活动所开展的一系列工作，包括策划评选目的和范围，制定评选标准、程序和方法，确定候选对象，组织评选人，安排和实施评选活动，统计和公布评选结果等。评选工作也可统称为"选务"。

（三）表决和表决工作的含义

1.表决的含义

表决是指具有表决权的会议成员依据少数服从多数的原则以及表决规则，以投票、举手等方式对特定的人选和事项表达赞同、反对、弃权意志的过程。表决是会议活动通过决议、做出决定所常用的民主手段，也是各种选举、评选活动的基本方式。从会议决策来看，表决的对象有两种：一是决定特定人选。如我国的宪法规定，国务院总理一职由国家主席提名，由全国人民代表大会全体会议通过表决的方式决定；国务院副总理、国务委员、各部部长、各委员会主任、审计长、秘书长的人选由国务院总理提名，由全国人民代表大会全体会议表决决定。许多国家的政府组成人员，也是由国家元首或者政府首脑向国会提名，由国会通过表决来决定的。二是决定特定事项。凡实行"合议制"（指决策和管理权力由若干人组成的委员会共同行使，按少数服从多数或协商一致的原则集体决定、共同负责的组织体制）的组织，在会议上做出某项决定或通过某项决议，都必须采用投票表决的方式。

2.表决工作的含义

所谓表决工作，就是表决活动的组织者围绕表决活动所展开的一系列工作，包括表决目的、任务、规则和程序的确定，表决对象的提出和审议，表决活动的安排和实施，表决结果的统计和宣布等。

二、选举、评选和表决的联系与区别

（一）选举、评选和表决的联系

1.基本原则的一致性

选举、评选和表决都是具有选举权和表决权的会议成员通过自由表达意志，根据少数服从多数的基本原则，决定特定人选或特定事项的民主程序。离开了少数服从多数这项基本的民主原则，任何选举、评选和表决都毫无价值可言。

2.主体资格的正式性

在举行选举、评选和表决时，选举人、评选人和表决人都必须是具有正式资格的会议成员。除少数由会议授予权利的特邀成员外，非正式成员无选举权、评选权和表决权。

（二）选举、评选和表决的区别

1.目的、性质和对象不同

选举的目的是选拔政治上的能人来领导一个特定的组织或代表特定范围的民意。从这个意义上说，选举的对象是特定的政治人选，选举活动是一项政治活动，选举权是民主社会公民的一项基本的政治权利。

评选的目的既可以是评选最佳对象，也可以是评选最差对象，评选的结果常常只是一种荣誉和象征。评选对象范围广泛，可以涉及政治领域，如评选诺贝尔和平奖，但不评选领导人和政治上的民意代表。

表决的目的是做出某项决定。任何议案一旦经过会议表决通过就成为决定和决议，有的还具有法定效力。表决、选举、评选都会涉及特定的人选，但表决只是决定该人选的"可"与"否"，而选举和评选则是一种差额遴选。

2.规则和程序不同

选举和评选的基本规则就是差额遴选。所谓差额，是指候选数多于应选数。特别是选举，一般情况下都必须在一定的范围内按照一定的程序和一定的差额比例提出候选人初步人选，通过差额初选或协商、酝酿，再按一定的差额比例确定正式候选人名单，然后进入最后的差额选举。正式选举时，选举人也可以填写候选人以外的人选。有时也可先进行差额预选或内部考察，确定候选人选，最后采取等额选举。如果从推荐候选人开始整个选举过程都实行等额，那么选举就不成为选举了。

相比之下，表决的规则就较为灵活，既可以实行差额表决，比如国际奥委会决定奥运会主办城市时，就实行差额表决，即在五个候选城市中遴选出一个主办城市，每个有投票权的委员一次只能投一个候选城市的票；也可以实行等额表决，即在等额的情况下，直接对提交会议表决的人选和事项进行肯定或否定，无须事先进行差额遴选。正式表决时，不允许填写候选人之外的人选。如对法律、法规草案和决议草案的表决就是等额表决，达到规定的赞成票就可以通过，否则就予以否决。

综上所述，选举、评选和表决是具有一定联系的三个不同的概念，使用时必须严格区别。

三、选举、评选和表决工作的意义和要求

（一）选举、评选和表决工作的意义

选举、评选和表决是现代社会所特有的民主形式和民主机制。随着社会政治民主和

管理民主程度的不断提升，选举、评选和表决活动作为现代民主的重要形式，越来越频繁地出现在政治、经济和社会生活的各个领域，成为现代会议活动的重要组成部分。大到国际性组织决定重大国际性问题、国家权力机关以及国家领导人的产生，小到一个公司或社会团体决定经营方针和内部事务、专业技术职务的评审、各种代表或各种对象的评选和遴选，乃至各种社会大众性、商业性、娱乐性的评比等，都需要运用选举、评选和表决的方式。

在实行民主集中制的组织和实行"合议制"的机构中，选举和表决是实现民主、公正及科学决策的重要保证。

在我国，由于实行社会主义民主，人民群众享有广泛而又充分的民主权利，因而选举、评选和表决也就成为我国人民群众参与国家和社会事务管理的重要形式和机制。组织好一场选举、评选或表决活动，对于充分发扬社会主义民主、保障人民群众的民主权利，实现决策的科学化和民主化，调动亿万群众的积极性，有着十分重要的意义。

（二）选举、评选和表决工作的要求

1.严格规范

选举、评选和表决工作事关重大，其程序是否规范，直接关系到选举、评选和表决能否真正体现民主和公正。因此，选举、评选和表决工作必须严格按照有关的法律、法规、规章、组织章程和具体办法来组织和实施。

选务和表决工作人员一定要以高度的责任心认真对待每一项具体事务工作，确保选举、评选和表决工作的合法性、公正性和规范性。

2.细致准确

选举、评选和表决活动的成功，是建立在具体事务工作细致准确的基础上的。从各种文件材料的准备到选票、表决票的制作、发放、回收、统计、监票以及现场布置，每一个环节都必须做到细致准确。

任何一个环节出现差错，都会直接影响选举、评选和表决活动的顺利进行，甚至导致选举、评选和表决活动失败。

第二节　选举、评选和表决规则

一、选举、评选和表决规则的含义和作用

（一）选举、评选和表决规则的含义

选举、评选和表决规则是在举行选举、评选和进行表决活动时，规范选举、评选

和表决的程序以及规范组织者和选举人、评选人、表决人的行为的各项法律、法规、规章、组织章程的总和。

（二）选举、评选和表决规则的作用

制定选举、评选和表决规则，首先从根本上说，是为了防止少数人操纵选举、评选和表决的过程，保证选举、评选和表决的科学性、民主性和公正性；其次，也是为了最大限度地避免因当事人在程序和技术上的分歧而对选举、评选和表决活动造成负面影响。

二、选举、评选和表决规则的制定程序

（一）选举和表决规则的制定程序

选举和表决规则一般由组织选举和表决的工作机构负责起草，经会议的领导机构（如主席团）初步审定后，提交会议全体成员酝酿讨论并根据大多数人的意见修改，再经会议领导机构确定后以草案的形式提交会议全体成员表决通过。常设性会议的表决规则可以和议事规则一并制定并作为议事规则的组成部分。

（二）评选规则的制定程序

评选规则一般由评选活动组织者制定。常设的评选活动应当制定章程。比如，上海国际电影节是一项常设的电影奖评选活动，为规范评选范围、程序以及组织者和评委的评选行为，特制定《上海国际电影节章程》。临时性的评选活动，组织者也应当事先制定并公布评选规则。有些组织内部的评选活动规则，也可以提交全体成员通过。

三、选举、评选和表决规则的主要内容

选举、评选和表决的规则有不同的层次和名称，如选举法、选举条例、选举办法等。针对一次具体的选举、评选和表决活动所制定的规则一般叫作"办法"。下面重点介绍选举、评选和表决"办法"的主要内容。

（一）制定的依据

在制定选举、评选或表决办法时，必须首先说明制定依据。如某个党组织举行选举，必须依据党章制定选举办法；某地举行人大代表选举，必须依据宪法和选举法制定选举办法。其他各种组织举行选举、评选和表决活动，必须写明所依照的有关法律、法规和本组织的章程。

（二）目的和任务

选举、评选、表决的目的和任务是指选举哪一级、哪一届、哪一种组织的领导人或者代表及其人数，决定什么名称的重大事项，评选哪一类的先进称号或者奖项等。

（三）原则及其程序、办法

不同的组织在提名和确定候选或表决对象的具体原则和方法、程序上会有所不同，

决定重大事项的表决原则以及程序和方法也各有特点。比如，有的是经过民主推荐程序产生候选人，有的是通过民主协商确定候选人或表决对象，有的则是采取竞选的办法等。对此，选举、评选和表决办法应有明确表述。

（四）投票的方式

投票的概念有广义和狭义之分。广义的投票是指投票人以各种方式表达投票意向的行为，狭义的投票仅指投票人以书面的方式表达投票意向的行为。会议决策和选举、评选都是通过投票来体现与会者、选举人和评选人的意志的，而不同的投票方式具有不同的表达意义和效果。表决的方式有下列几种：

1.按投票的手段可分为

（1）书面投票。即狭义的投票。书面投票要事先制作纸质选票或者表决票，列出全部候选人、候选项目或者表决对象名单，由选举人、评选人或表决人以画规定符号的方式表达同意、反对或者弃权的意志。书面投票可以是无记名的，也可以是记名（即公开）的。

（2）唱名投票。是指当会议主席点到选举人、评选人或表决人的名字或其所代表的国家、组织的名称时，选举人、评选人或表决人以口头的方式表达同意、反对或弃权的意志，或者大声说出候选人或候选项目的名字。

（3）呼声表决。是指由投票人对提交表决的事项发出"同意"或"反对"的呼声，由会议主席根据双方的呼声大小来决定取舍。这种投票方式不尽科学，仅用于对一些临时性动议的表决。美国的众议院就常采用这种投票方式。

（4）体态投票。是一种以肢体语言的形式表达投票人意志的方式，包括举手、起立、鼓掌等形式。其中鼓掌投票的方式无法进行准确的计票，因此一般只能用于程序性问题或事务工作的表决，而不能用于选举和重大事项的表决。

（5）表决器投票。这是通过按表决器进行选举、评选或表决的方式。表决器上分别设有同意、反对和弃权三个按钮，并具有自动计票、迅速显示计票结果、自动保存数据等功能，适用于大型会议或者多轮的选举、评选或表决。

（6）通信投票。这是通过邮寄书信的方式进行的远程投票方式，是书面投票方式的延伸。通信投票时间长，但成本低，对投票者的要求高。如奥斯卡电影奖的评选，每个评委都是在家里完成评选工作，然后将选票寄往奥斯卡奖组委会。

（7）网络投票。这是指通过计算机网络进行的远程投票方式，具有覆盖面广、投票迅速、成本低廉的优势。这种投票过程缺乏有效的监督，难以避免重复投票的现象，故一般用于大众性的评选活动。

（8）短信表决。这是指通过发手机短信的方式来进行的投票，一般也仅用于面向大众性的评选活动。

2.按保密与否可分为

（1）记名投票。又称名义投票，即选举人、评选人或表决人以个人或所代表组织的名义表明态度，并记录在案。举手投票、唱名投票、通信投票都属于记名投票。书面投票也可以采取记名的方式。

（2）不记名投票。这种投票方式不记载选举人、评选人、表决人的姓名和所代表组织的名称，又称为无记名投票。不记名表决有利于消除投票人的顾虑，确保投票人避免受到不必要的影响，体现投票过程的公正性。重要的选举、评选和表决都应当采取不记名投票的方式。

（五）程序与步骤

这里的程序与步骤是指选举、评选和表决是一次性完成的还是分步骤举行的。如有的选举先进行差额预选，再举行正式等额选举；有的先进行正式委员的选举，然后进行候补委员的选举；有的则将正式委员的选举和候补委员的选举放在一起进行。如果要在一次会议上选举或表决产生几套班子或者评选出几种类型的项目，也可以采取一次性同步投票的办法，以提高投票活动的效率。

（六）对选举、评选和表决有效性以及有效票的规定

1.对选举、评选和表决有效性的确认

确认选举、评选和表决的有效性包括两个方面：一是确认出席选举、评选或表决会议的正式成员是否达到法定人数。达到法定人数的为有效人数，可以进行选举、评选或表决的程序。如出席选举、评选或表决会议的正式成员未达到法定的有效人数，则不得进行选举、评选或表决程序，即使进行也属于无效。二是确认在选举、评选或表决过程中是否出现违反程序和要求的情况。如确认存在违反程序和要求的情况，则选举、评选或表决的结果无效。比如，回收的选票或表决票多于实际发出的选票或表决票，就应认定该次选举、评选或表决无效。

2.对有效票的确认

有效票是指选举、评选和表决时回收的选票和表决票中符合规定的选票和表决票。确认选票和表决票的有效性应当把握以下几点：

（1）选举、评选和表决必须有效。也就是说，有效票的确认必须以本次选举、评选和表决的有效性为前提。如选举、评选和表决本身无效，则谈不上选票和表决票有效。

（2）每张选票和表决票填写的赞成数必须等于或少于规定的赞成数，大于的则为无效票。

（3）选票和表决票上表达意志的符号是否符合规定、填写是否清楚，不符合规定和不清楚的为无效票。

（4）选票和表决票上是否有人为填写的违反规定的内容，出现违反规定内容的，应作无效票处理。

3.对有效性争议的解决程序

在一次选举、评选或表决过程中，对选票或表决票的有效性存在争议是在所难免的。在选举、评选或表决办法中写明解决争议的办法和程序，就能有效地避免因争议无法解决而导致选举、评选或表决的流产。

（七）确定当选和通过对象的原则及方法

确定当选和通过对象的原则及方法包括以下几个方面：

1.当选和通过的必要条件

无论是选举、评选还是决定重大问题的表决，候选或表决对象都必须获得多数票才能当选或者通过，即"多数决定原则"。但如果在计算"多数"的具体原则和方法上的规定不够明确，就会在计票时产生矛盾和争议，导致无法确定当选对象或通过对象。确定"多数"通常有以下几种规则：

（1）绝对多数制。赞成票数超过表决主体全体成员（即应到会议的有投票权的正式成员）半数即为通过。在计票时，未出席会议、投弃权票、出席会议但未投票的人员均计入有效表决人数，但其表决态度一律视为反对。

（2）相对多数制。参加表决的人在表决主体全体成员中必须超过半数，同时赞成票数在参加表决的总票数中也必须超过半数即为通过，即所谓的"双过半"。在确定"多数"时，有以下几种方法：

第一种是投赞成票的人数超过实到会议的有投票权的正式成员的半数为"多数"，未出席会议不作统计，投弃权票、出席会议但未投票的人员计入有效表决人数，但其表决态度视为反对。

第二种是投赞成票的人数超过有效票的半数为"多数"，未出席会议和出席会议但未投票的人员不作统计，投弃权票视作投反对票。也就是说，在有效票中，赞成票数必须大于反对票数和弃权票数之和方超过一半。

第三种是在有效票中投赞成票的人数超过投反对票的人数为"多数"。计票时，先扣除弃权票数，只要赞成票多于反对票即为"多数"。联合国下属的许多机构以及许多国际组织，如联合国人权委员会、保护工业产权巴黎公约等组织的投票，就采用这种"多数"计算法。

（3）特定多数制。在这种规则下，"多数"不是得票数的过半，而是半数以上的更多数。如对宪法的表决，很多国家就规定必须达到2/3或3/4以上比例的赞成票才能通过。特定多数制有时还有"一致赞成"和"一致反对"的规定。"一致赞成"是指表决事项必须取得全体表决人一致同意或至少没有一个反对时才能通过；"一致反对"是指表决对象必须取得全体表决人一致反对或至少没有一个同意时才视为未通过。

2.得票数过半的对象的数量超过应当选数时的解决办法

当得票数过半的选举或表决对象多于应当选名额时，一般都采取以得赞成票多少为序的方法确定名额，至取足应当选名额为止。

3.得票数相等时的解决办法

当满足必要条件的候选或表决对象得票数并列不能确定当选和通过对象时，一般应就得票相等的选举或表决对象重新投票，直至确定当选和通过对象为止。

4.得票过半数的对象少于应当选数时的解决办法

当获得赞成票超过半数的选举或表决对象少于应选名额时，不足的名额可从未当选和通过的得票多的选举和表决对象中重新选举或表决产生。如接近应选名额，经半数以上选举人、评选人或表决人同意，也可以减少名额，不再选举、评选或表决。

（八）候选或表决对象、当选或表决对象名单排列顺序

候选或表决对象、当选或表决对象的名单排列顺序必须体现公平和公正的原则。具体方法大致有以下几种：

1.按姓氏笔画顺序排列。这是我国举行选举、评选和表决活动时排列候选人或表决对象名单最常用、最基本的方法。按此方法排列顺序，应首先比较候选人或表决对象姓名第一个字的笔画数，笔画数少的在前，多的在后，依次排列。单姓、复姓以及少数民族的长姓均以姓名的第一个字为准。如同姓，则比较姓名第二个字的笔画数，以此类推。如姓的笔画数相等，则根据汉字的书写笔顺排列。如候选人或表决对象为单名，则有两种排序方法：一种是将姓名中间的空格视作零笔画，如"王刚"和"王一凡"两个姓名，由于"王刚"是单名，第二个字的笔画数为零，因此应当排在"王一凡"之前；另一种方法是比较姓名的第二个字的笔画数。

2.按组织或地区名称的笔画顺序排列。这适用于国内评选先进个人和集体，具体方法同上。

3.按项目名称的笔画顺序排列。这适用于项目评选、评审。

4.按上一轮选举、评选或表决的得票数多少排列。

5.按上级领导机关批准的顺序排列。这是党内选举地方各级委员会书记和副书记时的特例。

6.按候选人或候选组织的英文名字的字母顺序排列。这适用于国际性的选举、评选和表决活动。

（九）选票和表决票的设计

选票和表决票的设计要求是庄重、大方、清晰、准确，便于分发、填写和计票。

（十）监票人和计票人的职责和产生办法

1. 监票人的设置

监票人是指在选举、评选和表决时，负责对投票过程进行监督的人员。选举、评选和表决的投票过程必须设监票人，具体人数应本着有利于对投票过程实施有效监督的原则，根据参加投票的人数或代表团的数量来确定，必要时可以设总监票人和副总监票人。

（1）监票人的产生程序。总监票人和监票人的提名程序因组织内部的制度而异，一般是由选举人、评选人或表决人从不是候选人的选举人、评选人或表决人中推荐，经全体选举人、评选人或表决人表决通过，采取鼓掌表决的形式。

（2）总监票人的主要职责。具体如下：

① 负责监督投票的全过程；

② 对监票人员进行合理分工并协调他们之间的工作；

③ 负责审核参加投票的人数以及发出的票数和收回的票数；

④ 对有争议的选票或表决票进行鉴别或作出裁决；

⑤ 审核投票结果并签字；

⑥ 向会议主席或主席团报告投票结果。

（3）监票人的主要职责。具体如下：

① 清点参加投票的人数；

② 投票前检查投票箱；

③ 监督选票和表决票的发放；

④ 投票时监督投票；

⑤ 投票结束后，监督计票人清点选票和表决票，核实收回的票数是否与发出的票数相等，并将核实情况报告会议主席；

⑥ 监督计票人唱票和计票；

⑦ 计票结束后，审核计票结果并签字。

2. 计票人的设置

计票人是选举、评选或表决时，在监票人的监督下，清点和计算选票或表决票的人员。计票人的数量应本着有利于准确、迅速地统计投票情况的原则，根据参加投票的人数来确定。

（1）计票人的产生程序。计票人一般由大会秘书长从会议工作人员中或者从非候选人的正式成员中提名，经会议主席团确认，必要时也可提交全体正式成员以鼓掌的方式通过。

（2）计票人的主要职责。具体如下：

① 在监票人的监督下分发、收回、清点选票或表决票，并进行唱票和计票；

② 将计票结果形成书面报告，并在报告上签字。

（十一）选举、评选和表决的纪律

选举、评选和表决的纪律是选举、评选和表决活动顺利进行的保障。任何选举、评选和表决都是十分严肃和庄重的，选举人、评选人和表决人有自由表达自己意志的权利，同时也应当履行严格遵守选举、评选和表决纪律的义务。各类组织对选举、评选和表决的纪律要求各不相同，在此不一一赘述。

上述内容是大致上的，选举、评选、表决办法的实际内容往往要复杂得多。比如一些面向社会大众的评选活动办法还应当写明评选对象的范围、条件和资格，奖项名称、等级、奖品、奖金、证书，评选活动的组织管理机构，评委组成的原则和人选，推荐与自荐的方法与步骤，选票获取的方法（如网上下载、报刊剪下），投票的截止时间，投票奖励细则，评选结果的公布时间与方式等事项。

四、选举、评选和表决规则的格式与写法

（一）标　题

选举、评选和表决办法：

1.由会议名称＋文种组成。如：

××代表大会选举（表决）办法

2.由选举、评选或表决对象名称＋文种组成。如：

××市科技精英评选办法

又如：

第×届"中国十大杰出青年"评选办法

（二）稿　本

选举、评选和表决规则如需提交会议审议、表决通过，应在标题后面或下方居中用圆括号写明"草案"或"修正草案"。

（三）题　注

经会议通过的选举、评选和表决规则，应注明会议名称和通过的日期，并加上"通过"二字。

（四）正　文

选举、评选和表决规则属于规范性文件，经常要引用、解释，因此正文结构体例要尽可能采用章条法或者条款法，文字内容要求做到：

1.符合宪法、法律、法规和组织章程；

2.内容具体全面，对选举、评选或表决中可能出现的各种情况都要提出明确的处理办法；

3.程序和步骤要清楚明确，具有可操作性；

4.文字表述要准确并且简明易懂，避免出现模棱两可、令人费解的字句。

第三节　选举、评选和表决工作的准备

选举、评选和表决活动一般是会议活动的组成部分，但有时还需要单独举行会议。因此，除按一般会议准备工作的内容与要求做好各项准备工作之外，还要特别注意做好以下几个方面的工作：

一、制作选票和表决票

（一）选票和表决票的作用

选票和表决票是书面投票时选举人、评选人和表决人表达意志的工具，其作用主要是：

1.凭证作用

经投票人亲自（有时也可委托他人）填写的选票和表决票既表达投票人同意、反对、弃权的意志，同时也是统计、证明和将来查考选举、评选和表决结果的原始依据和凭证。

2.保密作用

作为书面投票的工具，选票和表决票的最大优点就在于可以不记名，确保投票人的投票意向不会泄露，这对于保证投票的公正性具有极其重要的意义。

（二）项目和符号设计

选票和表决票的项目要根据确定当选对象的原则和方法来设计。一般可以分以下两种情况来考虑：

1.实行以赞成票数超过有效票数半数（包括超过应到会或实到会正式成员半数）为"多数"规则的投票，无论是差额还是等额，一般只需设"同意"一项即可。因为在实行这种"多数"规则时，投弃权票与持反对态度的效果相等，另设"反对"和"弃权"的项目在统计上无实际意义。选举人或表决人只需在自己赞成的候选人或候选项上画规定的同意符号即可，无须填写反对或弃权的符号。

2.实行以赞成票数超过反对票数为"多数"规则的投票，弃权票具有中立的性质，计票时必须先扣除弃权票数。因此，票面上应当同时设"同意""反对"和"弃权"三个选项，或者设计三种不同的符号，分别对应"同意""反对"和"弃权"三个选项。符号设计必须有明显区别。

（三）选票的格式

1. 标　题

选票的标题有以下几种写法：

（1）由会议名称＋选举的目标职务＋"选票"组成，用于正式选举活动。如：

中共××县第×次代表大会

中共××县第×届委员会委员

选票

（2）由奖项名称＋"选票"组成，用于评选活动。如：

第×届大众电影"百花奖"选票

如果候选对象要经过反复多次的推荐和遴选，在初选阶段的选票可写作"推荐票"或"推荐名单"。

2. 候选对象名单

候选对象名单必须按一定的规则排列，一般按姓氏笔画顺序排列。如果是多轮遴选，也可以按前一轮推荐时的得票多少排列顺序。名单一般采用表格的形式，每个候选人姓名的旁边应留出空格供投票人书写符号。允许另选他人的，应在候选对象名单后面留出适当的空格，供投票人填写姓名。

3. 填写注意事项

选票上应当写明填写的要求和方法，具体内容包括：

（1）等额选举还是差额选举；

（2）每张选票可以填写的赞成数的上限；

（3）是否可另选他人；

（4）表达意见的方式及符号，比如，"请在同意的候选人后面打√"，或者"同意画〇，反对画×，不画符号为弃权"。

4. 印制机构

选票的印制机构一般是选举、评选的组织机构，如代表大会的主席团、选举委员会或评选活动的组委会等。

5. 选举日期

选票上的日期一般应当写选举、评选的日期。

6. 盖　章

选票应当盖有组织机构的公章，公章应当压住日期。

7.封　面

如候选对象较多，选票需分成若干页打印，可以设一封面，上面印有标题和日期，并加盖公章。

（四）表决票的格式

1.标　题

表决票的标题一般由表决事项＋"表决票"组成。如：

××公司预备党员转正表决票

2.表决对象名单

将列入表决范围的所有对象的名称、编号等信息按一定规则排列书写，其书写方法和要求与选票大体相同。

3.填写注意事项

表决票一般要求明确填写同意、反对、弃权。其他要求与选票相同。

4.印制机构

印制机构一般为负责和组织表决活动的机构。

5.表决日期

表决日期以实际表决的日期为准。

6.盖　章

其要求同选票。

（五）制作选票和表决票的注意事项

制作选票和表决票必须严肃认真、一丝不苟、准确无误。具体应当注意以下几点：

1.每张选票和表决票的格式必须完全统一，一次投票不允许有两种不同格式的选票或表决票；

2.同一次会议上有不同选举或表决目的的投票，选票或表决票颜色应当有明显区别，以免混淆；

3.严格按照应到会的具有投票权的人数印制选票或表决票，不得多印或少印；

4.重要选举和表决应当准备两套选票或表决票，以备应急；

5.重要的选举和表决，选票和表决票应当使用防伪标志，加盖公章后应立即封存。

二、现场准备

（一）准备投票箱

投票箱是投票的重要工具。投票箱的准备要注意以下几点：

1.数量适当。投票箱要准备多少主要是看参加投票的人数多少。

2.位置合理。投票箱放置的位置应便于投票以及监票人进行监督，要根据会场的座位格局以及投票的顺序和路线综合考虑。主席台上领导人的投票箱应放在突出的位置。

（二）准备计票用品

计票用品有黑板（白板）、粉笔、水性笔、纸张、小型计算器、计算机等。规模较小的选举、评选或表决活动可在现场用黑板（白板）公开计票；规模较大的选举、评选或表决活动可采用计算机计票并通过显示屏公布计票的结果。

（三）设计好投票顺序和路线

对于规模较大的集中书面投票活动来说，设计好投票顺序和路线对于保证投票过程的安全、顺利有重要意义。设计投票顺序和路线要注意以下几点：

1. 主席台上的领导投票要先安排；

2. 分座区依次投票，每个座区都要安排工作人员引导和疏散投票人；

3. 投票后如需回到原座位，要按统一的方向和线路行走，以避免混乱。

（四）安排好计票的地点

计票地点一般设在投票现场，以便当众唱票和计票；大型选举、评选和表决活动可以另设专门的计票点，但不应远离会场。

（五）安装好电子表决器

如采用表决器投票方式，要事先安装、调试好表决器，并落实精通技术、忠实可靠的人员操作。

（六）设置秘密写票处

举行重要投票，为消除投票人的顾虑，应设置秘密写票处。秘密写票处应当放置在投票线路的必经之处，并要求每位投票人都必须使用，这样可以避免投票人因使用秘密写票处而蒙受压力。如无法设置秘密写票处，则可以在投票人座位之间空出一定的距离，尽可能防止写票时的环境对投票人产生影响。

第四节　投票的程序

一、投票程序的含义

投票程序是对投票过程每一细节的规定，是选举、评选和表决规则的组成部分。只有严格遵守和执行投票程序，才能保证选举、评选和表决的科学性、规范性和公正性。

由于选举、评选和表决活动涉及法律、法规以及特定组织内部的章程和制度，不同组织和不同性质的选举、评选、表决活动所执行的投票程序会有很大的区别。

二、投票程序及其要求

（一）书面投票程序

书面投票程序一般如下：

1. 会议工作人员清点到会的具有选举权、评选权或表决权的人数，并向会议主席报告，重要的投票应当提交出席情况的书面报告。

2. 会议主席向会议全体成员报告本次会议的应到人数和实到人数。如实到人数达到规定的有效人数，则宣布会议或选举、评选、表决程序开始。

3. 宣读选举、评选或表决办法草案并以举手或按表决器的方式通过。

4. 宣读总监票人、副总监票人和监票工作人员名单，以举手或鼓掌的方式通过。

5. 宣布总计票人和计票工作人员名单，或将计票工作人员的名单提交会议以举手或鼓掌的方式通过。

6. 由会议主席或选举、评选或表决工作领导机构负责人报告候选人或候决事项产生的过程，宣布正式候选人名单或候决事项，介绍正式候选人或候决事项的情况。必要时可安排正式候选人或候决事项当事人发言，以便选举人、评选人或表决人充分了解情况。

7. 工作人员当众检查投票箱。

8. 工作人员在监票人监督下核对会议秘书处移交的选票或表决票的数量是否与实到人数相符。正常情况下，选票和表决票是根据应到人数印制的，如数量缺少，必须查明原因。因缺席而多余的选票和表决票必须封存。

9. 工作人员分发选票或表决票。如投票人较多，也可以采取按团组分级分发的办法。即工作人员先把选票或表决票按人数分到各代表团或小组，再由各代表团或小组分发到每个投票人。分发后，工作人员要核对实发的选票或表决票与实到人数是否相符，如有不符，要查明原因，原因不明不得举行投票。

10. 会议主席或工作人员宣读填写选票或表决票的注意事项。

11. 投票人填写选票或表决票。

12. 会议主席宣布投票的方法、顺序和路线，投票人在工作人员引导下进行投票。先由主席台上的领导人投票，再由监票人和计票工作人员中的正式成员投票，最后由其他正式成员投票。

13. 在监票人员的监督下进行计票。计票时要确认以下几点：

（1）清点回收票，核对回收的票数是否等于或小于实发的票数。如回收的票数超过实发的票数，要找出原因。如发现有假票或其他舞弊情况，应当按有关规则处理。情况严重并且影响选举、评选或表决公正性的，应当宣布本次投票无效，另行安排投票。

（2）检查每张选票或表决票是否有效。无效票必须经计票人和监票人一致确认。对有效性有争议的，应报总监票人处置，或按有关规则上报处理。

（3）计票结果应形成书面报告并经计票人和监票人签字后提交给会议主席。

14.会议主席宣布投票结果和正式当选的名单或通过的事项。

（二）口头投票程序

口头投票即唱名投票，一般用于小型会议中的表决，程序如下：

1.会议主席宣布选举、评选或表决事项或宣读提交表决的文件草案。

2.会议主席说明实行唱名表决的依据（一般在议事规则中有明确规定）。如某一成员临时要求实行唱名表决，会议主席应当征求全体成员的意见。

3.会议主席或工作人员根据一定顺序点名，点到名的成员回答"赞成""反对"或"弃权"。点名的顺序应当在议事规则或表决办法中做出明确的规定。如在国际性组织中，唱名表决的先后一般是按该组织规定的官方语言，以成员体（国家或地区）名称的字母顺序为序。

4.全部点完后，再点一遍刚才没有做出反应的成员的姓名，以确认是否漏点以及刚才未表态的成员是否已经到场。

5.会议工作人员逐一记录每一成员的表决态度。

6.工作人员向会议主席提交统计结果，会议主席当场宣布表决结果。

（三）举手投票程序

体态投票中较为常用的是举手投票（又称举手表决）。举手投票的程序如下：

1.会议主席宣布选举、评选或表决事项或宣读提交表决的文件草案。

2.会议主席说明举手投票的依据，一般以议事规则为准。如某一成员临时要求将书面投票改为举手投票，则会议主席应当征求全体成员的意见。

3.会议主席请持赞成意见的有表决权的成员举手。工作人员逐一清点举手的人数并记录在案。

4.会议主席请持反对意见的有表决权的成员举手。工作人员逐一清点举手的人数并记录在案。

5.会议主席请持弃权意见的有表决权的成员举手。工作人员逐一清点举手的人数并记录在案。

6.工作人员向会议主席提交统计结果，会议主席当众宣布表决结果。

（四）按表决器投票程序

按表决器投票程序较为简单，但必须规范。其程序如下：

1.会议主席宣布选举、评选或表决事项或宣读提交表决的文件草案。

2.会议主席依据议事规则宣布按表决器进行投票。

3. 有表决权的会议成员按下表决器。

4. 计算机系统自动将表决结果显示在屏幕上。

5. 会议主席根据屏幕显示宣布表决结果。

下面是美国国会众议院实行表决器投票程序的案例，可供借鉴：

美国众议院会议大厅设有 44 处电子表决器。表决器上有一个磁卡插口和 4 个分别表示"YEA"（赞成）、"NAY"（反对）、"PRESENT"（出席，相当于弃权）、"OPEN"（表决在进行中）的按钮。议员每人有一张个人投票卡（有议员名字，不得转让），走到任何一个电子表决器前，将投票卡插入磁卡插口，再按下与自己投票态度相同的那个按钮。投票人姓名和投票立场立即在大型电子显示屏上出现。议员和电视观众可随时掌握投票进展情况。投票往往要持续一段时间，从 5 分钟到 20 分钟不等。如果是多项议案集中投票，由于议员陆续到场，所以第一个表决预留时间较长，多为 20 分钟，以便多数议员从办公室或会议厅赶到现场，此后的投票时间多是 5 ~ 10 分钟。如果是单项投票，投票时间往往是 15 ~ 20 分钟。

议员如果在表决器仍在工作阶段希望改变投票立场，可以再次插卡，按下代表自己投票立场的按钮，这时表决器以后一次投票立场为议员的最终立场。如果表决器已停止工作，但表决结果尚未宣布，或议员忘记带投票卡，需填一张表决登记表（表的颜色不同，绿色的为赞成票，红色的为反对票，琥珀色的为出席票）交给唱票员，由唱票员输入电脑。

电子表决提高了效率，且有助于增强议员的责任感。不利的方面是，议员常常看了显示屏后再投票，见风使舵。同时由于受到公众监督，议员们也更可能迫于舆论或利益集团压力投票。

第八章 现代大型会议的现场实施管理

第一节 会议现场实施管理工作安排

一、工作人员

负责会议现场实施管理的总指挥可以是筹备机构的负责人或者总协调人，而参与会议现场实施管理的具体工作人员包括负责会议前期筹备的人员及其他辅助工作人员。

二、工作内容

现场实施管理部署的主要工作内容是在前期会议筹备的基础上，进一步明确会议现场实施时具体的工作项目内容和管理流程。在细化各组工作内容的同时，明确现场实施管理的协调体系，并对相关人员进行岗前培训。

三、工作流程

第一步，制订会议现场实施管理方案。为便于对会议现场实施管理，在会议开始前需要制订会议现场实施管理方案。该方案主要分为各小组方案和总方案两部分。各小组方案主要是明确各小组在会议现场的工作内容、人员及其分工，在各小组工作方案的基础上编制各小组工作流程图，并且可以将各小组工作的主要内容提炼成各小组现场工作表。然后在各小组方案的基础之上汇集总的会议工作方案、工作流程图及现场工作总表。

第二步，制作工作手册。将会议及相关工作内容和流程编辑成工作手册，以作为现场工作指南。

第三步，会议工作人员培训。根据不同的工作内容对会议工作人员分别进行培训。

第四步，制定现场实施管理机制。明确会议现场实施管理的人员构成、管理结构体系及管理内容（见表9-1）。

表 9-1　会议前期筹备工作方案与现场实施工作方案关联表

组别	前期筹备工作方案	实施情况	现场实施工作方案	相关组
管理组	组委会	已确定		
	组织机构	已确定	现场指挥及联络	礼宾组、新闻组、服务组、安保组
	会议日程及活动	已确定	会议和活动现场管理	服务组、新闻组、礼宾组、安保组
	会议报备案	已完成		
	贵宾、嘉宾邀请	已完成	现场接待及管理	礼宾组、安保组、服务组、新闻组
	发言人邀请	已完成	接待及管理	礼宾组、服务组、安保组、新闻组
	会议宣传册	已完成		
	会刊及其资料夹	已完成	补充新资料及现场发放	服务组、推广组、新闻组
	工作手册及人员培训	部分完成	制定手册、完成培训	各组
	赞助	已完成	落实赞助回报条款	推广组、礼宾组、服务组
	场地规划	已完成	场地使用管理	各组
	同传译员	已落实	现场管理	
			播放演讲稿及其他视频资料	服务组
			会议资料的收集及存档	服务组
			会议评估及反馈	推广组 服务组
服务组	场地设计及布置	完成预订及设计	实施场地布置	推广组、管理组、新闻组
	设备租赁及保障	签订租赁合同	现场设备安装及技术保障	管理组、推广组、新闻组、安保组
	餐饮服务	完成预订	现场餐饮服务	管理组、礼宾组、新闻组

组别	前期筹备工作方案	实施情况	现场实施工作方案	相关组
服务组	会议资料	完成会刊印刷	运送资料到现场、新资料印刷	管理组、新闻组、推广组
	会议用品	准备完毕	现场发放及临时采购	推广组、新闻组
	酒店预订	已预订	现场管理与协调	管理组、推广组、接待组
			会议代表现场引导	管理组
推广注册组	组织会议代表	已完成		
	会议代表注册	大部分完成	现场临时注册及咨询	管理组、服务组、新闻组、安保组、财务组
	代理商	已落实	落实代理协议	财务组
	赞助商招募	已完成	赞助商现场接待及服务	服务组、新闻组、接待组、管理组、推广组和礼宾组
			发放会议证件、资料	管理组、服务组
			提供现场咨询	管理组、服务组、接待组
接待组	会议人员接送	已预订车辆	接送会议人员	管理组、推广组
	参观游览	已经预订	组织参观旅游	管理组、推广组、安保组
新闻组	前期宣传	已完成	现场新闻报道、采访、接待媒体人员	管理组、礼宾组、安保组
礼宾组	贵宾、嘉宾接待	已确定	礼宾接待	管理组、服务组、安保组
			安排会见	管理组、新闻组、服务组
	文体活动	已确定	活动管理	各组
	宴会	已确定	活动管理	管理组、服务组、安保组
财务组	会议预算	已完成	微调	各组
	财务管理	随时进行	支付相关费用	各组
			收取注册费	推广组
			会议决算	各组

组别	前期筹备工作方案	实施情况	现场实施工作方案	相关组
安保组	安全保障	与相关方协调	现场实施	各组
			检查会场	管理组、服务组
			验证	管理组、推广组、新闻组
			安全急救	服务组
			电力保障	服务组
			食品安全	服务组

第二节 制订会议现场实施管理方案

一、小组现场实施管理方案

（一）小组工作方案

小组工作方案以文字方式表示，主要包括组织结构、主要职责、人员分工及其职责、相关联系方式。各小组现场实施工作方案与前期筹备阶段的工作方案的内容有些关系密切，有些有所不同。其中部分工作在会议筹备阶段已经完成，但是还有一些工作前后紧密相关。例如，场地布置和设备安装等，其具体的要求在筹备阶段的工作方案中已经明确，到现场即要根据具体要求加以实施。但许多其他工作，例如，会议及活动管理、礼宾接待和安全保障等，是要到现场才开展的新的工作内容，因此需要制订较为详尽的现场工作方案，以便使相关工作人员明确自己的岗位及何时何地需完成何种工作。

案例引导：××大会管理组现场实施工作方案

××大会管理组现场实施工作方案

一、组织机构

管理组组长为××，副组长为×××、××，组员包括：×××、×××、××、×××

二、主要任务

1.组长和副组长负责会场、贵宾室各项工作的协调及管理

2. 晚宴、开幕式和闭幕式时贵宾、演讲人、外方嘉宾的注册及引导

3. 主持人、演讲人、同传译员的召集、管理和沟通

4. 会刊、工作手册、资料夹内容的准备

5. 播放大会讲稿和投影

6. 安排领导的会见活动，并负责安排会见期间的译员

三、分工和职责

×××：

1. 负责管理组工作

2. 大会和Ⅰ分会场的协调

3. 会场内演讲人的管理

4. 晚宴、开幕式、Ⅰ分会场主持人的沟通

×××：

1. 大会和Ⅱ分会场的协调

2. 会场内演讲人的管理

3. 大会闭幕式、Ⅱ分会场主持人的沟通

××：

1. 领导陪同翻译

2. 演讲人的召集、管理、引导

3. 贵宾、演讲人赠送礼品

×××：

1. 译员的召集、管理

2. 会场协助管理

3. 商业分会场演讲人的引导

×××：

1. 贵宾的陪同、翻译、引导

2. 译员的召集、管理

3. 会场协助管理

4. Ⅰ分会场演讲人的引导

×××：

1. 贵宾室管理

2. 演讲人的召集、管理、引导

3. 领导合影的召集

×××：

1. 演讲人的注册、召集、管理、引导

2. 外方嘉宾注册

3. 贵宾的协助引导

×××：

1. 贵宾的注册、协助引导

2. 商业分会场播放讲稿和投影

×××：

大会、Ⅰ分会场播放讲稿和投影

四、有关联系方式

×××：136×××××××

×××：136×××××××

下面我们根据各组的不同分工列出其在会议现场实施管理的具体工作项目：

1. 管理组

（1）会议、晚宴、开幕式和闭幕式等活动的现场管理；

（2）主持人、演讲人、同传译员的召集、管理和沟通；

（3）会刊、资料夹内容补充；

（4）播放大会讲稿和投影；

（5）收集听众对会议的反馈；

（6）负责会议材料的收集和整理，包括录音、摄影、摄像；

（7）制定工作手册，协调对工作人员，包括志愿人员进行培训。

2. 服务组

（1）根据要求布置会场、会场前厅等场地及其他各功能场所；

（2）与饭店就场地使用进行沟通，管理会议场地的使用；

（3）根据各场地需要配备设备，包括会议设备、网络设备和办公设备等，并提供技术支持和保障；

（4）负责宴会、午餐、晚餐、茶点及贵宾室、演讲人休息室、秘书处的餐饮服务及工作人员的餐饮服务；

（5）负责将会刊及会议相关材料运送到会场；

（6）为会议提供所需的会议相关用品；

（7）与饭店沟通与会代表入住、就餐和结算房费等相关事宜；

（8）会议代表现场引导。

3. 推广注册组

（1）负责会议代表的现场注册和发放会刊；

（2）为赞助商提供服务；

（3）为会议代表提供现场咨询服务；

（4）管理会议资料台。

4. 接待组

（1）接送会议代表，解决其从机场到饭店的交通问题；

（2）为会议代表或会议代表的随行人员安排参观游览路线并安排相关接待事宜；

（3）根据会议活动的安排，如有观看演出或参加体育活动等安排时，或需要在多个会场间移动时制定活动间衔接方案，提供车辆以便与会代表在各活动场地间移动。

5. 新闻组

利用网站、报纸杂志、电台、电视台、自媒体等渠道为媒体记者采访提供便利条件。

6. 礼宾组

（1）确定贵宾抵离时间、路线、迎送人员及方式，负责礼仪引导、座次安排、随行人员安排、发放其证件和资料等；

（2）安排领导人会见等有关事宜（包括翻译）；

（3）根据会议需要安排相关的文体活动；

（4）负责落实晚宴、招待会、午宴会等活动的礼宾安排及接待。

7. 财务组

（1）负责会议相关收费事宜；

（2）负责会议期间的财务支出相关事宜；

（3）会议财务决算。

8. 安保组

（1）对会议现场进行安全检查；

（2）确保会议活动期间的交通安全；

（3）负责落实安全和急救措施；

（4）确保会议期间的食品安全和电力保障。

（二）小组工作流程图

在各小组工作方案的基础上，结合会议现场人员的站位地点编制小组工作流程图，清晰地表述小组人员间的关系、站位地点和主要工作。

（三）小组现场工作表

在以图表方式表示的现场工作表中主要列明时间、事件、人员、站位地点和主要动作。其中时间是指具体实施某一事件的具体时间，事件指某项具体项目或内容，人员是指由谁负责该事件的完成，站位地点是指该事件完成的具体地点，主要动作是指如何完成该事件。

案例导引：管理组现场工作表（见表9-2）

表9-2　20XX年XX工商领导人峰会管理组现场工作表

时间	事件	人员	配置地点	主要动作
8：00—9：30	检查香格里拉会场布置情况	×××	大宴会厅	·检查场地布置情况，包括背景板、舞台等
		××	大宴会厅	·测试音频设备 ·测试视频设备 ·测试同传设备
9：30—11：00	检查金茂凯悦会场布置情况	×××	大宴会厅	·检查场地布置情况，包括背景板、舞台等
		××	大宴会厅	·测试音频设备 ·测试视频设备 ·测试同传设备
12：00—12：45	场内各种标识的摆放	×××、G1—G6	大宴会厅	·摆放发言台桌卡 ·摆放贵宾席座签 ·接收无线话筒 ·主席台饮料、耳机的摆放
12：45	同传译员到达	G4	大宴会厅	·接待译员，使其熟悉现场及同传设备
12：50	代表及记者开始陆续到达	××、G8—G13	6号门外 1楼入口厅内 1楼入口过道 1楼电扶梯旁 2楼电扶梯旁 2楼大厅内 大宴会厅门口	·指引代表，解答询问，通知会场内工作人员做好准备 ·指引代表领取同传耳机 ·提示代表在门口验证
13：20	代表进入大宴会厅落座	G1—G4	大宴会厅内	·引导代表入座，保留贵宾席
		G6	大宴会厅内	·指示同传译员入位，准备就绪
		××	大宴会厅内	·指示操作员播放资料片
13：27	会场准备就绪，请贵宾入场	×××	大宴会厅内	·通知活动组会场准备就绪，请引领贵宾入场 ·指示停止播放资料片

时间	事件	人员	配置地点	主要动作
13：28	×××/×× 在主席台落座，其余贵宾在贵宾席入座	司仪	司仪位置	·宣布 ×× 到场，请代表起立欢迎
		活动组人员	紧随即将在主席台落座人员	·引领 ×××、×× 在主席台入座
		贵宾联络员	紧随其余贵宾	·引领其余贵宾在贵宾席入座
13：29	会议开始	司仪	司仪位置	·宣布由 ××× 主持开幕式
		×××	主持人讲台	·主持，介绍 ××，请 ×× 致欢迎词
13：30—13：50	开幕式	×××	主持人讲台	·在每个发言人发言前介绍其简历，在所有发言结束后宣布开幕式结束，并向发言人赠送纪念品
		××	发言人讲台	·代表筹委会作 5 分钟欢迎词
		×××	发言人讲台	·代表上海市作 5 分钟欢迎词
		××	发言人讲台	·发表 10 分钟的演讲
13：50	开幕式结束	礼品	登上主席台	·将礼品送上主席台
		司仪	司仪位置	·宣布下一节会议将于 13：55 开始，请代表留在座位上
		活动组人员		·引领 ×、×、×、× 离开会场
13：50—13：54	换场整理	××	大宴会厅	·指示播放资料片，调整灯光
		G5	大宴会厅	·更换桌卡 ·指示饭店服务人员更换主席台茶水，整理和调整座位 ·将同传耳机放在主席台上
		×××	大宴会厅	·请发言人在主席台上落座
13：55	中国专题会议准备开始	司仪	司仪位置	·宣布中国专题会议开始，请主持人主持会议

时间	事件	人员	配置地点	主要动作
13：55—14：55	中国专题会议	×××	主持人讲台	·主持，在每个发言人发言完毕后对发言稍作总结和评论，介绍下一个发言人，在所有发言结束后引导听众提问，然后宣布会议结束，并向发言人赠送纪念品
		×××	发言人讲台	·作15分钟发言，在所有发言完毕后回答提问
		×××	发言人讲台	·作15分钟发言，在所有发言完毕后回答提问
		×××	主持人讲台	·宣布会议结束

二、现场工作总方案

在各小组制订工作方案、工作流程图和现场工作表的基础上，将各小组主要工作内容，特别是各组工作间相衔接的点筛选出来，绘制现场工作总方案、工作流程图或者现场工作总表，使各小组人员彼此能够清晰地了解各事件的具体实施时间、由谁负责实施，同时也有利于现场指挥人员检核各项工作的落实情况。

第三节　会议工作手册制作与人员培训

一、会议工作手册制作

编制工作手册的目的是为了给会议的工作人员提供一本会议现场实施和管理的工作指南，其内容主要包括大会日程及场地图、组织结构图、现场指挥中心、工作人员分工及联络表、证件说明、后勤安排、现场活动总表等内容。

（一）会议日程及场地图

工作手册中的会议日程为一简要日程，包括会议的时间、场地、会议日程安排、演讲人及其职务，但不必附上每节会议的简要介绍。在会议日程后可以附上会议的场地图，以便工作人员对会议所使用的场地一目了然。

（二）组织结构图及指挥中心

由会议筹备机构所设的办公室或者会议管理组制定会议现场的组织结构图，并设立现场指挥中心，以保证会议的有序进行和有效管理。

首先要列明会议筹备人员组织结构图，使所有参与会议组织的人员对其岗位及上下级关系一目了然，便于现场指挥和沟通。

（三）工作人员分工及联络表

此表主要是便于工作人员在会议现场的联络和沟通，其主要内容包括组别、姓名、职务、手机和分工。

（四）证件说明

主要说明会议各种证件种类的设置，如何区别。例如，用不同的颜色来区别参会贵宾、嘉宾、演讲人、会议代表、赞助商、媒体人员、工作人员和辅助人员等，也可以包括如何申领和使用证件的说明。

此外，还要明确现场指挥中心的地点、人员、职责及相关人员的联系电话。

（五）后勤安排

如果设置了现场秘书处的话，表明其使用的场地名称、联系电话、传真、联系人员等。如果在各酒店有负责接待的人员的话，也可注明各酒店的联系人员姓名及电话。

（六）现场工作总表

现场工作总表是在汇集各小组主要工作的基础上形成的，可以印在工作手册中或者单独成册，以便于工作人员现场使用。

二、会议工作人员培训

在制订工作方案、工作流程图和现场工作总表的基础上，对工作人员进行前期培训。不同的工作岗位要求不同，培训的内容和提供的资料也不同。

（一）现场总协调人

现场总协调人要对各组的分工和职责做到心中有数，对会议的工作流程有所了解，特别是会议及其活动之间的衔接环节，并掌握各主要工作负责人员在现场的定位情况及联系方式，以便及时与各负责人员沟通和解决问题。但是作为现场总协调人切不可陷到具体事务中去，否则难以对整个活动进行有效协调。

会议期间，现场总协调人要随时与各组负责人沟通情况，解决问题。每天会议结束后可以组织由各小组负责人参加的会议，对当天情况进行简单小结，对需要解决的问题进行处理，并为第二天的会议做好充分的准备。

（二）各小组负责人

除普通工作人员和辅助人员掌握的资料外，各小组负责人还需要了解相关组的活动安排及其工作流程，并且特别关注其他组与本组工作相关的工作衔接。例如，负责会议餐饮服务的人员需要了解会议日程，知道何时需要提供茶歇用的茶点和饮料，何时需要供应午餐或晚餐。负责会议技术支持的人员则要对会议日程及其内容安排有所了解，知道何时需要播放何种影像资料。

（三）普通工作人员和辅助工作人员

首先，每个组员要有本小组的工作流程图，了解本小组工作任务及各组员的不同职责，以便于相互间的配合。

其次，每个组员要明确了解其应负责的工作岗位和完成的任务。如果可能的话，每个人对其应该负责完成的工作要有具体的实施方案，例如，资料发放，从资料如何运抵会场、如何装袋并发放到会议代表手中，到会议期间的资料如何印刷及发放等，都要事先进行规划，到现场按规划具体实施。

为便于现场实施，最好是从会议前期筹备时就指定专人负责某项工作，由其自行制订工作方案并且负责现场实施。特别是某些核心组织工作，例如，会议演讲人的邀请和协调、会议场地的设计和布置、会议设备的租赁和技术保障、会议代表的招募和注册等。如果某项工作现场实施时需要更多的人员进行辅助的话，可以由核心承办人员对其所需要的辅助人员进行培训，现场由这些辅助人员协助其开展工作。

案例导引：会议工作手册及人员培训方案

会议工作手册及人员培训方案

一、工作手册

1. 实施时间 11 月 7—29 日

2. 主要内容

（1）大会日程

（2）会议工作人员组织结构图

（3）指挥中心

（4）饭店场地图

（5）工作人员分工及联络表

（6）证件说明

（7）餐饮说明

（8）工作人员现场工作总表

3. 实施步骤

（1）11 月 7—15 日：手册中的（1）—（7）内容到位

（2）11月18日：工作人员现场工作表调整完成，手册初稿完成

（3）11月21—24日：工作手册的内容进行调整

（4）11月25日：工作手册定稿，交印

（5）11月29日：手册印刷完成

4. 负责人×××

二、人员培训

1. 实施时间10月30日—12月2日

2. 实施步骤

（1）10月30日前：确定志愿者

（2）11月5日：各组人员配备完成

（3）11月29日：工作手册印刷完成

（4）12月2日：完成对组员和志愿者的培训

3. 负责人×××

第四节　会议现场实施管理机制

一、现场工作人员构成

会议现场工作人员包括组织机构的工作人员和辅助工作人员，即场地布置和设备公司的技术人员、翻译人员、志愿者、餐饮服务人员和其他会议服务人员。

二、管理体系

对于上述工作人员的管理，可以分成几个层次：

第一步，现场总协调人。对于组织机构的工作人员，可以按大会的组织结构图进行管理，即在现场总协调人的领导下，按小组开展工作。总协调人要对整个现场的工作人员的构成情况及其工作岗位有所了解，根据不同的工作岗位来检查工作完成情况、并协调相关人员间的合作。此外，还要指定专人来负责工作人员的后勤保障工作。

第二步，工作小组负责人。负责对本小组工作人员及其辅助人员的管理，主要包括技术人员、翻译、餐饮及其他服务人员和志愿者。

第三步，小组工作人员、相关公司负责人。各公司负责对相应的场地布置、设备安装及提供技术和餐饮服务的人员进行管理。各公司的项目负责人在会议服务组和会议管理组工作人员的管理和协调下，开展会场布置、设备安装、提供技术和餐饮服务。

第四步，技术、餐饮、翻译等辅助人员及志愿者。其中技术人员由负责会场布置和设备技术保障的公司负责管理。餐饮服务人员则由负责贵宾室、演讲人彩排室、会场、宴会场地的小组工作人员或者志愿者分别进行管理。翻译人员由小组工作人员负责管理。

三、分项管理及后勤保障

（一）会议工作人员

1. 工作内容管理

会议工作人员因其职责不同，各自的工作内容也不同。各小组要根据每个人的职责定岗定位，明确每个人在会议期间在何时、何地负责何项工作，并以现场工作表或者流程图的方式加以明确，也可以以文字的方式进行表述。

例如，负责会议现场管理的人员，其工作内容主要包括：

（1）提前到会场检查设备和场地布置情况

包括在开会前提前半小时或1小时检查会场是否布置妥当、设备技术保障人员是否已就位、同传耳机发放人员是否已就位、资料是否已发放、会议所需的音视频设备是否已准备好，并对会议设备进行测试。检查是否已为会议代表摆好了茶水、纸、笔，是否为演讲人和贵宾摆好了台卡，是否为演讲人准备了礼品。

（2）引导会议贵宾和代表入座

掌控会议贵宾和代表入场情况，引导贵宾和代表就座。

（3）调控会议进展情况

与主持人及时沟通，掌控会议的时间进度，协调设备使用情况，收取会议的评估表等。

各小组根据各自的工作任务明确现场的工作方案或流程，确定每个人的工作时间、岗位和任务，并按制订的方案、流程图或者工作表进行检查。

2. 后勤保障

会议主办方要保障会议工作人员工作所需的通信设备及费用，例如，为其提供对讲机或者提供相应的通信费用。有时还需要解决其往返会场间的交通问题。如果需要住会，还要解决其住房问题。会议期间要解决其就餐和饮用水的问题。上述后勤保障服务通常由会议服务组提供或者由组委会办公室统一安排。

（二）技术人员

1. 工作内容管理

技术人员最主要的工作内容就是为会议布置场地提供所需的设备及现场技术支持。因此，负责现场设备技术支持的人员要根据会议的日程安排，提前进场检查设备，并与演讲人员进行前期的沟通。对于技术人员的管理主要由会议设备供应商来负责，同时会议场地和设备公司要指定专人与会议主办方协调会议场地布置、设备安装和现场技术支持问题，并制订相应的实施方案。

2.后勤保障

技术人员的后勤保障一般由其公司负责解决，但组委会工作人员要提醒其按时到场。如果是非常重要的大型会议，有时需要协助其解决车、证等问题。

（三）翻译人员

1.工作内容管理

翻译人员的主要任务是保证会议演讲的翻译质量。翻译人员主要由会议管理组负责现场管理，应指定专人负责与翻译人员的联系，并注意以下几个问题：

（1）确认到场时间。由于译员多为兼职，一定要事先与其确认到场的时间，要切实保障其能够按时到场。

（2）事先提供讲稿或与演讲人进行沟通。要提前将演讲稿或演讲提纲提供给翻译人员，使其对会议的内容有初步的了解，提前做好准备。如果事先需要与演讲人沟通的话，要协调好演讲人与翻译人员沟通的时间和地点。

（3）在现场专人负责与其沟通和协调。翻译人员到现场后，要注意及时了解其需要，协助其解决工作中碰到的问题，如设备、工作间等，协调好其与设备供应商或其他技术人员及演讲人之间的关系，关照好其餐饮，使其身心愉快地投入工作。

（4）及时支付相关费用。按照规定协调及时支付翻译人员相关费用，并对其付出的辛勤工作表示感谢。

2.后勤保障

对翻译人员的后勤保障主要包括安排好其交通和餐饮，如安排好其在工作期间的饮用水及会议期间的就餐，有时也需要解决其交通和住宿费用等问题。

（四）志愿人员

1.工作内容

志愿人员的工作内容根据其所负责的工作而定，对其管理主要由相关小组的工作人员负责。也可以将志愿人员划分为几个小组，指定其中的某个人负责该小组的工作，同时指定相关工作人员对其工作进行指导。

要对志愿人员明确其到场的时间及何时、何地完成何工作任务，并对其工作完成情况进行检查。

2.后勤安排

对于志愿人员要安排好其就餐、交通等问题。可视情况为其提供一定的乘坐公共交通的费用，并在会议期间安排工作餐。如果需要住会的话，需要为其解决住宿问题。

（五）餐饮服务人员

餐饮服务人员主要负责为会议提供餐饮服务，对餐饮人员的管理主要由酒店方负责，但会议主办方应提前明确对会议餐饮服务的要求，并由服务组指定专人与酒店方就餐饮相关事宜进行联系和现场协调。在不同的服务场地由专人负责实施。

四、应注意的问题

（一）建立有效的管理机制

会议的工作人员涉及的面比较广，且来自不同的单位，需要完成不同的工作任务。因此要建立有效的管理机制，即明确现场总协调人及各项工作负责人，在前面的章节中我们已经介绍了现场的管理机制，在此就不重复了。

（二）管理好工作人员的同时要安排好其后勤保障

会议的顺利进行离不开工作人员的辛勤劳动，在对其工作内容进行管理的同时，切不可忘记为其提供良好的后勤保障服务，解决其通信、交通、住宿和餐饮问题，使其身心愉悦地投入到工作中。

（三）对工作人员进行及时的肯定和指导

要对工作人员的工作情况进行及时的评估，对做得好的要进行表扬，对出现的问题要随时指出和纠正，随时协助解决工作人员遇到的问题。会议结束后，要召开总结大会，总结会议组织情况，对相关工作人员进行表彰，对志愿人员也要以书面形式给予肯定和表示感谢。

第九章　现代大型会议现场和会议活动管理

第一节　会议现场管理

一、工作安排

（一）工作人员

经过长期和紧张的筹备之后，会议进入现场实施阶段。在此阶段除了会议所需的相关基础保障和服务，如场地布置、设备安装、餐饮服务、会议注册、人员接待和新闻宣传等，对会议本身及其相关活动的管理才是会议现场管理工作的重中之重。也就是说会议本身开得顺利与否及活动组织得是否成功，才能够最终体现会议的成果和价值，而其他各项工作都是围绕会议的召开和活动的组织而进行的辅助性工作，是为会议和活动的顺利进行奠定基础的。

会议现场管理主要由会议管理组负责，但是需要得到服务组和礼宾组的协助。会议现场管理人员应该集中精力负责会议的现场组织工作，并且需要对会议的后勤保障工作落实情况进行检查和协调，如会场的布置和设备的安装和使用。

负责会议现场管理的人员要具有较为丰富的会议组织和管理经验，善于观察和发现现场需要关注和解决的问题，并且有较强的组织和协调能力。

每个会场可以指定一个现场管理人员，同时可以配备若干人员负责协调会议设备的技术支持、播放讲稿和投影、管理同传译员、负责演讲人和贵宾的引导及上下台口的安全、引导现场参会者、传递话筒（也可由饭店人员或志愿者负责）等相关事宜。会场管理人员还要协助会议主持人开展工作。

（二）工作内容

保障会议按预定的日程顺利进行，具体工作包括检查场地布置情况，测试会议设备，摆放发言台桌卡和贵宾席座签，摆放主席台饮料、耳机，引导参会者，协调同传和资料播放，管理会议演讲人及会议流程，引导会场提问，管理会议录音和录像资料，记录会议内容等。

会议现场的管理涉及若干方面，我们将逐一理清头绪，尽可能地阐明会议现场管理的相关方面。但不可否认的是，会议的现场管理需要经验的积累，多与有管理经验的会议组织者进行交流或多参加会议的组织活动，都有助于更快地提高会议的现场管理水平。

（三）工作流程

第一步，制订会议现场管理实施方案。负责会议现场管理的人员首先要在制订会议现场管理工作方案的基础上，制作小组工作流程图，并且将一些主要信息提炼出来列入会议现场工作表，以明确会议管理的具体内容、实施地点、时间、步骤及负责人员。在会议筹备前期，已经制定了会议的日程，并且邀请了相应的演讲人、贵宾和嘉宾前来参加会议。在实施阶段，要基于上述信息将最主要的时间点和内容提炼出来，使会议现场管理相关人员明确在何时、何地需要完成何种工作，同时也便于现场落实和检核。

第二步，实施会议现场管理。根据会议现场管理工作方案的具体内容，对会议进行会前、会中和会后管理。

二、实施会议现场管理

（一）会前管理

会议开始前，现场管理人员主要有以下工作内容。

1.检查会场布置和设备

检查会场布置是否妥当以及设备是否已经按照要求准备就位。例如，会议的桌椅是否按要求摆放，前排是否为贵宾、嘉宾或演讲人预留了座位，讲台上或讲台前是否摆放了鲜花，会议的背景板的内容是否准确无误，会议讲台的摆放位置是否适当，讲台上的话筒能否使用。如果是大型会议而且需要同传翻译的话，还要检查是否在主席台和贵宾席上摆放了同传耳机，耳机是否能够正常使用并调到了会议将使用的频道。会议设备，包括音频设备、视频设备和同传设备等是否已经测试，能够正常使用。电脑及投影仪是否已连接无误，可以使用。会议期间如果可以提问的话，提问者使用的话筒是否已备妥。

2.检查相关物品的摆放

要检查会议主席台上是否摆放了桌卡、话筒、纸笔、会议日程或资料等。贵宾席的座签和饮料等是否已摆妥。场内的饮料或茶水是否已经摆妥。如提供资料或文具的话，是否已将其摆在适当的位置。

3.检查相关人员到位情况

要检查相关工作人员是否已经到位，是否已在指定的岗位开展工作。技术人员是否已经就位，是否可以同组织者或演讲人在开会前进一步测试设备或沟通如何进行现场配合。同传译员是否已经到位，使其熟悉现场及同传设备，并了解其对使用的设备或对翻译工作的安排是否有需要进一步协调的问题。如果现场需要使用无线话筒，是否已指定专人负责递送话筒。参加会议的贵宾、嘉宾、会议主持人、演讲人是否已到场，与其进一步协调何时以何种方式进入会场，或者由主持人与演讲人就如何介绍演讲人及演讲的顺序和时间进一步沟通。会场验证人员和引导人员是否已各就各位，开始验证和引导参会人员就座，摆放相关资料和评估表。

4.与技术支持人员进行沟通和演练

会前需要向负责会议设备技术支持的人员提供会议现场管理工作流程图，与其沟通现场配合问题。如果是重要的大型会议，事先应就现场配合的流程进行演练，模拟演讲人上下台的流程及资料摆放的顺序。

开会前1小时左右，可以由会议组织方或演讲人就该场会议拟摆放的人员进行试播，以免届时摆放出现问题。

5.接待演讲人和主持人

接待演讲人、主持人，向其介绍会议程序及注意事项。协助演讲人就演讲内容进行彩排或试播。

6.引导参会者入场

包括引导会议代表入场，提示代表验证，解答代表的询问等，在会场准备就绪时引导贵宾入场就座。

7.播放相关资料片或者宣传片

根据会议的安排及与赞助商的协议播放相关资料片或宣传片，也可以播放音乐等。

（二）会中管理

如无特殊情况，应该尽可能按照会议的日程掌控会议的进展节奏，协调会议演讲人与会议代表之间的沟通和互动。

1.会议主持

由会议主持人提醒会议代表就座并关闭手机或将手机铃声调至静音状态（模式），并宣布会议开始，请贵宾致辞。会场管理人员在贵宾上台演讲时，要提醒其注意上下台阶的安全问题，并指示饭店服务人员及时更换演讲台和主席台上的茶水，整理和调整桌卡或座签。

2.演讲管理

在每个演讲人演讲前由主持人介绍其简历，在分配的演讲时间将要结束时及时提醒演讲人注意不要超时。可以铃声或写指示牌的方式进行提醒。在演讲结束时对演讲人表示感谢或赠送礼品。

3.资料播放

会场管理人员按演讲人的要求，指示操作员播放多媒体演示资料或由演讲人自行掌控讲稿的播放。现场的技术人员要协助演讲人及时解决其在播放中出现的问题。

4.引导听众提问

根据会议日程的安排，引导听众提问。一种方式是将会议的提问纸放在会议桌上，由会议代表填写后，交给会议主持人，然后由演讲人就提问进行回答；另一种方式是在现场直接问答。有时为活跃会场的提问氛围，主持人或会议组织者也可以事先准备些题目，然后在现场进行提问。

如果是按小组讨论的方式安排会议内容，小组讨论的协调人要逐一介绍参加小组讨论的人员，可以由每个参加者先简单介绍一下，然后开始引导现场听众开始提问。

5.协调同传翻译

会场管理人员要协调会议的同传翻译，随时对翻译的质量和声音传递的质量进行检查，发现问题及时与同传译员和设备人员进行沟通，以免影响会议的演讲效果。

6.协调餐饮时间

按会议日程并且根据会议现场的进展情况协调茶歇和就餐的时间，并及时通知负责餐饮服务的人员进行准备。

7.会场出入和就座情况管理

派专人负责会场出入口的管理，会议开始后最好关闭靠近讲台的门，尽量避免由于人们的进进出出而干扰会议的正常进行。

视场内人员就座情况，引导迟到的人员就座并在会议座椅不足时，及时添加座椅。

8.监控设备情况

要随时监控场内的设备情况，特别是话筒和同传耳机的声音情况，如果出现问题及时与技术人员沟通解决。

9.记录会议内容

对会议的演讲内容进行记录，可以安排速记人员进行速记，或者安排对会议内容进行录音或录像，以便对外传播（如网上直播）、宣传，以及会后的总结、评估和资料存档。

10.会议相关事项通知

就会议组织相关事宜通知参会者，如提醒参会者提交反馈表、交还同传耳机，告知其就餐地点、下一节会议的开始时间和地点、相关活动安排等。

（三）会后管理

在每场会议结束后，需要开展的主要有以下工作。

1.引导退场

及时引导贵宾、嘉宾和与会者退场。如果需要就餐或者转场参加活动，需要及时引导参会人员前往。

2.清理会场

及时收回未使用的会议资料，清理会场。

3.为下一场会议做准备

检查下一场会议的会场布置和设备情况，及时提醒相关工作人员，为下一场会议做好准备工作，指示操作员将下节会议演讲人的多媒体演示准备排列就绪。

4.收取反馈表和资料

如果反馈表是请参会者填妥后留在桌上，要及时收回。此外，如果有会议的速记和音像资料，也要及时向服务商索要。

三、应注意的问题

为确保贵宾、演讲人及时到场参加会议，需要相关工作人员间密切配合，特别应该注意以下问题。

（一）贵宾室与会场的衔接

要及时沟通和协调贵宾室与会场的进展情况。例如，该到场的贵宾是否已经到达、会场内的参会者是否已经就座，设备是否调试完毕，主持人是否已经就位。如果会场内一切准备就绪，要及时告知贵宾室内的贵宾何时前往会场，同时提醒场内的主持人做好准备。有时非常重要的贵宾抵达会场时，需要引导参会者起立欢迎。此外，需要由专人负责引导重要贵宾在预留的座位就座。

（二）贵宾、嘉宾和演讲人的接待

会前要及时沟通出席会议的贵宾和嘉宾的情况，万一临时增加人员，要备有临时使用的贵宾或嘉宾证，及时调整座次。如果临时减少人员，也要及时调整座次。要为贵宾、嘉宾和演讲人在前排预留座位，必要时摆上桌卡。

要及时把握演讲人的到场情况，如果万一出现演讲人无法到场的情况，要及时调整会议日程。同时要注意引导演讲人到指定的会场，以免因其找不到相应的会场而延误演讲。

（三）维护会场秩序

会议开始前提醒参会者关掉手机或将其调至振动状态，以免影响他人听会。

（四）确认会议流程

开会前应与主持人或司仪确定最终的大会日程和演讲人名单。如果可能的话，在会议开始前半小时或者1小时内，安排主持人或者司仪与演讲人进行沟通，以便彼此熟悉，利于现场沟通和配合。

（五）为演讲人提供同传耳机

如果安排了同传翻译，要注意为演讲人准备同传耳机并提醒演讲人在参会者提问时戴上耳机，以免影响其与参会者的顺利沟通。

（六）内容审核

要对讲稿的内容及会场内播放的视听资料进行事先审核，以免与会议确定的主题和内容不符。

（七）掌控好会议进程

要掌控好会议的整体进程，控制好每个演讲人的演讲时间、现场提问时间，尽量做到按日程开会。

（八）演示资料备份和统一管理

为避免现场播放演讲稿或多媒体资料时出现问题，最好将演讲人的资料输入同一台电脑中，并在另一台电脑中做备份。播放的视频资料也要进行试播放。

（九）做好后勤保障

注意提醒饭店服务人员及时更换主席台和演讲台的茶水，并为参会者及时添加茶水。

在茶歇时，要安排相关人员负责更换桌卡、座签、茶水，引导演讲人退场和进场，引导参会者在茶歇结束后及时入场就座等。

根据每节会议的不同要求摆放桌椅或布置会场，及时清理上节会议的场地。

（十）注意场内安全

在每一场会议结束后，提醒参会者保管好个人物品。特别是在会议场地发生变化的情况下，提醒参会者带好随身物品。对场内的设备进行管理，当天会议结束后要关闭会场，禁止无关人员出入。

第二节　会议活动管理

一、工作安排

（一）工作人员

会议的活动管理以管理组和礼宾组为主，但需要接待组、安保组、服务组等相关人员的通力配合。

相关人员要明晰负责的具体工作内容及工作流程之间的衔接。例如，管理组人员主要负责会场内相关事项的协调和管理；礼宾组人员主要负责贵宾迎送、宴会和活动中的引导及相关活动的组织;接待组则负责会议代表的接送和不同活动之间转移场地时的交通安排;安保组则要负责贵宾和会议代表的安全保障;服务组要负责落实活动相关的后勤保障事宜,如提供餐饮服务。

(二)工作内容

会议期间的活动主要包括开幕式、闭幕式、社交、展示、娱乐、宴会等活动,到现场实施阶段主要是根据拟组织的活动逐一进行组织和实施。

(三)工作流程

第一步,制订活动管理实施方案。负责活动管理的人员首先要在活动组织工作方案的基础上,将现场活动的节点和主要内容提炼出来,列明现场活动的时间、地点、规模、需要完成的主要工作及其负责人员,制作现场工作流程图及工作表。

第二步,实施活动管理。根据活动的具体安排逐一实施和管理。

二、实施活动管理

(一)开幕式和闭幕式

开幕式和闭幕式通常需要邀请若干重要的贵宾和嘉宾出席,并请其中的 1~3 位致开幕词或者闭幕词。在前面的章节中我们已提及重要贵宾和嘉宾礼宾接待应注意的问题,在现场特别要注意以下主要环节。

1.贵宾和嘉宾入场前

在贵宾和嘉宾入场前,要引导场内人员就座并做好开会的准备,然后通知贵宾室工作人员场内准备就绪,请贵宾和嘉宾入场。

2.引导贵宾和嘉宾就座

在相关工作人员将贵宾和嘉宾从贵宾室引导至会场时,首先要引导其就座。负责引导的人员一定要明确相关贵宾和嘉宾的就座位置和引导流程。例如,是直接上台就座还是在台下就座,讲话时再上台。为避免出现问题,最好事先逐一明确指定重要贵宾的引导人员。

3.会议主持人

会议主持人也要明确自己的站位地点。例如,是在同一个讲台介绍致词人,还是使用不同的讲台和话筒进行介绍,同时要了解会议的议程安排。

4.提前确定是否进行现场问答

另外,开幕式上有时会安排重要人物进行演讲,主持人应该事先征求演讲人的意见,确定是否需要进行现场提问以及提问时间的长短。

5.安排贵宾和嘉宾退场

出席会议的贵宾和嘉宾如果在开幕式后退场,主持人要对贵宾和嘉宾出席开幕式表示感谢，并引导与会者欢送其退场，并且需及时更换下一节会议演讲人的桌卡和饮料。

（二）招待酒会或宴会

1.招待酒会

招待酒会一般气氛比较活跃，可以安排相关人士进行简单的讲话，然后主要是参加会议的人员间自由交流。需要注意安排相应的工作人员负责引领部分贵宾、嘉宾和演讲人，为其进行介绍或者安排相应的翻译，其他参加者可以自由进行交谈和沟通。

同时需要提醒餐饮服务商及时为参加酒会的人员补充酒水、饮料及小茶点。

2.宴会

宴会则要正式些，宴会前需要按照事先的规划摆放主桌、次主桌和普通桌，有时还需要安排赞助商桌。主桌和次主桌需要排定就座人员的姓名和座次，在桌卡上写上就座人员的姓名，在摆放时要考虑人员就座的礼宾次序。主人的右手为最重要的宾客，左手为次重要宾客，主人的对面为第二主人。如果需要翻译的话，至少要配备一名翻译。赞助商桌由赞助商自行邀请相关宾客就座，但在桌子上需要摆放相关赞助商的台卡。其他普通桌一般不确定就座人员的姓名，但如果同时举办分论坛，为便于同一论坛的人员之间的交流，也可以按行业或者公司性质分桌就座。为便于分桌就座，可以在宴会请柬上表明桌号，同时可以在入口处以图形说明现场的餐桌摆放的位置，并在会场内配备人员进行引导。对于重要的贵宾和嘉宾要由专人负责引领。

负责宴会管理的人员需要事先检查宴会场地布置情况，包括主桌、次主桌、赞助商桌的布置及台卡、菜单的摆放。如果安排有演讲或者演出，需要检查设备安装情况。此外，需要安排人员引导参加宴会的人员入场，宴会期间则需要与餐饮服务商保持沟通，按照宴会的日程安排，提供餐饮服务。宴会期间如果安排有演出的，需要专人负责协调演出活动的进行。如果需要播放音乐时，需要提前准备，对播放的曲目需要进行事先审核。

（三）展示会

由专人负责展示会的管理与协调工作。在展示会开始前，要与场地提供方协商解决展品的运入和运出问题，为参展商提供相应的电源，并告知参展商需要采取的安全措施及布展须知。展示期间，要求参加展示的人员按时到场，热情为参观者解答问题，并注意维护现场的秩序，以良好的形象配合会议的进行。展示结束后，要按照与场地方的协议，及时撤场。

此外，还需要引导参加会议的人员参观展览，最好是在会议日程内预留一定的时间作为参观展览的时间。

（四）交流活动

会议期间的交流活动可以是多种多样的，如在酒会、茶歇、午餐会、宴会等多种场合进行，同时也可以根据情况安排专门的洽谈和对接活动。例如，在专门划定的场地设置桌椅，由相关公司摆上台卡和资料，与潜在合作伙伴进行单独交流活动，或者进行一对一洽谈。组织方要事前确定洽谈和对接的形式，并邀请相关企业参加洽谈和对接活动。

（五）文体活动

根据会议事先策划开展文体活动。例如，组织高尔夫球活动，要事先统计好拟参加的人数，落实相关场地的设施、价格，由专人组织会议代表前往参加。如果要组织文艺活动，也要事先统计好人数，并将票、证发放到代表手中。如果参加文体活动可以安排车辆接送，需要说明在何时何地上车、车辆编号。

三、应注意的问题

（一）事先规划

会议期间的活动事先要进行详尽的规划并制订现场实施方案，将相关职责落实到人。逐项工作的实施和检核，包括活动的日程安排、场地、设备、礼宾接待、安全保障、后勤保障等若干工作事项。

（二）相互配合和衔接

组织活动时，涉及的工作组比较多，环节也比较多，因此更要注意相互间的配合和衔接。例如，贵宾参加活动时通常都会先进入贵宾室，等场内人员就座后才会步入会场，因此要衔接好从贵宾室到会场的引导。组织文体活动时，也要衔接好车辆的接送。展示、洽谈和会议之间的日程衔接也要注意既要保证会议的正常进行，也要兼顾到参观展览和洽谈的时间安排。

（三）安全保障

活动期间参加的人比较多，流动性比较强，更应该注意安全保障问题。例如，宴会的场地要预留人员紧急疏散的通道，主桌的摆放位置要避开悬挂的灯饰。提醒负责人员接送的司机注意交通安全。在活动期间要安排医疗救护人员，以防万一。同时也要特别注意食品安全，必要时需要对食品进行检查和留样。

（四）礼宾接待

注意安排相关人员负责贵宾和嘉宾的接待和引导，如果有演出人员，也需要专人负责管理。

（五）审核节目及拟播放的音像制品

如果安排演出活动，需要对节目提前进行审核。如果现场需要播放音像制品，也需要进行筛选和审核。活动期间需要播放国歌时，更要注意进行试播放，并指定专人负责按时播放，以免届时发生非正常播放的情况。

第十章 现代大型会议场地及设备管理

第一节 会议场地布置及管理

一、工作安排

（一）工作人员

场地布置主要由会议服务组负责协调，负责场地布置的公司及场地提供方（如酒店）来共同完成。场地管理则主要由管理组及其他场地使用人员负责管理。

负责场地布置和管理的人员要对场地的布置要求和使用情况了如指掌，并且具有较强的协调能力，能够与负责场地布置的公司、场地提供方和场地使用方进行良好的沟通，确保按时按质完成场地布置任务，合理地使用各个场地。

（二）工作内容

在会议前期筹备阶段，已经对场地布置提出了具体的要求，到现场主要是按照设计好的场地用途和布置要求，在规定的时间内完成场地的布置任务。

（三）工作流程

第一步，制订场地布置与管理实施方案。场地管理包括场地布置和场地使用管理两个方面。在前期场地工作方案的基础上，明确现场场地布置及其管理的主要内容、时间、地点、负责人及相关事项，制作工作流程图和现场工作表；场地管理工作方案要明确每一个场地由谁负责布置和现场管理，通常而言，场地布置由服务组负责，但是场地的管理则由管理组或者相关使用者具体负责管理。

在会议前期筹备时期制订的场地布置工作方案中，已经明确了每个场地布置现场负责人、施工人员和技术人员，同时也对何时何地完成布置及如何布置提出了明确的要求。但是该工作方案适于具体的场地布置人员使用，而不太适于上一级负责人检核或者为其他小组人员提供场地布置信息。因此，可以在该工作方案的基础上，将一些场地布置的主要因素提取出来，以现场工作流程图或者工作表的方式加以体现。这样对于何时何地由何人负责完成何种工作就一目了然了，便于对场地布置情况进行检核，也便于相关人员了解场地布置的具体安排。

场地布置工作表中主要涉及时间、场地、工作人员、负责人、相关组别等信息，但并不包括各场地具体的布置要求，具体的布置要求在场地工作方案中体现。

场地管理实施方案由场地使用者具体制订。例如，对贵宾室、演讲人休息室、赞助商室、媒体采访室、秘书处等如何安排使用和管理，由具体负责使用该场地的工作组或者负责管理的人员进行规划和现场管理。

第二步，实施场地布置及其管理。根据工作方案、工作流程图或者现场工作表及时完成各场地的布置并交由相关人员负责对场地的使用进行现场管理。

二、实施场地布置及其管理

（一）会前场地布置协调

在场地布置和安装相关道具之前，负责场地布置的人员要特别注意与相关合作方的意见沟通和协调。

1.场地供应方

（1）是否允许非场地供应方指定的公司进场施工；

（2）要与其协调好何时允许进场施工和撤场的时间，布置用的道具可以从哪个门运入、运出的时间等；

（3）施工应注意的事项，如损坏东西如何赔偿；

（4）会场使用时间及布置要求，告知其讲台和场内桌椅如何摆放、何时摆放，是否由其负责提供讲台的花草及台卡和桌签；

（5）指示牌是由场地供应方提供还是由场地布置公司提供。

2.设备供应商

（1）与其协调设备在舞台上如何走线；

（2）灯光设备由哪一方提供，如背景板、展板上的灯光设备由场地布置公司提供，其他由设备供应商提供；

（3）投影屏幕如何安装，是否需要嵌在框架或幕布内，如需要的话，要事先协调好尺寸。

3.会议组织方

协调布置完成后的检核时间，由谁负责检核，特别要安排专门人员负责校对现场的文字部分有无错误。当然相关文字应在印制前校对，现场主要查看是否贴错了地方或有无需要改进的地方。

4.场地具体使用方

与各场地的不同使用者沟通其不同的使用要求，按照其要求布置场地。例如，贵宾室的桌椅可能需要布置成会客式，秘书处可能布置成办公式，媒体采访室要布置成访谈式等。

（二）会中及时调整场地布置

有时由于场地有限，同一个场地在不同时间会安排不同的用途。例如，前一晚用作宴会场所，第二天可能是主会场，第三天可能要改成分会场。因此要根据主办方的不同要求及时调整场地的布置，特别是在变换场地布置时间衔接较紧的情况下，更要注意保证施工的质量。

为便于有效开展工作，最好能够准备各场地布置示意图，在图上标明需要摆放的桌椅及其位置和数量。示意图要事先提交给场地供应方一份，并与其沟通好何时需要按何种方式摆放会场的桌椅。此外，还要为场地供应方提供最新的会议日程，使其对会议的场地布置要求及使用时间有个总体的了解。

（三）检查会场布置情况

在会场布置完毕之后，要有专人根据各会场的布置要求进行检查。例如，背景板上的字是否正确和平整，讲台的位置是否妥当，讲台上的台卡是否已摆好，会场内的桌椅及纸笔等是否已经摆好，是否预留了贵宾、嘉宾的座位等。

（四）会场布置的特殊要求

某些有国家领导人出席的重大国际会议，要对场地进行安全检查，有时在会场布置材料运进场时就要进行检查，等会场布置完毕后还要再次进行检查。在此情况下，一定要与负责安全警卫的单位进行协调和沟通，并留足施工和检查的时间，以保证场地布置工作的顺利进行。同时，在会场经过安全检查后要封场，不允许人员随便进出。在此种情况下，会议主办方对相关场地布置和设备安装的检查，要确保在封场前完成。

（五）场地标识

场地标识实际上属于场地布置的一部分，主要包括秘书处及服务区指示牌、方向指示牌、功能厅指示牌、停车场指示牌、赞助商相关指示牌和会议信息指示牌等。例如，为对会议代表前来参会表示欢迎或对赞助商表示感谢，有时需要在会场外摆放大型背景板等，同时为便于会议代表参会，要在现场相应的部位摆放指示牌，如果是电子显示牌，相关内容事先要与酒店方沟通，并商定显示的时间及频率。纸介指示牌的内容也要事先与酒店或其他相关制作方进行沟通。上述标识摆放的位置也需要事先与酒店方协商。因为场地标识有时由会议组织方自行准备，有时由酒店方提供，因此需要进行事先协商并且明确由何方负责落实。

（六）专人负责场地管理

会议场地布置完毕后，由相关的小组或指定专人对会议场地进行使用管理。例如由会议管理组负责会议的场地管理，新闻组负责采访室的管理，礼宾组负责贵宾接待室的管理，赞助商接待人员负责赞助商室的管理等。如果同一场地将由不同的人员使用，需要专人负责进行预约登记，以免发生场地使用的冲突。

（七）撤场

在会议结束后，要按照与会议场地供给方的协定，及时将所用道具撤离会场。如果对所在场地设施等造成损坏，要由负责场地布置的公司负责相应的赔偿，并且最好与场地供应方事先明确一旦发生此种情况如何解决。会议主办方要与负责布置场地的公司商定何时进场和撤场。主办方和撤场方都要在撤场现场，以便解决遇到的问题。

三、应注意的问题

会议场地布置对保证会议能否顺利进行至关重要，应该特别注意以下问题。

（一）事先沟通

负责场地布置的公司或者人员应该与会议主办方、场地使用者、酒店、设备供应商等事先进行充分的沟通，明确场地的布置要求，并以文字和图形的方式加以明确。

（二）按时完成场地布置

场地布置要按时完成，并且确保质量，不能因为时间紧而影响布置的效果和质量。

（三）充分的时间保证

尽可能预留充足的时间进行场地布置，并在布置完成后、场地使用前进行检查，发现问题及时进行调整和弥补。

（四）预先演练

如果由于场地所限必须中间调整场地用途及其布置的话，如从会议场地改为宴会场地，要确保能够及时完成，必要时需要酒店安排翻台演练。

（五）专人负责场地使用管理

指定专门人员对各场地的使用进行管理，协调与场地布置公司、餐饮服务人员及会议人员之间的联系，及时解决场地使用期间发生的问题。

第二节　会议设备安装及技术支持

一、工作安排

（一）工作人员

设备安装及其技术支持主要由会议服务组负责协调酒店和设备供应商来共同完成，

但是需要会议管理组事先提出现场技术支持的具体要求，并且与设备供应商就现场影视资料的播放进行现场配合的演练。

负责设备的人员要对所需的设备情况比较了解，对关键性的设备的质量特别注意重点保障。大型会议所需的设备最好请专门的技术人员对质量、线路和配置情况进行把关。同时，负责设备的人员要具备较强的协调能力，能够协调好设备技术人员、会议管理组和场地提供方等若干方人员之间的协作关系并解决临时出现的相关问题。

（二）工作内容

按照会议对设备的需求按时进行安装并且提供现场技术支持，以确保会议的正常进行。

（三）工作流程

第一步，制订设备安装和技术支持实施方案。设备管理包括设备安装和技术支持两个方面。在前期设备工作方案的基础上制作工作流程图或者工作表，明确现场设备管理的主要内容、时间、地点、负责人及相关事项；设备的安装主要包括会议设备、网络设备和办公设备的安装。在会议筹备前期已经规划了会议设备、网络设备和办公设备的具体需求并选择了相应的供应商等。在现场阶段则要根据已经确定的需求，指定专人负责设备的安装和提供现场技术支持，即要明确何时、何地、何人负责何种设备的安装，以及何时由谁来检查设备的安装情况，在现场由何人负责设备技术支持的协调工作，由何人负责设备的技术保障及相应的管理。

在设备工作方案的基础上提炼出设备现场工作表，主要列出各会议场所设备安装的时间、负责实施的人员、负责人等。而每个场地的具体设备需求则体现在会议前期的设备工作方案及设备需求清单中。

第二步，实施设备安装及技术支持。根据工作方案和现场活动总表及时完成设备安装并提供现场技术支持。

二、实施设备安装和技术支持方案

（一）会前检核设备质量

关键性设备在现场安装前要派人检查其质量如何。例如，投影和同传设备，必要时要求设备供应商提交设备安装的线路图，交由会议设备专家进行检核，对一些达不到标准的设备及时进行调换。

（二）会前与相关方进行协调

设备安装及技术支持涉及方方面面，在安装前要与各相关方事先进行充分的沟通和交流，以确保现场设备安装工作的顺利进行。

1.场地供应方

如场地布置一样，设备安装也要事先与会议场地方协商何时进场进行安装和撤离设备。需要了解场地方的电力保障情况，以免因电力负荷问题出现故障。同时要了解场地方对设备安装的相关规定，包括设备安装的位置和如何走线更安全的问题。

2.协调与场地布置公司的进度

有时设备安装要与场地布置工作同时配套进行，如投影的幕布要嵌在预制的框架中，或线路要走在讲台下。因此需要预先与负责场地布置的公司沟通好相关尺寸，以免现场因尺寸不对，安装不上去。同时安装投影屏幕时也需要考虑与会者的视觉高度，设备供应商应向场地布置公司提出投影屏幕安在离地多高的位置比较合适的建议。同时，使用的话筒不同，演讲人面前摆放的茶几的高度也不同，相关细节都应该事先与场地布置公司或者场地供应方进行协商。

3.其他设备供应商

如果音视频设备与同传设备供应商不是同一家公司，它们之间的合作也需要提前进行协调。例如，音视频设备供应商要确保能够提供清晰的信号给同传设备，同传设备的翻译声音则需要传给音视频设备供应商进行录音，以便留作会议资料或者将相关信号传给媒体使用。有时还需要向闭路系统传输信号。

4.媒体

重大的大型会议可能会有许多媒体到场进行采访，因此有时需要设备供应商向其提供信号。当某些媒体进行现场直播时，也需要得到设备供应商的配合。

5.会议现场管理人员

会议设备主要是为了配合会议对设备及其技术的需求。因此，会议主办方负责会议现场管理的人员需要事先与设备技术人员进行沟通和配合。第一，会议现场管理人员要将会议日程提供给设备技术人员，使其了解会议的进程和时间安排。第二，会议现场管理人员对技术人员如何配合会议的进行要有明确的指示，最好是编辑会议脚本，即详细描述几点几分，某演讲人讲话时屏幕上放什么画面，是静态画面还是动态画面；是单侧放演讲提纲，另一侧放演讲人画面，还是两侧都放演讲提纲。何时播放音乐、何时播放宣传短片、何时播放会议静态标志或其他资料。同时播放的音乐应该经过会议管理人员预选审定，以免发生问题。第三，会议现场管理人员与设备技术人员进行共同彩排，按事先写好的脚本进行配合，同时也可以更为精确地掌控时间。第四，现场要有专门的会议管理人员在设备技术操控人员旁边提醒其及时切换画面或信号，电脑的操控人员最好由会议管理人员担当，但是必须事先与设备技术人员协调好如何进行信号的切换。为确保万无一失，应该有两台电脑连接在投影仪上，以便一台出现问题时，可以马上切换至另一台。重要的大型会议的设备连接，应该有备份方案，以保证会议的不间断进行。

案例引导：设备管理方案

笔记本电脑和音视制品管理方案

对会议所用电脑的性能进行考察，确保电脑工作的稳定性。上述电脑会前拟由会场服务组统一保管，会议期间将用于以 Power Point 方式演示发言人提纲，届时每台电脑将安排一名志愿者在发言人发言时负责操作。为此要求会议管理组最晚于 9 月 15 日前提供需要用 Power Point 进行演示的发言人名单、发言时间、文稿内容及其所用 Power Point 文件（由会议管理组制作）的软盘，以便我们熟悉发言内容并对有关志愿者进行必要的培训。我们计划在 10 月 18 日进入会场，测试有关接驳和投影设备，力保在后两天的会议中电脑演示不出现问题。现场操作由会议服务组负责，何时演示什么内容由会议管理组现场指挥。

此外，希望会议管理组于 9 月 15 日前提供需要发言提示器的人员名单、发言时间、文稿内容及彩排时间，以便我们安排设备公司人员提前制作和现场配合。

会场内所播放的音视制品由新闻组和活动安排组提交给会议管理组，由其纳入现场会议内容管理流程，并于 9 月 15 日前将音视制品提供给我们，供会议设备供应商试机，会议期间在会议管理组指挥下进行播放。

6. 与演讲者和同传人员间的配合

现在许多会议都需要用投影仪将演讲人的讲稿投放到屏幕上，为避免现场连接造成时间的延误，最好事先将所有该会场的演讲人的讲稿存在同一台电脑里，同时安排另一台电脑作为备份。但有时演讲人会对一些已提交的资料进行修改，因此会议管理人员需要及时进行更新，在告知负责播放的人员的同时，将更新稿件交给同传人员。

如果时间允许，可以在会议开始前安排演讲人与技术支持人员进行沟通，进行讲稿试播放，以确定开会时不会由于制式或安装软件的不同而影响播放。

（三）会中及时调整设备布局

有时由于会议场地用途的变化，需要安装相应的会议设备。例如，全体会议的会场有可能分为 2～3 个平行会议的会场，因此每个分会场可能会增加不同的会议设备。设备供应商要了解会议不同场地、不同时段、对会议设备的不同需求并及时进行调整。

（四）提前进场检查设备

在会议开始前技术人员要提前进场检查设备，每半场活动前都要确保技术人员提前进入岗位。会议管理人员也要提前到场，提醒技术人员做好会议前的准备。例如，调好声音话筒的音量、调好灯光、放好话筒、摆好投影仪等，并对相关设备一一进行测试。现场提问用的无线话筒要有专人负责，以免使用时找不到。有时会议衔接较紧时，要安排好技术人员的就餐，以免因为就餐问题影响人员的到位。

（五）提供优质的技术保障服务

会议现场技术保障服务的质量至关重要，会议主办方事先要对会议设备供应商就现场的技术保障问题提出明确的要求，希望设备供应商提供最好的技术人员负责现场的支持和服务。重要的大型会议可以要求设备供应商提供现场技术保障人员的名单和背景资料，以确保届时不会因为临时换人而影响技术保障的质量。

技术人员要对工作认真负责，保证提前到场检查设备质量、试音。会议期间要集中精力，不要因为聊天或注意力不集中而出现信号切换错误等情况。

（六）同传耳机的管理

要注意检查同传耳机的质量，如果耳机有问题就不要提供给与会者使用。在为贵宾、嘉宾或者演讲人摆放耳机前，最好试一试耳机是否好用，并将耳机调整到适宜的频道和音量。

另外，一定要由专人负责耳机的收发工作，进行严格的管理以防止耳机的丢失。重要的国际性会议一般不要求与会者在使用同传耳机时抵押证件或签字，因此更要注意科学有序的管理。

案例导引：同传耳机管理方案

同传耳机管理方案

人员管理及工作程序

10位志愿人员分为四组，分别负责会场内与会代表（6人）、主席台及嘉宾台（1人）的同传耳机发放和会场门口耳机管理和咨询（3人），各组分别由一人担任小组长。20日分组会议期间，人员将按三个场所分别调配。会议进行中轮流派志愿人员3人负责场内管理、3人负责门口管理和咨询。会前各小组长与设备公司人员清点所领设备数目，会议结束后再次清点核对。

发放及归还方式

会议前半小时志愿人员将耳机发放在会场的座位上，在会议结束时通知与会代表等在场人员将耳机放在座位上，由志愿人员统一收回清点，并分派人员在门口进行善意的提醒，保证耳机的及时归还。

耳机发放及归还时间安排

18日13：00在金茂大厦大宴会厅内发放耳机，主席台及嘉宾台（1人），与会代表座位分成三个区域，各由2人负责耳机发放。17：00收回，清点后由设备公司保管。

19日8：30在浦东香格里拉饭店大宴会厅内分组发放耳机，12：15收回，清点数目。

12：00抽派7人（每组2人）前往金茂大厦大宴会厅内分发午宴时所用耳机。1人负责主席台及嘉宾台，与会代表座位分成三个区域，分别由2人负责并在发放后进行现场管理。14：00收回，3人负责清点，其他人13：30回香格里拉饭店。

13：45由7人在浦东香格里拉饭店大宴会厅内发放耳机。1人负责主席台及嘉宾台，与会代表座位分成三个区域，各由2人负责耳机发放。17：00收回，清点后由设备公司负责保管。

20日8：30在浦东香格里拉饭店大宴会厅内发放耳机，10：45分组会议开始前通知与会人员将耳机带往分组会场并在分组会议结束时将耳机带回主会场。三组人员分别在三个分会场（北京厅、上海厅、长春＋大连厅）进行管理。17：40收回，清点后与设备公司检验设备数目与状况。

（七）办公设备的安装及技术支持

如果在现场设立秘书处，需要在会议开始前一天完成相应的布置并安装好必要的设备，如电话、复印机、传真机、打印机和电脑设备等。如果需要自带设备，需要与酒店方协商安装相关事宜。如果需要电话线、网络线等，也要事先与酒店沟通好。秘书处需要的桌椅及如何布置要事先与酒店沟通。

秘书处还需要备妥相应的文具以备不时之需，提供饮水机或者饮料供工作人员使用。

办公设备相对而言较为简单，但也需要专人负责管理，设备一旦发生故障时及时排除。工作人员使用的对讲机等需要进行登记，以免遗失，同时也要注意及时充电，以免影响使用。

（八）网络设备的技术保障

网络设备的技术保障主要由网络公司或酒店负责，要注意保证线路的畅通，并在出现问题时能够及时加以解决。

（九）通信联络设备

为保证会议工作人员之间在会议现场的沟通和联络，可以使用电话或者对讲机等。其中对讲机现场联系起来较为方便些，不同的小组可以设定不同的通信频道，并指定某一频道作为会议的现场指挥频道。对讲机分别由相关人员负责保管和使用。

（十）撤场

在会议结束后，要按照与会议场地供给方的协定，及时将所有设备撤离会场。如果对所在场地设施等造成损坏，要由负责设备安装的公司负责相应的赔偿，并且最好与场地供应方事先明确一旦出现此种情况如何解决。会议主办方要与设备供应商确定何时进场和撤场。

三、应注意的问题

（一）确保设备质量

要事先明确对设备的质量要求，对某些达不到要求的设备要及时更换。同传设备的质量对会议影响巨大，最好事先在其他会议使用时进行试听。

（二）检核设备安装、保证人员到位

每场活动开始前都要进行设备的测试和检查，技术人员必须提前到场进行准备。

（三）严格设备管理

对讲机、同传耳机的管理要及时到位，以避免丢失。

（四）明确技术保障要求

要对会议设备的现场技术支持提出具体要求，并保障现场的服务质量。

第十一章　现代大型会议后续工作

第一节　会议后续工作安排

一、工作人员

会议结束后需要继续完成的工作主要由会议管理组、会议服务组和财务组负责，其中会议管理组负责向相关人员发送感谢函和相关资料，同时需要将会议相关文件和资料进行归档。会议服务组负责结清有关食宿、交通、场地布置、设备安装等费用，财务组需要对整个会议的财务情况进行总结并且做出费用决算。

二、工作内容

完成会议结束后的收尾工作，主要包括向相关人员发送感谢函和相关资料、将会议文件和资料进行归档、支付相关服务的费用并且对费用收支情况进行决算。

三、发送会议致谢函和相关资料

（一）发送致谢函

会议的组织涉及方方面面诸多人士的参与和支持。会议结束后应该对相关人士以书面或者口头的形式表示感谢。例如，出席会议的贵宾、嘉宾、演讲人、志愿者和会议代表，以及为会议提供服务的设备公司和酒店等。

（二）发送会议相关资料

如果需要在会后为参会人员提供会议演讲稿、参会人员名单或者照片时，应该在会后尽快落实。可以通过邮寄、邮件发送或者网络下载等多种途径为参会人员提供相应的资料。

有些会议会以速记方式记录现场的演讲内容或者录制会议现场情况，会后以电子邮件或者网上下载的方式将其传给参会代表,使其感到会议服务的周全到位,也便于其温习会议相关内容。

四、会议资料存档

会议组织者需要对会议相关资料进行分类、存档、编辑、整理和再利用,主要包括组织会议的请示件、会议宣传资料、会议组委会人员构成、工作组分工、工作方案、现场工作流程表、设备供应商和服务商情况、贵宾和演讲人情况、会刊、演讲稿、讲话稿、会议评估表、会议新闻报道材料、会议总结等,以便为今后组织会议保存相应的资料。存档的资料还应该包括所有的录像带、录音带和照片等。其中录音带和录像带应该逐一标明日期、会议名称和序列号,以便于今后需要时查找。

会议组织方可以将会议的照片和资料剪辑后制作成光盘,送给会议的相关组织单位和支持单位、赞助商,同时也可以放在网站上作为对往届会议的资料回顾,以有利于今后会议的宣传。此外,在征得演讲人同意的情况下,也可将会议演讲稿汇集成册作为印刷品出版,或者将会议的录音录像资料有偿对外销售。

五、会议费用结算

在会议结束后,首先要结清会议的相关费用,主要包括场地、餐饮、设备、车辆、资料印刷、翻译、劳务等相关费用。费用结算时要以事先签好的协议为基础,并且进一步核实调整的项目和费用情况。在结清相关费用的基础上,对会议经费支出情况进行决算,并且就会议决算情况向组委会汇报。

会议组织方需要对会议的整体经费运作情况进行评估,总结会议经费运作的经验和教训,为今后继续举办会议提供参考。

第二节　会议总结和评估

一、会议总结和评估工作安排

(一)工作人员

总结和评估工作主要由会议管理组负责,其他小组予以配合。总结可以小组为单位进行,在小组总结的基础上写出整个大会的总结。评估则要在现场或者会后通过调查、统计、分析和评估完成。

（二）工作内容

对会议情况及时总结和评估，有利于对会议情况的全面了解，评价会议是否成功，存在哪些问题或需要改进的地方，为今后开展类似的活动积累经验。

（三）工作流程

第一步，制定总结和评估的工作流程。首先确定需要总结和评估的具体内容，并根据具体内容制定总结和评估的方式及其工作的流程。

第二步，实施总结和评估。根据总结和评估的工作流程实施会议的总结和评估工作。

二、制定会议总结和评估工作流程

（一）总结和评估的内容

在确定需要总结和评估的内容时，首先要考虑的是会议组织者希望了解哪些情况并且准备如何使用收集到的相关信息。

通常而言，对会议的总结和评估可以围绕以下内容进行。

1.会议组织策划、管理及其效果

（1）整体组织工作是否成功有效？

（2）是否实现了预期的目标？

（3）会议主题是否定位准确？

（4）会议日程是否安排妥当？节与节之间的衔接是否合理？

（5）会议形式是否需要改进？

（6）会议举办时间是否选择适当？

（7）会议地点和场地是否选择适当？

（8）会议现场掌控是否适宜？

（9）演讲内容及演讲人的水平如何？

（10）参会人员是否对会议效果感到满意？从中有何收获？

（11）展示效果如何？参会人员是否有足够的时间观展？

（12）展示场地与会议场地间是否便于行走？

（13）展示的内容是否与会议内容相关？

2.会议宣传推广及代表组织

要总结和评估会议宣传推广及代表组织情况：

（1）会议对外宣传和推广效果如何？

（2）宣传资料发出去后多长时间可以得到反馈？

（3）会议注册情况如何？此次会议的参会人员与上届相比是增加还是减少了？

（4）参会人员构成情况如何？与上一届相比有何变化？

（5）哪些分组或平行会议及活动对参会人员更有吸引力？

（6）参会人员是否能够准时参会？会议开始与结束时人员的变化情况如何？

3. 工作人员

（1）工作人员的配备数目是否适当？分工是否合理？

（2）工作人员在会前是否培训得当？对其所负担的工作是否有明确的了解？

（3）工作人员是否能够胜任给其分配的工作？

（4）工作人员是否能够积极与参会代表、赞助商、贵宾和演讲人沟通并了解他们的需求？工作人员与场地提供方的合作及场地方的反馈意见如何？

（5）工作人员现场处理问题及应急能力如何？

（6）工作人员间的沟通与配合是否顺畅？

4. 参展商

（1）参观者数量及其构成如何？

（2）参观者的主要兴趣是什么？

（3）参观者的质量如何？

（4）如何能够更好地组织和吸引参观者？

（5）主办方对参展商的服务如何？

5. 后勤保障及现场服务

（1）会议资料准备和发送情况如何？

（2）会议设施和设备是否适宜？安装是否及时？布置是否得当？

（3）会议注册是否运行良好？

（4）现场服务包括现场咨询、礼宾接待和餐饮服务等是否到位？。

（5）住宿和旅行安排是否适当？

6. 经费运作情况

（1）会议经费运作情况如何？

（2）是否对会议支出进行了有效管理？

（二）总结和评估方式

总结和评估可以分为外部人员评估和组织方人员评估两种方式，外部人员可以通过现场填写反馈表，或在会后通过网络填写反馈表以及组织走访或座谈会等多种渠道进行。

组织方人员总结和评估可以通过小组会议、书面总结和召开总结大会等渠道进行。

（三）总结和评估的工作流程

总结和评估的工作流程主要包括以下几个步骤。

1. 基础信息收集

通过与组织方工作人员和外部人员的交流，收集相关人员对会议组织和实施情况的各种反馈意见和建议，为总结和评估报告的形成收集基础性信息。

案例导引：反馈表

加拿大进出口商协会第 XX 届年会的反馈表

其主要内容包括：

演讲主题：首先是对各平行会议的主题进行评估，选出会议代表感兴趣的题目。

演讲人：对演讲人进行评估，以 1～5 分进行评价，其中 5 分为特别好，4 分为中上，3 分为中，2 分为中下，1 分为差，并可附上评语。

感兴趣的题目：列出一些会议代表可能感兴趣的题目，请其选择，为将来组织的会议奠定基础。

是否会参加类似的网上会议？

是否希望得到电子版的而不是纸介版的会议资料？

填表人姓名、单位、电话和电子邮件。

加拿大进出口商协会此反馈表的设计内容主要是为了对会议的演讲题目和演讲人进行评估，同时对今后组织会议的题目、形式和资料发放的形式进行调研。此反馈表主要以选择项的方式供填表人选择，便于填表人填写。

加拿大制造商和出口商联盟举办的国际发展日大会的反馈表

主要包括以下内容：

会议代表情况：列出相关行业，由会议代表进行选择。

会议代表来自何地：省、市、国家。

是否参加过以往的会议？时间？

如何评价会议提供的联络沟通机会（1～5 分）？应如何改进？

通过参会会议代表对当前国际和国内政策环境有何了解？

加拿大国际发展署（CIDA）项目：了解程度、是否已参加、此会议对参与 CIDA 项目有何帮助等。

对会议议题的评价（1～5 分）。

对展览的评价（1～5 分）。

对一对一洽谈活动的评价（1～5 分）。

对未来的会议题目及如何改进有何建议。

对会议的总体评价（1～5分）。

填表人情况：年龄、性别、姓名、单位名称、电话、传真和邮箱。

2. 形成总结和评估报告

在收集基础信息的基础上，写出会议的总结和评估报告。可以由各工作小组或者负责会议某项组织工作的人员写出分项工作小结，然后在此基础上汇总会议整体工作总结。

在会议代表填写的反馈表的基础上，由专人负责进行统计和分析，形成会议评估报告。

3. 使用总结和评估报告

会议总结更多倾向于会议组织方人员内部使用。例如，通过开总结大会的形式或座谈会的形式，向参加会议组织的人员通报会议的整体情况，并且提出今后改进会议组织和管理工作的意见及建议。

会议的评估报告主要供会议组织者使用，但是有时也可以视情况以适当的方式对外发布，或者供今后会议宣传时使用。

有些会议组织方可能在会后向会议代表通报参加会议人员对会议组织和管理的总体评价情况。

三、实施会议总结和评估

（一）外部人员评估

总结和评估可以分成外部人员和内部人员两部分进行。外部人员的评估可以在会议期间通过发调查问卷的方式进行，也可以在会后通过网络征求参会人员的意见，或者通过组织部分相关人员开座谈会的形式来了解他们对会议的评价或反馈。

1. 调查问卷

（1）内容设计

① 内容简明扼要。调查问卷的设计要简明扼要，问的问题不要过多，要选择最核心的问题进行提问。参会者通常没有多少时间来填表，表格设计内容太多的话，他们也许就不会把表格填完或者有些问题不作回答。

② 问题具体明确。调查问卷的问题要比较具体，不要提比较笼统、参会者难以回答的问题。

例如，不要问"你对此次会议感到满意吗"，而是要问"你是否对会议中有关谈判技巧的讲座内容感到满意"。所问的问题一定要非常明确，不需要与会者花时间去琢磨其实际的含义。

③ 便于填写。调查问卷要便于被调查者填写，例如可以列出评估的项目内容，在其后列出很好、好、一般、较差、差等几个等级供选择，或以 5、4、3、2、1 的档次来让被调查者评分，但要说明数字代表的具体含义，例如：5= 很好，4= 好，3= 一般，2= 较差，1= 差。

尽量减少需要参会者自由回答的问题数目，因为这种问题参会者往往不愿意花时间来填写。

④ 留有足够空间。问卷以一页为妥，问题间的间隙要大些，如果需要自由回答时更要留有足够的空间。

⑤ 分项调查。如果要对同一场大会举办的平行研讨会或者会议的不同方面，如会议内容、餐饮服务等分别进行调查的话，可以用不同颜色的纸加以区分，这样在回收时便于分开。

⑥ 对演讲人分别评估。在调查表上注明每节会议的具体名称、日期和具体时间、演讲人姓名，然后加上评估的选项内容，如对演讲内容、表述方式等分别列出评价的等级，供会议代表选择。

⑦ 填表人员构成情况。如果要了解填表人员的构成情况，可以提问有关填表人构成情况的问题，例如来自哪个行业，以便于收集和分析。

⑧ 表格的一致性。对定期举办的会议，可以采用同一种格式的调查表，以便进行数据的分析和对比，以了解参会人员的构成变化情况及发展趋势。

（2）问卷发放与收集

调查问卷可以放在会议桌上、资料袋中或者发至会议代表手中。如果需要用铅笔填写，最好为与会者配备铅笔。

调查问卷最好在每节会议结束之后马上收集，这样反馈率较高。会议主持人可以在会议进行期间，提醒参会者及时填写会议评估表并且将其交给现场的工作人员或者放在指定的位置。会议组织方可以视情况对填表人员给予适当的奖励。

（3）评估报告

会议组织方应该指定专人对收集到的评估表进行分析，特别是对照会议的目的、宗旨和主题，检查是否已经实现了会议的预定目标，哪些方面做得比较好，哪些地方需要进一步改进。评估报告完成后应该提交给负责会议组织的人员，并视情况告知会议代表。

2. 网络评估

如果会后组织评估的话，可以通过网络把评估表发给参会者，表格的设计要便于参会者填写并且发回。

如果要求参会者将评估表寄回的话，最好使用已经印好主办单位名称、地址和邮编及联系人并已付邮资的信封，以便填表人寄回。

　　会议组织方视情况对填表人给予一定的奖励或者鼓励。也有些组织方的网站设计为参会者填表后才能够从网上获取会议的演讲资料或者相关图片。

　　3.走访或者座谈会

　　评估也可以在会后通过走访或者召开座谈会的形式进行。

　　参加评估的人员不仅限于会议代表，也可以通过拜访会议的设备供应商、场地提供方、参展商和赞助商等了解其对会议的评价、需要改进的建议和意见。同时，也可以与会议的合作方，如支持单位或者协办单位人员，通过组织座谈会的方式，了解其对会议组织和管理的建议和意见。

　　（二）组织方人员评估

　　组织方人员，即会议主办方的内部工作人员的评估可以在会议结束后进行，可以通过小组会议、书面总结及召开总结大会三个步骤来进行。

　　1.小组会议

　　以一种较为宽松的方式让参加会议组织的工作人员就会议的组织和管理工作进行评价，找出哪些方面做得较好，哪些方面需要改进等。

　　2.书面总结

　　让每个人和每个小组就其负责的工作进行总结和评估。例如，其对整体组织工作和个人或者小组分工有何感想，对前期筹备工作和现场实施，以及工作方案和现场工作流程等有何评价，参会人员对其提供的服务有何反馈意见和建议，他们对会议形式、内容、场地、设备等有何评价，对今后组织会议有何改进建议，在会议组织和实施过程中他们认为哪些方面做得最好、哪些方面有待改进。

　　3.总结和交流会

　　在个人和小组总结的基础上，写出会议总结，然后召开总结和交流会。开总结交流会议时，最好能选择一个远离工作场所、不受干扰的地方进行，并且给大家充分的交流时间，营造一种让大家畅所欲言的氛围。让大家基于会议的组织工作各阶段的情况，基于个人的工作经历和参会人员调查问卷的反馈情况，对会议组织和管理的总体情况进行评估。交流和学习彼此的经验，对大会的情况进行客观评价，说明哪些方面比较成功，哪些方面需要改进，同时对参加会议筹备的工作人员进行表彰和奖励。

参 考 文 献

[1] 梁春燕，李琳. 会议组织与服务 [M]. 北京：北京大学出版社，2010.

[2] 孟庆荣. 秘书工作案例及分析 [M]. 北京：清华大学出版社，2007.

[3] 向阳，强月霞. 会议策划与组织 [M]. 重庆：重庆大学出版社，2010.

[4] 张丽琍. 秘书实务 [M]. 北京：中央广播电视大学出版社，2011.

[5] 罗春娜. 秘书礼仪 [M]. 北京：中国劳动社会保障出版社，2009.

[6] 张丽琍. 涉外秘书实务（第三版）[M]. 北京：首都经济贸易大学出版社，2018.

[7] 张丽琍. 商务秘书实务（第三版）[M]. 北京：中国人民大学出版社，2014.

[8] 张大成. 秘书工作实务（第二版）[M]. 北京：中国人民大学出版社，2018.

[9] 王敏杰. 商务会议与活动管理实务 [M]. 上海：上海交通大学出版社，2005.

[10] 葛红岩. 新编秘书实务（第三版）[M]. 北京：高等教育出版社，2014.

[11] 孟庆荣. 秘书职业技能实训教程 [M]. 北京：清华大学出版社，2007.

[12] 葛红岩，施剑南. 会议组织与服务——知识技能·案例·实训（第三版）[M]. 上海：上海财经大学出版社，2016.

[13] 葛红岩. 秘书与会议组织和服务 [M]. 北京：人民出版社，2007.

[14] 廖雄军. 会议组织规范与技巧 [M]. 南宁：广西人民出版社，2007.

[15] 吴新元. 公文写作速成 [M]. 北京：中国纺织出版社，2009.

[16] 中国就业培训技术指导中心. 秘书国家职业资格培训教程（四级秘书）[M]. 北京：中央广播电视大学出版社，2013.

[17] 天虹. 会议管理实务 [M]. 北京：中国纺织出版社，2005.

[18] 众行管理资讯研发中心. 接待技巧训练 [M]. 广州：广东经济出版社，2003.

[19] 佟子华. 高效率会议组织技巧 [M]. 广州：广东经济出版社，2004.

[20] [美] 罗杰·摩司魏克，[美] 罗伯特·尼尔森. 会议管理—如何创造高校率会议. 高维泓，译 [M]. 桂林：广西师范大学出版社，2001.

[21] 赵烈强. 会议管理实务 [M]. 长沙：湖南人民出版社，2005.

[22] 滕宝红. 会议管理实操细节 [M]. 广州：广东经济出版社，2006.

[23] 沈燕云，吕秋霞. 国际会议规划与管理 [M]. 沈阳：辽宁科学技术出版社，2001.

[24] 向国敏. 现代会议策划与实务 [M]. 上海：上海社会科学院出版社，2003.

[25] 向国敏. 会展实务 [M]. 上海：上海财经大学出版社，2008.

[26] 肖庆国，武少源. 会议运营管理 [M]. 北京：中国商务出版社，2008.